서유기와 마음관찰 여행

강경구 지음

신아사

강경구(姜鯨求)

동의대학교 중어중문학과 교수
동의대학교 인문대학 학장 역임
대한중국학회 회장 역임
현 동의대학교 교양대학 학장

논문
『선문정로』 문장인용의 특징에 관한 고찰(1,2,3)
6종 漢譯『금강경』에 나타난 의미의 전달과 의미의 생성
『서유기』 화과산에 대한 불교적 독해 등

저서
아침바다 붉은 해 솟아 오르네
한자 이야기 365
욱달부 · 심종문 소설의 연구
두 선사와 함께 읽은 신심명

서유기와 마음관찰 여행

초판 1쇄 발행 _ 2017년 2월 28일

저　자 · 강 경 구
발행인 · 정 헌 걸
발　행 · 신 아 사
인　쇄 · 토탈프로세스
주　소 · 서울특별시 은평구 통일로 59길 4 (2층)
전　화 · (02) 382-6411 **팩스** · (02) 382-6401
홈페이지 · www. shinasa. co. kr
E-mail · shinasa@daum.net
출판등록 · 1956년 1월 5일(제9-52호)

ISBN: 978-89-8396-970-5 (93820)

정가 *13,000*원

프라임 동의 인문교양 총서

이 저서는 교육부의 산업연계교육활성화선도대학(프라임)사업 사업비를 지원받아 집필한 저서임

서유기와 마음관찰 여행

서문

서기 628년 현장(玄奘)이라 불리는 한 진지한 구도자가 중국 장안을 떠나 인도 나란타사에 이르기까지 5만 리의 서천 길을 홀로 왕복하며 세계 정신문화 교류사에 위대한 족적을 남긴다. 이 구도자가 불경번역, 교학연구 등에 남긴 업적과 그 영향력은 한 두 마디로 정리할 수 없을 정도로 차고 넘치지만, 그 중에서도 그의 전후 16년에 걸친 서천 여행을 기록한 『대당서역기』는 특별한 관심의 대상이 된다.

무엇보다 다행스러운 것은 그것이 중국인들의 문학적 상상력을 자극하여 『서유기』라는 독특한 환타지 소설이 출현하는 계기가 되었다는 점이다. 『서유기』는 여러 이야기꾼들이나 불교승려들의 손에 의해 창작된 단편적 에피소드들이 수집정리되는 단계를 거쳐 지금의 모습으로 완성되었을 것으로 추정된다. 당말(唐末), 송초(宋初)가 되면 벌써 손오공의 형상이 돈황석굴의 벽화에 출현하게 된다. 이것은 당시에 이미 삼장과 손오공을 주인공으로 하는 『서유기』의 이야기가 불교계와 민간에 널리 퍼져 있었음을 방증하는 자료가 된다. 이후 남송(南宋) 시대의 『대당삼장취경시화(大唐三藏取經詩話)』에 손오공과 사오정의 형상이 확인되며, 원(元) 시기 『이랑신이 제천대성을 잡다〔二郎神鎖齊天大聖〕』는 제목의 잡극이 『서유기』의 내용과 기본적으로 궤를 같이 하고 있음을 확인할 수 있다.

학자들은 이 소설을 명(明) 시기 오승은(吳承恩)의 창작으로 본다. 물론 오승은이나 어떤 특정 작가가 이 소설을 현재의 모습으로 완성하였으리라는 점은 의심의 여지가 없다. 그렇지 않고는 현재 보는 바와 같은 형식적 완결성이 나올 수 없기 때문이다.

그럼에도 불구하고 그 원형이 되는 에피소드들 하나하나가 심오한 종교적 체험이 없이는 피력하기 어려운 깨달음의 메시지를 담고 있다는 점에서 이것이 종교인의 손에서 나온 것일 수밖에 없다는 설 역시 여전한 설득력을 갖는다. 예컨대 청(淸) 시기 왕상욱(汪象旭) 등은 이것이 전진교의 도사 구처기(邱處機)의 창작이라고 주장하고 작품의 인물과 사건을 도교적 메시지를 전달하기 위한 상징과 비유로 해석한 바 있다.

또한 이 작품이 불교와 관련된 법문주제를 손오공의 모험으로 풀었던 강창형식의 에피소드 들을 수집정리한 것이라는 주장 역시 드물지 않다. 필자는『서유기』의 종교적 주제의식을 해석하는 작업을 계속하면서 점점 더 이러한 관점에 깊이 동의하게 되었다.

원래 필자의『서유기』에 대한 해석 작업은 지난 몇 년 간 거의 매주 방송되고 있는 부산불교방송의 '무명을 밝히고'의 대담프로를 준비하면서 진행되어왔다. 이 책은 그간 준비했던 방송자료의 일부를 정리한 것이다. 다만 방송에서 상당한 교학적 수준을 요하는 불교 용어를 고민 없이 사용하던 것을 책의 형식으로 정리하면서 일반적인 독자들의 이해를 도울 수 있는 말로 풀어쓰고자 노력하였다.

쌓여가는 방송자료를 보면서 인문학자이자 불교인으로서 이것을 어떻게 창조적으로 정리하여 흥미와 계몽성을 겸비한 말랑말랑한 읽을거리로 만들지에 대해 이런저런 구상을 한 바 있다. 그런데 구상이 깊어질수록 책으로 나올 가능성은 점점 희박해지는 모순적 상황이 나타나게 되었다. 아마 「동의인문교양총서」를 기획하는 입장이 아니었다면 이 책의 출판은 거의 기약할 수 없었을 것이라는 생각까지 든다.

「동의인문교양총서」는 필자가 동의대학교의 교양대학을 맡으면서 교양교육의 경쟁력을 강화할 방안으로 기획된 것이다. 인문학의 연구와 교육에 투신해온 교수님들이 스스로의 인문학적 신념을 남김없이 내어놓을 수 있는 강좌를 마련하고, 그와 짝이 되는 교양도서를 내는 것이 본 기획의 최초의도였다. 필자 역시 이를 기획하면서 기왕의 자료들을 정리해보는 계기로 삼고자 하였다. 정리를 해놓고 보니 옛 마음관찰 여행의 거장들이 이야기를 쏟아내던 당시의 생생한 현장감을 전달하기에 손색이 많음을 절감하겠다. 그러나 어쩌랴! 포기도 용기가 될 수 있다. 이것을 계기로 삼아 이후 인문학적 감성과 종교적 체험이 깊어져 보다 보다 구수하고, 보다 시원하며, 보다 깊은 맛이 우러나는 곰국같은 이야기로 풀어낼 수 있게 되기를 스스로에게 기대해본다.

2017년 1월 10일

동의대학교 '이뭣고(是甚麽)' 연구실에서

목차

서유기와 마음관찰 여행

1. 손오공의 탄생

돌 원숭이의 탄생

원래 이 세계는 하나로 크게 뒤섞인 혼돈이었다. 그 속에서 자라난 반고(盤古)가 큰 도끼를 가지고 이것을 둘로 쪼갰다. 이로 인해 어두움과 밝음이 나뉘고 하늘과 땅이 갈라졌다. 그렇게 갈라진 하늘과 땅 사이에 산이 하나 생겨났는데 오래국(傲來國)의 화과산(花果山)이 그것이었다. 시작 없는 나라〔傲來國〕, 꽃과 열매가 동시에 있는 산〔花果山〕이라는 뜻이다. 이 산의 한 신비한 돌〔仙石〕에서 돌 알〔石卵〕이 생겨나고, 그 동그란 돌이 점차 형상을 갖추어 돌 원숭이〔石猴〕가 되었다.

『서유기』는 이렇게 천지개벽의 신화로 시작한다. 반고는 중국의 창조신으로서 그는 한 덩어리 혼돈을 쪼개 하늘과 땅을 나누었을 뿐만 아니라 천지자연의 모든 현상을 만들어냈다. 그의 천지창조는 활발한 생명활동과 남김없는 분신을 통해 성취된다. 살아서는 그의 숨결이 바람과 운무가 되었고, 그가 내는 소리는 우레가 되었다. 죽어서는 왼쪽 눈이 태양이 되고, 오른 쪽 눈이 달이 되었으며, 눈물은 별이 되었다. 땀은 호수가 되고, 비는 강물이 되었으며, 터럭과 머리칼은 초원과 숲이 되었다. 뼈는 산이 되고, 살은 땅이 되었다. 요컨대 천지간 어떤 것도 반고에게서 나오지 않은 것이 없다. 심지어 천지를 쪼갤 때의 큰 도끼 역시 반고에게서 나왔다. 그 이빨을 하나 뽑아 자신이 쓸 도끼를 만들었던 것이다.

이 중국의 천지개벽 신화에는 본질과 현상의 불이성에 대한 통찰이 담겨 있다. 이 기술에 의하면 천지자연의 모든 사물과 현상은 반고라 불리는 절대적 존재와 둘이 아니다. 특히 인간은 반고의 완전한 분신이다. 그러니까 지구상의 모든 개체는 그 몸과 마음의 발전에 있어서 반고가 최초 겪었던 개벽의 운동을 반복하게 된다.

『서유기』에서 천지개벽 신화는 마음 분화의 비유이다. 먼저 혼돈이 있다. 존재만 있고 분별적 인지작용은 없는 상태로서 당연히 자기인식도 없다. 이 상태를 천지가 나뉘기 전(天地未分前)이라 표현한다.

천지의 개벽은 아이의 출생에 비유할 만하다. 나와 어머니는 구분 없는 하나였지만 출생의 순간 둘로 분리된다. 어두움과 밝음, 하늘과 땅이라는 상대되는 최초의 두 측면이 생겨나는 것이다. 상대되는 두 측면이 세워지면 분별적 인지작용이 시작된다. 그럼에도 아직 전체성은 유지되고 있다. 나와 대상세계를 둘로 보지 않기 때문이다.

그러나 여기 뚜렷한 앎이 하나 존재한다. 이것이 화과산(花果山)이다. 꽃과 열매가 동시에 있는(花果同時) 이 산에는 시간의 관념이 없다. 유아는 오로지 인지할 뿐, 어떤 사건에 시작과 끝을 설정하지 않기 때문이다. 단락 짓지 않으므로 시간이 있을 수 없는 것이다. 옛 마음관찰의 거장들이 말하는 발가숭이 아이의 마음(赤子之心)이 이것이다. 아이의 마음은 천진함을 특징으로 한다. 물을 보면 물 외에 다른 생각 없고, 꽃을 보면 꽃 밖에 다른 생각 없다. 아이의 마음 차원에서는 이렇게 원인과 결과가 다르지 않으므로 화과산, 즉 꽃과 열매가 함께 하는 산이라 부르는 것이다.

그러다가 어머니에게서 떠나는 때가 온다. 정신적으로 젖을 떼는 시기이다. 심리적 이유기를 거치는 동안 개체는 자아의 독립성을 확인하게 된다. 뚜렷한 개체인 돌 알(石卵)이 튀어나오고, 점차 이목구비를 갖춘 돌 원숭이(石猴)가 형성된다. 돌 알과 돌 원숭이는 독립적 개별체이지만 형상의 구체성에서 질적인 차이가 있다. 돌 알은 최초의 혼돈상태를 아직 완전히 버리지 않고 있다. 형상적 차별성이 없기 때문이다. 이에 비해 돌 원숭이는 이목구비를 완전히 갖추어 자기 정체성을 갖춘 개별적 존재이다.

여기 혼돈에게 이목구비의 일곱 구멍을 뚫어준 용왕들의 얘기가 있다. 『장자』에 의하면 용왕들은 매일 혼돈에게 대접만 받는 것이 미안하였다. 그래서 그 신세에 보답하기 위해 혼돈에게 하루에 한 개씩 7일 동안 일곱 개의 구멍을 뚫어주었다. 그런데 혼돈은 이로 인해 죽고 말았다는 것이다.

돌 원숭이의 이목구비 형성은 이처럼 혼돈의 종결과 동시에 일어난다. 이제 자기의 존재성에 대한 인식이 뚜렷하고 감각기관의 작용 역시 분명하다. 그런데 이 상태는 묘한 경계선이 된다. 모양에 따른 분별에 지배되느냐, 아니면 분명히 모양을 인지하지만 분별에 지배되지 않느냐의 길이 나뉘기 때문이다. 여기에서 앞으로 나아가면 좋아하고 싫어함이 생기고, 뒤로 물러나면 전체성이 회복된다. 옛 마음관찰의 거장들은 모두 이 갈림길에 도달하게 된다. 예를 들어 육조의 첫 번째 제자인 혜명은 대유령에서 이 갈림길을 만났다. 그것은 육조의 가르침으로 시작된다. '상대적 조건에 지배되는 마음을 내려놓아 보라! 한 생각도 일으키지 말아 보라!' 혜명이 그러한 상태가 되자 그 유명한 가르침이 전해진다. '좋다는 생각, 나쁘다는 생각조차 없을 때 그대의 본래 모습은 무엇인가?' 이 때 혜명은 나를 포함한 세상의 모든 것이 반고의 몸이며, 만사가 큰마음의 드러남임을 알았다.

최초의 눈빛

그러나 우리 돌 원숭이는 혜명이 걸었던 역행성장의 길과 반대의 길로 들어선다. 좋다는 생각, 나쁘다는 생각조차 일어나지 않는 단계에 있던 돌 원숭이는 최초의 분별하는 눈빛을 쏟아낸다. '나'가 '대상'을 보는 차별적 인지작용이 시작되었다는 말이다. 그 눈빛이 천궁을 뚫고 올라가 옥황상제를 놀라게 한다. 천리안(千里眼)과 순풍이(順風耳)가 이에 대해 보고하였다. 그 금빛은 돌 원숭이의 눈에서 뻗어 나온 것인데 걱정할 것은 없다. 음식을 먹고 물을 마시면 금빛은 금방 사라질 것이다. 이런 보고였다.

그 이전까지는 보는 일은 없었다. 나와 대상이 둘이라야 보는 일이 일어나기 때문이다. 그런데 이제 나〔돌 원숭이〕와 대상세계가 분명하게 나뉘면서 비로소 보는 일이 시작되는 것이다. 유식에서 말하는 보는 쪽〔見分〕이 작동을 시작한 것이다. 그와 함께 보이는 대상〔相分〕이 세워진다.

다만 이 원숭이는 이렇게 보기는 하지만 아직 좋고 나쁨의 판단이 없다. 이 눈빛으로 보면 천상세계는 무너지고 만다. 지상의 저열한 삶을 혐오하여 그 반대편에 설정한 것이 천상세계이다. 그런데 돌 원숭이에게는 아직 좋고 싫음의 판단이 없다. 그러므로 상대성을 전제로 세워진 천상세계가 성립할 수 없는 것이다. 천궁이 흔들리고 옥황상제가 놀라는 것도 당연하다.

이에 대해 음식을 먹으면 눈빛이 흐려질 것이라는 천리안의 의미심장한 보고가 올라간다. 육체를 가진 존재는 에너지원을 필요로 한다. 그것이 음식이다. 자아의 사유작용 역시 음식을 에너지원으로 삼는다. 자아는 육체와 자신을 동일시하기 때문이다. 요컨대 음식몸과 음식마음은 모두 음식을 근거로 하여 생겨나는 것이다.

옛 마음관찰의 여행자들에게 이 본다는 말은 활용의 빈도가 높다. 본성을 본다〔見性〕, 철저히 본다〔徹見〕, 마음을 본다〔觀心〕는 등의 말은 마음관찰 여행의 가장 빈번한 상용어에 해당한다. 이 때 본다는 것은 별도의 형상을 갖춘 무엇을 본다는 뜻은 아니다. 오히려 별도의 실체가 없으며, 지금 당장의 현장에 드러난 '이것'이 큰마음의 영상임을 아는 것이 제대로 보는 일이 된다. 지금의 돌 원숭이는 육체를 자기와 동일시하기 직전에 있어, 자아를 기준으로 한 호오의 판단이 없는 상황이다. 그러나 음식을 먹게 되면서 육체를 근거로 하여 자아를 수립하는 길로 들어서게 될 것이라는 점이 예고되고 있다.

수렴동(水簾洞)

이렇게 태어난 돌 원숭이는 다른 원숭이들과 무리가 되어 살아간다. 그런데 더운 여름날 계곡에서 목욕을 하다가 물길을 따라 거슬러 올라가게 되었다. 물이 시작되는 곳을 보고 싶었던 것이다. 그들 앞에 멋진 폭포가 나타났다. 원숭이들은 폭포의 속이 궁금해졌다. 그 안에서 물이 시작되는 것은 아닐까? 돌 원숭이가 용기를 내어 뛰어 들었다. 폭포줄기를 뚫고 들어가 보니 물은 없고 철판으로 된 다리가 동굴로 연결되어 있었다. 동굴의 입구에 수렴동(水簾洞)이라 쓰여진 비석이 서 있고, 그 안에는 돌〔石〕로 된 가구들이 완비되어 있었다. 돌 원숭이는 친구들을 데리고 들어가 그 별천지의 세계에 자아의 왕국을 세운다.

물의 근원을 알고 싶다는 것은 마음의 비밀을 밝히고자 했던 모든 마음관찰 여행자들의 바램이다. 그런데 그들 앞에 폭포가 나타난다. 왜 폭포인가? 폭포의 물방울들은 하나하나 분리되어 있지만, 우리 눈은 그것을 연결된 것으로 본다. 착시현상 때문이다. 그래서 폭포는 하나의 커튼이 된다. 그러니까 물로 된 커튼, 즉 수렴(水簾)은 마음폭포의 다른 이름이다.

『서유기』의 모든 인물과 사건, 사물은 예외 없이 마음의 상징이다. 원숭이들은 물론, 그들이 놀던 물이나 폭포가 있는 그대로 큰마음의 드러남이다. 그러나 원숭이들은 자기들이 목욕하는 물과 폭포가 서로 같음을 모른다. 나와 폭포가 구별 없이 하나임을 알지 못한다. 그래서 『서유기』는 이것을 상징으로 풀이하는 길을 열어 나간다.

그렇다면 마음이 왜 폭포인가? 마음은 찰나 사이에 생겨나고 소멸하기를 무수히 거듭한다. 하나의 생각에도 무수한 찰나적 생성과 소멸이 있다는 마음관찰의 기록도 있다. 그렇다면 우리가 감지할 수 있는 생각은 얼마나 많은 인지작용의 알갱이들로 구성된 것일가? 찰나간에 생성하여 소멸하는 무수한 인지작용의 점들을 연결하여 가상의 모양을 만든 것이 마음이라는 폭포다. 그러니까 그렇게 연결되어 하나의 실체로 보이는 모양은 착각과 관념의 산물이다.

이러한 마음의 실체를 탐험하고 밝혀보려면 어떻게 하는가? 돌 원숭이는 그 속에 뛰어들었다. 지나간 생각의 물방울들, 닥쳐올 생각의 물방울들에 상관하지 않았다. 과거의 기억과 미래에 대한 기대를 끊고 그 속에 뛰어들었다. 다만 마음관찰 여행자는 생각의 물결에 휩쓸려서는 안 된다. 그러면서 지금의 이 현장에 뛰어들어 한 몸으로 만나는 일이야말로 생각의 물결에 휩쓸리지 않는 가장 좋은 방법이다. 아니나 다를까? 들어가 보니 폭포의 뒤에는 물도 없고 물결도 없다. 물이 밑에서 솟아올라 떨어지면서 눈앞을 가리고 있었던 것이다. 이 물은 분수처럼 돌고 돈다. 물의 근원은 여기에서 더 거슬러 올라가지 못한다. 그 물이 그 물이기 때문이다. 폭포와 웅덩이와 계곡물이 모두 그 물이다. 다만 떨어지고, 멈추고, 흐르는 물의 작용 때문에 다르게 보일 뿐이다.

여기 유명한 비유가 있다. 물은 같은 물이다. 그런데 이게 네 가지로 달리 보이는 것이다. 하늘의 인간이 보면 수정보석이다. 지상의 사람이 보면 물이다. 아귀가 보면 피고름이다. 물고기가 보면 살기 좋은 집이다. 세친(世親)이라는 마음관찰의 거장은 이렇게 같은 물이 4가지로 다르게 보인다(一水四見)는 사실을 들어서 무수한 모양으로 구분되는 만사만물이 모두 큰마음의 드러남임을 밝혔다.

돌 원숭이는 마음의 작용인 수렴동의 폭포를 본 뒤 이렇게 외친다. '없어! 물은 없다구!' 마음을 보는 것은 돌이켜보는 일을 통해 성취된다. 이렇게 확인해보면 마음이라 할 별도의 실체가 없다. 폭포가 낱낱의 흩어진 물방울일 뿐인 것과 같다.

철판교(鐵板橋)

돌 원숭이는 폭포의 뒤를 보고, 그곳에 물결이 없는 빈 공간이 있음을 확인하였다. 거기에 철판으로 된 다리〔鐵板橋〕가 나타난다. 돌 원숭이는 움직임 없는 철판교에서 움직이는 폭포를 본다. 이렇게 돌 원숭이는 폭포를 뒤에서 보는 순간 진상을 파악하였다. 현상에 휩쓸리는 마음을 뒤에서 본다. 이렇게 뒤에서 보는 마음은 진실성의 순도가 높다. 변화무쌍함에 동화되지 않는 안정성이 있기 때문이다. 이렇게 뒤에서 보면 놀라운 일이 일어난다. 꽃을 본다 할 때 전에는 내가 꽃을 보고 그에 반응하였다. 꽃이 피면 반기고, 꽃이 지면 아쉬워했다. 그런데 마음관찰에서는 꽃을 보는 이것, 새 소리를 듣는 이 현장을 그냥 인지하는 일이 있을 뿐이다. 꽃을 보는 나와 보이는 대상인 꽃과 보는 작용이 구분되는 별도의 일이 아니다. 철판교와 폭포의 관계가 그렇다. 철판교는 뒤에 가만히 있으면서 물이 가고 옴에 상관하지 않는다. 그 상관하지 않음이야말로 마음관찰 여행자의 가장 중요한 미덕이 된다.

이를 통해 확인되는 이것이 큰마음이다. 이 마음은 몸에 갇혀있는 것이 아니다. 이것은 변함이 없고, 시종 움직이지 않는 자리이므로 철판교다. 꽃 피고, 꽃 지는 것은 다르지만 그것을 인지하는 일 자체는 변함이 없다. 철판교처럼 움직이지 않는 것이다. 옛날부터 오늘까지 그대로 있고, 이곳에서 저곳으로 구분 없이 펼쳐져 있다. 이 철판교를 마음관찰 여행자들은 옛날부터 있는 마음〔古心〕, 혹은 움직이지 않는 마음〔不動心〕이라 부른다. 비유하자면 이 마음관찰은 오직 알아차리는 임무로 이곳에 파견된 관리가 하는 일과 같다. 그 큰마음에 맡기는 일만 허용되어 있을 뿐 스스로 판단하거나 조치를 취하는 것은 월권이다.

석실의 돌 가구들

철판교 건너의 동굴에는 돌(石)로 된 방이 있고, 방 안에는 갖가지 돌 가구들이 갖추어져 있었다. 돌 솥, 돌 아궁이, 돌 사발, 돌 화분, 돌 침대, 돌 의자 등 없는 것이 없다. 원숭이들이 서로 갖겠다고 한바탕 북새통이 된다. 이곳에서 돌 원숭이는 왕국을 세우고 스스로 왕이 된다. 왜 이렇게 많은 돌 가구들이 묘사되는 것인가? 『서유기』의 흐름에서 볼 때 돌 가구들은 적어도 세 가지의 의미를 갖는다.

우선 돌은 견고하다. 옛날부터 지금까지 변함이 없으며 이 자리에서 움직인 일이 없다. 이러한 측면에서 돌 석(石)자는 옛 석(昔)자와 통한다. 그것은 원숭이들이 가져다 소유하려 한다 해서 늘지 않는다. 우주를 가득 채운 이 큰마음이 그렇다.

또 한자에서 돌(石)은 부처(釋)와 발음이 같아서 뜻이 통한다. 돌 가구는 써도 닳지 않는다. 그렇게 늘거나 줄지 않는 이것을 부처라 부르는 것이다. 부처를 특별한 것에 한정하면 거기 부처는 없다. 그래서 모든 살림살이가 다 돌(石=釋)인 것이다. 불교에서는 착한 마음이나 나쁜 마음이나 그것을 바로 아는 것이 다 부처라고 본다.

다음으로 돌은 판단중지의 상징이다. 현상을 대하되 의미화하지 않는 것이다. 사건이 일어나면 수용할 뿐이지 그 이유를 따지지 않는다. 사시가 돌아가고 만물이 생성하는 일은 '왜' 그러한지 따질 일이 아니다. 판단하고 의미화하면 전체성이 무너진다. 사과를 새콤하다고 판단하면 그 입체적 맛이 사라지고 '새콤하다'는 의미만 남는다. 상대적 비교와 차별에 휘둘려 그 전체의 맛이 소외된다. 유식에서 말하듯 비량(比量)을 멈추어야 현량(現量)이 드러난다. 비량의 이성적 사유를 멈추면 붉은 꽃, 산들 바람, 밝은 달, 푸른 소나무와 큰마음이 둘 아님을 확인하게 된다. 큰마음은 우리에게 인지되는 모든 것이며, 그 모든 것들의 전체적 총합이자 개별이다. 모든 형상에 대한 이원론적 판단이 중지된 자리에 원래의 큰마음이 밝게 드러난다. 동굴에 완벽하게 갖추어진 돌 가구들이 그것을 말하고 있다.

그런데 모든 것이 큰마음이라는 이 말은 통쾌하지만 위험하다. 마음의 밖에 따로 사물을 두고 그것을 진짜 마음이라고 이해하면 안 되기 때문이다. 그래서 돌 가구들을 돌 원숭이가 발견하게 한 것이다. 그러니까 주체(돌 원숭이)와 대상(돌 가구)이 모두 돌로서 다를 것이 없다. 안과 밖을 나눌 일 없이 모두 돌인 것이다.

아름다운 원숭이 왕(美猴王)

축복의 땅 수렴동을 발견한 돌 원숭이는 그곳에 머문다. 바깥은 위험하고, 속은 안전하다고 생각했기 때문이다. 돌 원숭이는 왕위에 오른다. 이름 또한 돌(石)을 빼고 아름다운 원숭이 왕(美猴王)으로 바꾼다. 그 행복한 삶이 500년 계속된다. 그러나 잔치는 끝나게 마련이다. 축복받은 화과산의 소나무는 항상 푸르고 꽃은 늘 새롭지만 아름다운 육신은 허물어져간다. 아름다운 원숭이 왕에게 실낙원의 고뇌가

닥친다. 구속 없이 무한한 복을 누리며 살고 있지만 '몸이 늙어 염라대왕에게 끌려갈 일'을 걱정한다.

여기 본질적인 균열이 일어났다. 안전한 동굴 속과 위험한 동굴 밖이 나뉘어졌기 때문이다. 그것은 나를 기준으로 한 것이다. 원래 돌 원숭이는 옛날부터 변함없고(昔), 그대로 부처이며(釋), 판단중지(木石)의 전체성을 유지하는 존재였다. 그런데 동굴의 안과 밖을 나누어 안전한 동굴 안에 머무는 순간 삶이 둘로 나뉘게 된다. 그래서 돌 원숭이는 아름다운(美) 원숭이 왕으로 스스로 개명한다. 아름다움은 추함의 상대로 세워진 것이고, 선은 악을 전제로 세워진 것이다. 그리하여 원숭이에게 낙원상실이 일어난 것이다.

이 아름다운 원숭이 왕은 500년간 행복한 삶을 산다. 봄에는 온갖 꽃을 따먹고, 여름에는 과일을 먹는다. 가을에는 토란과 밤을 줍고, 겨울에는 황정(黃精) 뿌리를 찾으며 세월을 보낸다. 인류라는 종의 초기 삶이 그랬고, 개체의 유 · 소아기적 삶이 그랬다. 그런데 이렇게 행복하기만 한 시간이 끝나가는 것이다.

아름다운 원숭이 왕의 낙원상실은 스스로 자초한 것이다. 이원적 사유로 행복과 불행을 둘로 나누었기 때문이다. 동굴을 기준으로 안과 밖을 구분하였기 때문이다. 아름다운 원숭이 왕은 수렴동을 집으로 집착한다. 육체를 자아의 근거지로 집착한다. 남과 구별되는 아름다운 나가 왕으로 세워진다. 그는 이제 있는 그대로의 돌 원숭이가 아니라 남과 다른 아름다운 원숭이 왕(美猴王)을 자처하고 있는 것이다. 이렇게 육체를 근거로 자아를 세우고 있으므로 그 소멸은 피할 수 없는 일이 된다.

그래서 원숭이 왕은 죽지 않을 길을 찾는다. 사실 원숭이 왕의 참모들이 말하는 것처럼 죽음에 대한 두려움에서 진리를 구하는 마음이 일어난다. 대부분의 마음관찰 여행자들은 육체가 허물어지는 현장, 영원한 삶은 없다는 자각에서 그 탐험의 길을 시작한다.

그러나 아름다운 원숭이 왕의 탐험여행은 헛수고에 가까운 시간을 포함한다. 독립적인 자아가 주체적으로 진리를 추구한다는 기획은 아름답지만 문제가 많다. 그것은 자아에 대한 자부심을 키워가는 길이기도 하기 때문이다. 원숭이 왕은 그 훌륭한 자아를 지향하는 기획 때문에 스스로 큰마음 속에 있으면서도 그것을 보지 못한다. 그래서 원숭이 왕은 진리 속에 살고 있으면서 진리를 찾는 길을 떠나게 된다.

구도의 길을 떠나는 원숭이 왕

원숭이 왕은 영원에 이르는 길을 찾아 뗏목을 타고 바다를 건너 인간세상을 여행한다. 원숭이의 눈으로 볼 때 사람들은 명예와 재물의 노예였다. 노새를 타면 준마를 바라고, 총리가 되면 제왕이 되고 싶어 한다. 염라대왕의 갈고리가 자신을 겨누고 있지만 자식과 손자의 미래까지 걱정하며 자기 운명을 돌아볼 줄 모른다. 원숭이는 이러한 인간세상에서 배울 것이 없다고 판단하고 미련 없이 그곳을 떠난다. 그렇게 우주 곳곳을 찾아다니기 8년! 원숭이는 한 나무꾼을 만나는데, 그 나무꾼은 스승이 있는 곳이 '멀지 않다'고 말한다. 스승은 영대방촌산(靈臺方寸山), 사월삼성동(斜月三星洞)에 있다는 것이었다.

이 나무꾼은 그냥 보통 나무꾼이 아니었다. 그가 나무를 하는 곳은 등나무조차 말라버린 옛 숲이다. 나무꾼의 삶은 마음관찰 여행의 깊은 현장에 대한 묘사이다. 그곳은 갈등이 거의 사라진 곳이라서 생각의 넝쿨들이 마른 등나무처럼 흔적만 남았다는 것이다. 나무꾼은 그것마저 도끼로 잘라내어 시장에 팔고 있다. 부귀영화는 없지만 욕된 일도 없는 삶이다. 그래서 노래한다. '만나는 사람마다 신선, 보는 것마다 자연의 이치, 들리는 소리마다 진리의 가르침!' 이러한 노래를 부르는 나무꾼이야말로 진리와 함께 사는 사람이라 생각한 손오공이 그를 '신선님!'이라 부르며 가르침을 청한다.

이에 나무꾼은 원숭이에게 영대방촌산을 안내한다. 이 영대방촌산은 지금·여기의 이 마음을 가리킨다. 영대(靈臺)는 밝고 영험한 인지작용이 깃들이고 있는 곳이다. 그 크기가 사방 일촌〔方寸〕이라고 했으니까 그 차지하는 공간이 손가락 한 마디에 불과하다. 그러나 작다면 먼지 하나도 들어갈 수 없고, 크다면 온 세상이 모두 들어가고도 남음이 있는 것이 마음이다. 이 영대방촌산을 줄이면 영산(靈山)이 된다. 그것은 석가모니가 설법한 영취산의 별칭이기도 한데, 마음관찰 여행자들은 그것이 어떤 지리적 장소가 아니라 지금·여기 이 마음임을 거듭 확인하고자 한다. 여기 이런 시가 있다.

> 부처가 있다는 영산을 멀리서 찾지 말라. 영산은 우리 마음에 있을 뿐.
> 사람들 각자에게 영산의 탑이 있어, 그 아래 딱 수행하기 좋다네.
> 〔佛在靈山莫遠求, 靈山只在你心頭. 人人有个靈山塔, 好向靈山塔下修.〕

다음으로 사월삼성동(斜月三星洞)은 마음 심(心)자를 파자한 것이다. 사월(斜月), 즉 초승달은 마음 심(心)자 아래의 갈고리 획이고, 삼성(三

星), 세 개의 별은 마음 심(心)자의 세 점이다. 이를 본 따 통도사 일주문 앞에는 삼성반월교(三星半月橋)가 세워져 있다. 일대의 선승이었던 경봉 스님이 축조하였다고 하는데 이 아치형 다리에는 3개의 홍예형 구멍이 있다. 이것 역시 마음 심 자의 세 점이다. 이 다리를 물에 비추어 본다고 상상하면 가장 좋은 그림이 나온다. 비추는 모양도 마음 심(心), 비추어보는 이 일도 마음의 일이 되기 때문이다.

나무꾼이 안내한 것처럼 큰마음은 지금 · 여기에서 1센티의 거리도 용인하지 않는 곳에 있다. 아예 '마음은 지금 · 여기 · 이것일 뿐'이라 표현할 수도 있다. '지금'이므로 시간에 지배되지 않는 자리이고, '여기'이므로 공간성이 없는 자리이다. '이것'이므로 주체와 대상이 없는 곳이다. 마음의 이러한 본질을 알면 밖으로 찾아다닐 필요가 없다. 그러나 원숭이 왕은 나무꾼이 가리킨 곳에 시간과 공간과 주객을 대입한다. 그래서 자꾸 멀어지는 것이다. 그런 의미에서 원숭이 왕의 여행은 아직까지는 헛수고에 가깝다.

스승 만나기

나무꾼은 원숭이 왕에게 도인이 사는 곳과 이름을 알려준다. 도인의 이름은 수보리(須菩提) 존자였다. 원숭이 왕은 혼자 도인이 사는 곳에 이른다. 그러나 문 앞에서 문을 두드리는 대신 혼자 나무를 타고 잣을 따먹으며 논다. 얼마 후 동자가 나와 그를 안내한다. 수보리 존자는 그를 제자로 받아들이고, 성도 없고 이름도 없는 그에게 손오공(孫悟空)이라는 이름을 지어준다.

원숭이 왕의 십여 년에 걸친 여행이 완전히 헛수고인 것은 아니었다. 그는 인간세상에서 사람의 살림을 배웠고, 나무꾼에게서 인간도리의 실천을 보았다. 진리에 조금씩 가까워지는 길을 걸었던 것이다. 그리고 드디어 마음의 문 앞으로 돌아왔다. 그런데 도대체 어떻게 하면 마음의 문을 열 것인가? 어떻게 하면 그 내밀한 세계를 볼 수 있을 것인가? 원숭이 왕은 뜻밖에 그 앞에서 아무 것도 하지 않고 논다. 반드시 이렇게 해야 할 필요가 있었기 때문이다. 원숭이 왕이 걸어온 길은 무엇이 되려고 애써온 여정이다. 그는 한때 사람처럼 되고자 사람 흉내를 낸 적도 있었다. 그러자 사람들은 모두 두려워하며 달아나 버리고 말았다. 그런 끝에 아무리 노력해도 찾을 수 없던 진리의 문이 나타났다. 일상에 만족하여 사는 담박한 나무꾼의 삶이 그를 이곳으로 안내한 것이다. 그것은 이제까지와 같은 인위적 추구와는 다른 차원의 일이었다. 그래서 원숭이 왕은 진리의 문 앞에서 인위적 추구를 내려놓는다. 원숭이답게 나무를 타고 잣을 따먹으며 지금·이곳의 이것과 하나로 만나 즐긴다. 이렇게 마음에 걸리는 작은 일조차 없이 최고의 호시절을 보내는 그에게 드디어 큰마음의 문이 열린다.

원숭이 왕이 모든 것을 내려놓은 자리에 노닐게 되자 진리의 문이 열리고 동자가 나타나 그를 맞이한다. 동자는 우리 인생의 저쪽으로 사라진 어린아이와 통한다. 비유하자면 큰마음을 만나는 길은 개인의 성장사를 역행하는 것과 같아서 일종의 역행성장이 일어난다. 여기에 성공하면 부모가 나를 낳기 전(父母未生前)의 존재성을 이 자리에서 확인하게 된다. 그 과정에 어린아이의 천진한 마음을 회복하는 일이 일어난다. 원숭이 왕도 동자의 마음이 되어 동자를 따라 마음동굴의 문을 들어선다. 진정한 마음관찰의 길에 입문하게 된 것이다. 나중에 보겠지만 수보리 존자가 원숭이 왕을 가르치는 과정은 정확하게 입문(入門)→승당(昇堂)→입실(入室)의 궤적을 그린다. 입문은 바로 승당으로 이어진다. 스승을 받들어 본격적인 수업을 하는 것이 승당이다. 그런 뒤 원숭이 왕은 야반삼경에 홀로 스승의 방으로 들어간다. 입실하게 된 것이다. 이것은 나중의 이야기다. 먼저 원숭이 왕이 동자를 만나는 장면은 음미할 만하다.

> 동자: 밖에 수행하는 사람이 왔다고 데려오라 하시더니, 바로 당신인 모양이군요.
> 원숭이: 그래! 나야, 나!

마음은 어떻게 보는가? 마음이 우주이고, 우주가 마음이다. 그래서 스승은 끝없이 직접 가리켜 보인다. 그러나 나무를 가리키면 마음 밖에 따로 나무를 보고, 꽃을 가리키면 마음 아닌 꽃을 보려고 한다. 분명히 가리켜 보이지만 끝없이 오해하는 동문서답이 계속된다. 그런데 모든 추구를 내려놓고 보면 손가락도 마음이고, 달도 마음인 일이 일어난다. 육체와 동일시하던 자아의 벽 한 모퉁이가 허물어질 때 일어나는 이 일이 원숭이 왕에게 일어났다. 그리고 만나는 일마다 확인이 일어난다. '그래! 나야, 나!'

이 일을 체험한 원숭이 왕에게는 이제 오직 향상만 있을 뿐인 길〔向上一路〕, 갈수록 멋진 풍경으로 들어가는〔漸入佳境〕 길이 열린다. 원숭이 왕이 동자를 따라 스승에게 나아가는 길이 그러했다. 한 층 한 층 깊은 전각과 화려한 누대를 지나고, 한 걸음 한 걸음 보배의 궁궐을 만난다. 그 화려한 궁전은 고요하고 깊은 거실을 품고 있다. 해공제일(解空第一) 수보리가 거주하는 진공묘유(眞空妙有)의 자리에 대한 표현이다. 자아가 할 것이 없으니 고요하다. 고집하지 않으므로 변화와 함께 한다. 이것이 스승의 마음이고, 앞으로 원숭이 왕이 하나로 만나야 할 큰마음의 자리이다.

손오공이라는 이름

수보리 존자는 원숭이 왕에게 성명을 묻는다. 원숭이 왕은 돌에서 태어났으므로 성이 없다. 이에 스승은 원숭이 왕에게 손오공(孫悟空)이라는 이름을 지어준다.

손(孫)이라는 성에는 원숭이〔猻〕라는 뜻도 있고, 자손〔孫〕이라는 뜻도 있다. 또 이 성(姓)은 본래 있는 이대로를 가리키는 성품〔性〕과 발음이 같다. 글자의 발음이 같으므로 두 의미가 동시에 일어나는 것이다. 우리 마음은 원숭이처럼 끝없이 움직이므로 원숭이〔猻〕와 같다. 분별적 모습에 지배되는 우리는 이 세상의 만사만물에 분주한 원숭이 왕이다. 그것이 우리 마음의 현주소이다. 그런데 본래의 성품이 이 현주소를 떠나서 따로 있는 것은 아니다. 현주소와 본적〔성품〕이 같은 것이다. 다만 참견 없이 주시하면 그것은 그대로 본성이 된다. 이것이 끝없는 자손〔孫〕으로서의 다양한 현상을 생산하는 원천인 것이다.

오공(悟空)이라는 이름은 마음관찰의 길을 걸을 원숭이 왕에게 주어진 숙제이다. 공의 도리를 깨달으라는 것〔悟空〕이다. 우주법계의 현상은 묘하다. 둘을 나누는 생각의 차원에서 보면 하늘과 구름, 산과 물이 엄연히 다르다. 그래서 갠지스 강변의 모래보다 많은 형상들이 있게 된다. 그런데 전체를 통째로 알아차리는 자리로 돌아오면 분별은 일종의 관념이 된다. 더구나 그 알아차리는 일조차 하나의 실체가 아니다. 편의상 붙인 이름의 지배를 받는 일이기 때문이다. 그렇게 확인하면 이 몸과 세계가 파초와 같음을 알게 된다. 파초의 줄기는 끝없이 벗겨지는 껍질로 이루어져 있다. 실속이라 할 것이 없는 것이다. 몸도 이와 같아 몇 가지 구성성분(四大)의 조합일 뿐이다. 이러한 공(空)의 원리를 끝없이 확인하는 것, 이것이 오공(悟空)의 숙제이다.

물론 손오공이라는 훌륭한 이름도 임시로 지어진 것이다. 그렇지만 원숭이 왕은 이름을 받아 기뻐서 소리친다. '좋아요, 좋아요, 너무 좋아요!' 그러나 그렇게 좋아할 일이 아닌 것이 이름은 자아라는 벌레가 기생하기에 가장 좋은 토양이 되기 때문이다. 이 벌레는 이름에 붙어살면서 그것을 자기라고 생각한다. 누가 그것을 건드리면 꿈틀대는 것이다. 그래서 이름이 생기고부터 원숭이 왕에게 성질부리는 습관이 생긴다.

2. 마음에 대한 눈뜸과 실습

스승을 만난 손오공

마침내 손오공은 마음관찰의 길을 이끌어줄 큰 스승, 수보리 존자를 만났다. 손오공은 스승의 문하에 들어가 사람 대하는 법, 경전공부, 글씨쓰기, 기도하기 등을 배운다. 그 밖에 청소하고, 밭 매고, 정원 가꾸고, 나무하고, 불 때고, 물 긷고, 밥하는 일상의 할 일들이 주어졌다. 7년의 세월이 이것으로 지나간다.

손오공은 7년 동안 대부분의 시간에 잡일을 한다. 그러면 마음관찰의 공부는 언제 하는가? 사실 진정한 마음관찰은 이렇게 잡일을 하는 사이에 이루어진다. 이 과정에서 공부와 공부 아닌 것을 가르는 관념을 버리게 되기 때문이다. 옛 마음관찰의 거장인 혜능이 바로 그랬다. 남들이 명상하고 마음의 비밀을 설파한 가르침의 서적을 볼 때 그는 방아만 찧었다. 스승의 문하에서 8개월 동안 한 일의 전부가 그것이었다. 그리고는 「모양에 묶이지 않는 노래〔無相偈〕」를 짓고, 스승의 방에 불려가 마음관찰의 핵심을 설명 받게 된다. 전하는 이야기에 따르면 직접 가르침을 받은 시간은 2시간을 넘지 않는다. 그러니까 혜능은 스승의 문하에서 정식으로 마음관찰에 대한 훈련을 받은 일이 별로 없다. 혹자는 그가 방아를 찧으며 마음관찰의 훈련을 했다고 한다. 이 말은 맞기도 하고 틀리기도 하다. 만약 마음관찰의 공부가 집중력을 길러 지금 · 여기에 없는 무엇을 새로 성취하는 일이라고 본다면 혜능은 그런 적이 없다. 반면 방아 찧는 일 전체가 큰마음이 드러난 것임을 확인하는 시간을 보냈다고 한다면 그 말에는 오류가 없다.

이와 관련하여 보다 극적인 얘기가 전한다. 당나라 때 용담숭신(龍潭崇信)이 마음의 비밀에 눈뜨고자 천황도오(天皇道悟)를 스승으로 섬겼다. 그런데 스승이라는 이는 몇 년 동안 나무하고, 밥 짓고, 물 긷고, 국 끓이는 일만 시키며 마음관찰의 훈련을 시켜줄 기색이 없었다. 숭신이 참다못해 스승에게 말하였다. "스승님을 따른 지 몇 년이 지났는데, 본격적인 가르침을 한 번도 듣지 못했습니다. 마음의 비밀에 이르는 길을 좀 가르쳐 주십시오!" 스승이 말하였다. "내가 매일 가르침을 주지 않았던가?" 그리고 다시 말하였다. "나는 그대가 차를 끓여주면 차를 마셨고, 밥을 가져오면 밥을 먹었다. 또 그대가 절을 하면 인사를 받았다. 이렇게 하루라도 보여주지 않은 적이 있던가?" 이렇게 보여준 스승의 일거수일투족이 큰마음을 바로 가리켜 보여주는 일의 연속이었다는 대답이었다.

큰마음과 하나 되는 체험

손오공은 어느 날 스승의 가르침이 훤히 이해되는 체험을 하게 된다. 그래서 넘치는 기쁨에 얼굴을 문지르며 웃기도 하고 덩실덩실 춤도 추게 된다. 스승이 까닭을 묻자 손오공이 대답한다. "제가 정성을 다해 마음의 법을 듣다가 스승님의 오묘한 말씀이 귀에 들어와 억제할 수 없는 환희를 느꼈습니다. 그래서 저도 모르게 춤을 추게 되었습니다."

여기 두 마음이 있다. 스승이 드러내 보여주는 큰마음과 자아를 고집하는 작은 마음이 그것이다. 자아를 기준으로 하는 작은 마음의 차원에서는 스승이 드러내 보여주는 큰마음을 알아차리지 못한다. 그래서 그것을 보여주는 스승의 가르침을 알아듣지 못하는 것이다. 알아듣지 못하는 이쪽의 작은 마음은 생각의 세계, 이원화된 세계이다. 이에 비해 스승이 있는 저쪽은 생각의 분별을 내려놓은 둘 아님의 세계이다.

스승의 가르침이 훤히 이해되는 손오공의 체험은 지금 이 자리에 이것으로 나타난 큰마음과 하나로 만나는 체험이기도 하다. 그것의 특징은 생각을 거치지 않는다는데 있다. 생각의 해석과정을 거치지 않고 하나로 확인하는 것이다. 손가락이 아픈 것을 아는데 생각을 거칠 필요가 없는 것과 같다. 이러한 체험은 상대적 두 차원을 내려놓는 일을 전제로 한다. 그러할 때 나와 대상을 구분할 것 없이 세상의 만사만물이 큰마음임을 확인하게 된다.

마음관찰의 형식적 공부법

눈을 뜬 손오공에게 스승은 4가지의 본격적인 공부법을 제시한다. 기술로서의 도술의 길, 학문의 길, 변화에 대응하는 길, 변하지 않음에 눈 뜨는 길이 그것이다. 손오공은 이것을 모두 거부한다. 그러자 스승이 들고 있던 계척(戒尺)으로 그의 머리를 3번 때리고는, 뒷짐을 지고 내실로 들어가서는 문을 잠가버린다. 스승을 화나게 했다고 사형제들의 원망이 빗발쳤지만 손오공은 그것이 비밀암호임을 알았다. 머리를 세 번 때린 것은 한밤중 3경의 시간을 가리키고, 뒷짐 지고 돌아가면서 정문을 잠근 것은 손에 든 것을 내려놓고, 뒷문으로 들어오라는 암시였다.

이것은 스승에게 한밤중에 불려가 큰마음에 대한 가르침을 받은 혜능의 전설을 원형으로 하고 있다. 마음관찰자의 눈뜸을 확인하고 그것을 견고히 해주는 거장들의 가르침은 준비 완료된 화약에 불을 붙이는 것과 같다. 손오공도 혜능과 같이 준비가 끝나 있었다. 그런데 손오공은 왜 스승이 제시한 4가지 공부 길을 거부한 것일까? 모든 정해진 공부법은 화석화된 것이기 때문에, 의도적인 노력과 정해진 방법은 진정한 마음관찰의 길을 가로 막는다. 원래 모든 공부법은 살아 움직이는 스승의 존재에서 출발한다. 스승이 있는 동안 그 존재자체가 제시하는 길은 불가사의한 힘을 발휘한다. 그러나 스승이 가고 나면 그것이 형식이 되고 개념이 되어 마음관찰의 실천을 속박한다. 형식과 모양에 한정되는 것 자체가 큰마음에 눈뜨는 길과 반대로 나가는 일이기 때문이다. 손오공은 그래서 다양한 공부의 길을 모두 거절한다. 정해진 공부법은 지금, 여기의 이것을 빼놓고 별도의 목적지를 설정하기 때문이다.

원래 스승이 4가지 공부법을 제시한 것은 한번 떠보는 시험이었다. 손오공이 체험한 큰마음에 대한 눈뜸이 생각의 차원에서 일어난 착각은 아닌지 확인하고자 한 것이다. 해야 할 공부가 따로 있다고 생각하고 있다면 이러한 스승의 시험을 통과할 수 없다. 공부와 공부 아닌 것을 나누는 분별에 빠져 있기 때문이다. 분별에 기초한 이원사유의 길은 아무리 열심히 걸어도 큰마음과 하나로 만나는 체험에 이를 수 없기 때문이다. 그것은 서울을 목적지로 하는 사람이 제주도행 배를 타는 일과 같다. 손오공은 이것을 알고 있었고, 스승의 시험에 걸리지 않았다.

옛날 마음관찰의 거장이었던 마조도일(馬祖道一)에게도 정해진 공부법을 통해 어딘가에 도달하고자 했던 오류에 대한 반성과 그로 인한 눈뜸의 이야기가 전한다. 그가 마음관찰의 공부를 열심히 하고 있는데 남악회양(南岳懷讓)이 와서 흔든다. "뭐 하는가?" "마음관찰합니다." "마음관찰해서 뭐 하게?" "깨닫기 위해서입니다." 남악회양이 벽돌을 가져다 그 앞의 돌에 대고 갈기 시작했다. 이번에는 마조가 묻는다. "뭐 하십니까?" "이걸로 거울을 만들 참이네." "그게 말이 됩니까?" "자네는 마음이라는 대상을 관찰해서 깨달으려 하는 게 말이 된다고 생각하는가?" "그러면 어떻게 하면 됩니까?" "수레가 가지 않는데 수레를 때려야 하는가, 소를 때려야 하는가?" 마음을 대상화하여 깨닫고자 하는 바로 그 '나'를 내려놓아야 진짜 큰마음과 하나로 만나는 일이 일어날 수 있다는 것이다.

마조도일과 스승과의 원래 거래는 이보다 더 상세하다. 그들 간에 미끼를 던지고, 물고, 당기고, 내려놓는 상호작용은 약속된 대련과 같다. 마조도일은 이를 통해 하나의 정해진 공부법을 통해서 큰마음에 눈뜨고자 했던 이원적 분별사유의 잘못을 알았다. 큰마음이라는 형상이나 깨달음의 상태가 따로 있으면 안 되는 것이다. 무엇인가(수행)를 하는 주체〔마조〕가 있는 한 큰마음과 하나 되는 일은 불가능하다. 벽돌을 갈아 거울을 만드는 일이 그보다는 실현가능성이 높은 것이다.

스승의 암시들

그렇다면 스승은 왜 손오공의 머리를 3번 때렸는가? 왜 야반 3경에 찾아오라는 암시를 준 것일까? 정말 남에게 감춰야 할 어떤 비밀이 있었던 것일까? 비밀이 있기는 하다. 큰마음은 지금, 여기의 이것으로 남김없이 드러나 있어 비밀이 없다는 것이 비밀이다. 이것을 생각의 차원에서 이해하지 못하게 하기 위해서 스승들은 밀실에서 법을 전하는 것이다. 마음관찰자들이 생각의 차원에서 그것을 눈치 채고 깨달음을 자처하거나 자유로움을 흉내 내는 일은 재앙에 가깝기 때문이다.

야반 3경의 깊은 밤이라는 시간 역시 중요한 상징이다. 보통 3경의 시간이 되면 우리는 잠이 든다. 자아의식이 잠 속에서 사라지거나 미약해지는 것이다. 이렇게 자아의식이 미약해지거나 사라지는 일은 큰마음과 하나로 만나는 조건이 되므로 야반 3경의 시간을 제시한 것이다.

손오공을 때린 뒤 스승은 뒷짐을 지고 들어가 문을 잠갔다. 뒷짐을 진 것은 손에 든 것을 내려놓으라는 뜻이다. 무엇을 내려놓으라는 건가? 이 세상의 만사만물이 바로 큰마음임을 보지 못하는 것은 내가 따로 있고 대상세계가 따로 있다는 이원화된 생각 때문이다. 이러한 분별적 이원사유를 내려놓는데 손오공은 7년이 걸렸다. 그런데도 아직 그렇게 내려놓았다는 관념을 내려놓지 않고 있다. 이마저도 홀가분하게 내려놓으면 이제 오로지 지켜보는 일만 남는다. 나라는 것, 대상이라는 것이 따로 없으므로 참견하고 간섭할 일도 없다. 이렇게 나에 대해, 세상에 대해 스승이 그랬던 것처럼 뒷짐을 지는 것이다.

그렇다면 스승은 왜 앞문을 잠갔는가? 뒷문으로 오라는 것이다. 큰마음에 대한 눈뜸은 정문으로 오지 않고 뒷문으로 온다. 어떤 경우라도 눈뜸은 우리의 뒤통수를 치며 출현한다. 우리가 예상하는 차원의 일이 아니기 때문이다. 그러니까 진정한 눈뜸은 개념에 집착하는 자아의식이 허물어지는 일과 동시에 일어난다. 원래 생각과 예측은 주체가 있어야 한다. 주체가 사라지면 생각과 예측도 사라지는 것이다. 그래서 큰마음에 대한 눈뜸은 주객을 나누는 차원에서는 전혀 예상하지 못한 일인 것이다. 손오공은 이와 같이 스승의 암시를 따라 앞으로 나아가 반쯤 열린 뒷문을 발견한다.

큰마음과의 만남

손오공이 옛 길(舊路)을 걸어 스승의 처소에 이르러 보니 뒷문이 반쯤 열려 있었다. 이 문을 걸림없이 통과한 손오공이 스승의 방에 도착하여 꿇어앉는다. 그런데 스승은 자다가 일어나서 오공이 온 것을 알고는 도리어 꾸짖는 것이었다. "자지 않고 뭐하는 거냐." 손오공이 암시를 따라 찾아왔다고 하자 스승이 기뻐하며 큰마음과 하나로 만나는 길로 인도한다. 그렇게 하여 손오공은 온 세상이 하나의 큰마음일 뿐이라는 사실에 눈을 뜨게 된다. 그런 뒤 다시 뒷문으로 나오는데 동쪽 하늘이 훤히 밝아왔다. 손오공은 옛 길 그대로 되돌아와 침상을 흔들며 외쳤다. "날이 밝았다!"

스승에게 가고 오는데 옛길을 걸었다는 표현이 있음을 주목할 필요가 있다. 이 옛길을 마음관찰자들은 구로(舊路), 혹은 고로(古路) 등으로 표현한다. 만사만물은 무수한 모양으로 천변만화하여 나타나지만 그것을 관통하는 본성은 다르지 않다. 다르지 않으므로 옛날부터 있던 길(古路)이라 부르는 것이다. 그것은 또 고향, 혹은 집으로 표현되기도 한다. 나라는 주체는 밖에서 무엇인가 대상을 찾아다니느라 타향의 낯선 길을 헤매어 왔다. 그러다 문득 안팎의 구분을 내려놓는 체험을 한다. 그러면 거기 잃어버렸다고 생각했던 자리가 나타나는 것이다. 그 자리가 옛날부터 익숙한 것이므로 고향, 혹은 집이라고 부르는 것이다.

손오공이 그 옛 길을 따라 가보니 그 끝에 반은 열리고 반은 닫힌(半開半閉) 뒷문이 있다. 이 문은 열린 문일까, 닫힌 문일까? 닫힌 문이라면 스승의 세계는 세상과 둘로 나뉘어 있다. 열려 있을 뿐이라면 세속에 동화된 살림이다. 그러나 스승의 방 문은 반개반폐이다. 그 안에서 스승이 자고 있다. 그 잠 역시 반개반폐이다. 왜 그런가? 스승에게는 개인의 자아의식이 사라지고 없다. 자아가 잠들어 버린 것이다. 그렇다면 나무토막이거나 돌멩이인가? 거기에 육체에 갇힌 자아의식을 넘어서는 큰마음의 작용이 살아있다. 이처럼 자아의식은 닫히고 큰마음은 열렸으므로 반은 열리고 반은 닫힌 것이 되는 것이다. 그래서 스승은 자고 있는 듯 보이지만 진정으로 깨어 있다.

그렇게 손오공은 옛길을 걸어 반개반폐된 뒷문으로 들어가 스승을 만난다. 타지를 떠돌던 아들이 익숙한 옛 길을 걸어 집으로 돌아와 아버지를 만난 것과 같은 순간이다. 스승은 그것이 타향을 떠돌던 탕자의 귀환임을 바로 알지만 그래도 다시 한 번 그를 시험한다. "앞에서 잠이나 잘 것이지, 뒤쪽에 와서 무엇하는 거냐?" 스승이 말하는 뒤는 무엇이고, 앞은 무엇인가? 뒤에서는 아무 일도 하지 않는다. 참견도 않고 조바심도 않는다. 그래서 뒤에서 보면 '나'를 포함해서 온 세상이 큰마음의 드러남이다. 무수한 모든 모양들이 큰마음을 증명한다. 이렇게 확인하는 것이 '뒤에서 깨어있는 일'이다. 이에 비해 주체가 앞으로 나서면 모든 것들이 뒤죽박죽으로 얽히게 된다. 자아에 묶여 전체를 관조할 시야를 상실하고 눈앞의 일에 기뻐하고, 분노하고, 슬퍼하고, 즐거워한다. 그것은 잠에 빠져 험한 꿈을 꾸는 일에 해당하지만 그 사실조차 알지 못한다. '앞에서 자는 일'이 이것이다.

스승은 이러한 절차를 통해 손오공의 체험이 진실한 것임을 확인한다. 스승과 같은 방에 들어가는 입실(入室)이 이루어진 것이다. 이것은 머무는 일 없이 없이 나아가는 향상일로(向上一路)의 길이다. 스승은 손오공에게 큰마음을 보는데 있어서 드러남과 감추어짐〔顯密〕, 치우침 없음과 장애 없음〔圓通〕의 도리를 설하고 이것을 구결로 전수한다. 인도의 수행풍토에서 보자면 구결은 만트라가 된다. 중국의 문화환경에서 보면 그것은 게송이 된다. 만트라이든 게송이든 중요한 것은 내용에 있지 않다. 이미 제자는 스승과 하나이기 때문이다. 다만 자아의식의 작은 마음에 지배되는 일이 있을 때 그 스승이 남긴 구결이 힘을 발휘한다. 그 구결을 떠올리는 순간 스승과 함께 만난 큰마음의 자리로 돌아오게 되는 것이다.

체험 이후의 고함과 침묵

손오공의 에너지는 스승의 발화로 대폭발을 일으켜 나와 대상의 구분이 없는 큰마음과 하나가 된다. 그렇게 큰마음과 하나 되는 체험을 하고 뒷문을 나서니 날이 훤히 밝았다. 숙소에 돌아온 손오공이 침상을 흔들며 외친다. "날이 밝았다! 날이 밝았어!" 동문형제들은 손오공에게 무슨 일이 일어났는지 알지 못하고 자고 있다. 그날부터 손오공은 남들과 어울려 지내면서도 남몰래 그 일을 유지하며, 시간을 정해 숨결을 가다듬는다.

손오공의 고함은 '나, 손오공!'의 선언이 아니라 아침을 대신한 고함이다. 아침이 밝으니까 밝았다고 하는 것이다. 자아의식이 사라져 주체와 대상의 경계가 허물어진 손오공은 아침이 밝으면 아침과 하나가 되고, 저녁이 오면 저녁의 어두움 그 자체가 된다. 처음에는 그 사실이 경이로워 크게 고함을 친 것이다. 그러나 만사만물로 확인되는 이 큰마음을 그 때마다 외칠 필요는 없다. 그래서 침묵이 일어난다. 이 진정한 침묵은 세상을 다 삼킨 사자후와 다르지 않다.

그럼에도 불구하고 자아는 결코 만만한 적수가 아니다. 그래서 큰마음을 잊지 않도록 그 뒷문을 잘 지키고 유지하는 일이 필요하다. 놀거나 공부하거나 간에 자아의식에 끌려가는 일 없이 지켜보는 것이다. 특히 큰마음을 체험한 과거의 일을 기억하는 것은 좋지 않다. 자아가 완전히 녹아버린 것은 아니므로 큰마음에 눈을 떴다는 자부심이 자아에 영양분을 공급할 수 있다. 그 자부심을 방치하면 순식간에 자아와 대상을 나누어보는 버릇이 되살아날 수 있다. 옛 마음관찰의 거장들은 이것을 바람에 일어난 파도에 비유하였다. 바람이 멈추어도 파도는 한동안 출렁임을 계속한다. 그러므로 자아가 모습을 바꿔가며 되살아나는 현장을 거듭 살펴보는 일이 필요한 것이다.

손오공이 남몰래 하였다는 일이 그것이다. 이것이야말로 진짜 마음관찰이다. 이 자리에서는 닦음이 곧 눈뜸이고, 눈뜸이 곧 닦음이다. 그 핵심은 일상생활 자체가 큰마음의 드러남임을 거듭 확인하는 데 있다. 그래서 손오공은 '세상과 어울려 지낸다.' 큰마음과 하나로 만나는 일이 특별한 일이 아니므로 그 삶은 지극히 평범한 외양을 띄게 된다. 그것은 내면에서 일어나는 일이므로 남이 잘 알 수 없다. 손오공이 '남몰래 유지하였다'고 한 것이 이 일이다.

원래 큰마음과 하나 되는 체험을 한 뒤 평범하게 살면서 남몰래 유지하는 일은 옛 마음관찰의 거장들에게 발견되는 공통점이다. 예를 들어 혜능은 큰마음과 만나는 체험을 한 뒤 남방으로 내려가 15년을 평범하게 살았다. 그가 15년간 구체적으로 무엇을 했는지는 기록이 없다. 그러나 사냥꾼의 무리에 섞여 지냈다는 기록이 있는 것을 보면 그 평범함의 정도가 어떠했는지 짐작할 수 있다. 그 평범한 삶은 스스로 특별한 존재라는 자부심이 일어나지 못하도록 환경을 조성한 결과였다. 큰마음과 하나로 만나는 체험에 근거하여 자아의 높은 산을 쌓아올리는 사람들이 대부분인 상황에서 이 평범한 삶은 일종의 안전장치가 되는 것이다.

사실 손오공의 체험은 옛 마음관찰자들의 그것과 다르지 않다. 그렇다고 당장 완성된 존재가 될 수는 없다. 그것은 어린애가 사지오관을 다 갖추었지만, 아직 걷지도 못하고 말도 못하는 일과 같다. 아이는 오랫동안 조심해서 잘 자라나야 완성된 존재가 된다. 큰마음과 하나로 만나는 체험을 한 마음관찰자도 그래야 한다. 다시 자아집착의 길을 걷게 될 위험이 있으므로 가능하면 실력 있는 스승을 따르는 일이 필요하다. 그래서 손오공은 스승의 곁에서 침묵하며 세월을 보내고 있는 것이다.

원리체득과 실습

그렇게 3년이 지난 어느 날 스승이 손오공의 수준을 점검한다. 손오공은 자신이 '큰마음에 훤히 통하여 뿌리가 흔들리지 않게 되었음'을 선언한다. 스승은 이에 미래에 닥칠 세 가지 재앙(三災)의 위험성에 대비하도록 72가지 변신술을 가르친다.

본성에 훤히 통하고, 흔들리지 않게 되었다는 것은 항상 큰마음과 하나로 만나고 있다는 말이 된다. 그것은 완성에 가깝다. 그런데 스승은 더 공부할 과제를 내어준다. 그래서 손오공은 이의를 제기한다. 이미 큰마음과 하나로 만나 흔들리지 않게 되었는데 무슨 재앙이 있겠느냐는 것이다. 하늘과 하나가 되었는데 무슨 병이 올 수 있겠느냐는 것이다.

그러나 손오공의 눈뜸은 아직 상대적이고, 일시적이며, 생성과 소멸이 있는 차원을 넘어서지 못했다. 그래서 스승이 말하는 것처럼 머리끝에서 발끝까지 존재를 녹여버리는 재앙을 만나면 그것은 여지없이 흔들리게 된다. 스승은 그것을 피하려면 큰마음을 분명히 알고 본성을 바로 보고 있어야 한다고 가르친다.

큰마음에 훤히 통했다고 하지만 손오공은 스승의 말에 덜컥 겁이 난다. 아직 이 몸과 마음을 자아로 생각하는 습관이 남아 있기 때문이다. 그래서 스승이 제시하는 72가지 변신술의 실습에 들어간다. 원래 『서유기』의 변신술은 온 세상의 다양한 형상이 큰마음의 현현임을 확인한다는 뜻이다. 다양한 현상을 대하면서 각각의 현장이 큰마음의 드러남임을 확인하는 실습절차를 밟는 것이다. 그것은 사례별 실습에 해당한다. 이것이 완전해지면 의식적 조작이 없이 그 하나로 만나는 일이 생활 속에 자연스럽게 구현된다. 그러니까 손오공이 72가지 변신술을 배운다는 것은 모든 현상이 큰마음 그 자체임을 확인한다는 뜻이고, 만사만물에게서 진리를 듣는다는 뜻이기도 하다.

다만 72가지 변신술은 삼라만상을 모두 포함하지는 못한다는 점에서 손오공의 한계를 암시한다. 중국의 문화에서 9는 큰 숫자의 상징으로서 그 극대치는 9×9=81이다. 그런데 손오공이 배우게 된 도술은 9×8=72이다. 극대치에 한 단계 미치지 못하는 숫자인 것이다. 따라서 다양하기는 하지만 아직 삼라만상을 모두 포괄하는 것은 아니다. 그래서 손오공의 실습여행은 81가지 무한한 고난을 72가지의 한정된 도술로 만나 그 무력함을 느끼는 일을 핵심으로 하는 것이다.

실제로 실습차원의 마음관찰자들은 수시로 생성과 소멸의 차원에 떨어진다. 아직 노력을 하는 중에 있고, 그 노력이 생성하고 소멸하기를 거듭하는 의식작용에서 나오는 것이기 때문이다. 또 고요함의 즐거움을 은근히 누리고자 하는 것도 생성과 소멸의 마음에 해당한다. 따라서 어떤 차원에 머무는 일 없이 거듭 앞으로 나아가는 태도가 필요하다. 어떤 특별한 체험에 마음을 뺏겨 그것을 유지하고자 하거나 재현하려는 일은 위험한 길이다. 완성된 마음관찰자였던 석가모니는 최고의 차원이라고 인정받는 단계에 도달한 뒤에도 그것에 머물지 않는 자세를 보여준 바 있다. 그래서 4가지 청정한 단계의 닦음(四禪)의 단계를 넘어 공무변처(空無邊處), 식무변처(識無邊處), 무소유처(無所有處), 비상비비상처(非想非非想處)라 불리는 차원에 도달하였고, 그 때마다 그 길을 안내한 스승들은 완성을 선언하였다. 그러나 석가모니는 완성되었다는 그 관념을 수용하지 않고 끝없이 앞으로 나아가 궁극의 눈뜸에 이르렀다.

이와 같은 차원에서 스승은 손오공에게 깨달음의 자리에 머물러 그것을 경험으로 기억하거나 관념화하지 말 것을 강조한 것이다. 그러므로 소멸의 재앙을 막는 길은 오직 끝없이 나아가는 길 뿐이다. 그것이 손오공이 배우게 된 72가지 변신술의 의미이다.

초월과 소요

손오공이 72가지 변신술을 익힌 뒤 어느 날 스승이 그를 점검하게 된다. 손오공은 자신이 이미 구름을 타고 하늘을 날게 되었다고 보고하면서 솜씨를 자랑한다. 대여섯 길 높이로 날아올라 구름을 타고 삼리 남짓의 거리를 다녀오는 솜씨였다. 그것을 보고 스승이 웃는다. 적어도 아침에 북해를 떠나 사해를 유람하고 저녁에 다시 북해로 돌아올 정도가 돼야 구름을 탄다고 할 수 있다는 것이었다. 그리고는 공중제비 한 번에 십만 팔천 리를 날아가는 근두운(觔頭雲) 법을 가르쳐 준다.

손오공은 모든 것이 큰마음의 드러남임을 확인하여 모양에 흔들리지 않게 되었다. 삼라만상이 나와 둘이 아님을 확인하게 되었다. 다만 큰마음에 맡길 뿐, 관찰하려는 의지를 일으키지도 않는다. 마음을 맑게 가라앉히는 일도 하지 않는다. 이것이 익으면 저절로 진리와 하나가 되는 삶이 일어난다. 어떻게 마음먹고 어떻게 움직여도 그것이 진리 자체가 되기 때문이다. 공자는 70살이 된 후 '마음 가는 대로 해도 규범을 넘지 않게 되었다(從心所欲不踰矩)'고 했다. 72가지 변신술은 공자가 선언한 이러한 완성에 근접했다는 상징이 된다. 그런데 이렇게 잘 익게 되고 난 뒤에도 그 경이로운 상태에 찌꺼기가 있음을 알게 된다. 의지하는 것이 완전히 사라진 것이 아니기 때문이다. 당장 구름을 타는 일만 해도 의지하는 구름이 있는 것이다.

그래서 새로운 비약과 초월이 필요해진다. 그것이 바로 진짜 구름타기이다. 그런데 손오공이 익힌 구름타기는 시원찮다. 스승은 이것을 '구름에 기어오르기' 정도라 규정한다. 그것은 애쓰는 일이지 초월이 아니다. 그래서 스승은 진짜 구름타기의 길을 가르쳐 준다. 그 핵심은 아침에 북해를 떠나 사해를 유람하고 저녁에 다시 그 자리로 돌아오는데 있다. 원래 구름타기는 여동빈(呂洞賓) 같은 신선들의 재주이다. 그런데 눈 깜짝할 사이에 십만 팔천 리를 간다는 이 구름타기를 선망한다면 그것은 진정한 초월이 아니다.

생각해보면 마음관찰의 길에서 신통력은 계륵이다. 그것은 남다른 내려놓음의 결과물임에 분명하지만, 진정한 눈뜸의 장애가 될 수도 있다. 상징적인 사건이 석가모니의 교단에 있던 빈두로라는 마음관찰자에게 일어났다. 그 때 한 귀족이 전단향으로 만든 그릇을 상아말뚝 위에 높이 달아놓고 수행자들을 시험하였다. 어떤 교단의 사람이든 하늘을 날아 이 발우를 가져간다면 그 교단을 최고로 인정하겠다는 것이었다. 각 교단의 우열을 재보자는 발상이었다. 빈두로라는 마음관찰자는 자기 교단의 위대함을 증명할 생각으로 방석에 앉은 채 허공을 날아 발우를 취하였다. 그런데 이 일로 빈두로는 교단에서 심한 질책을 받는다. 스스로 자아의 뛰어남을 과시하였을 뿐만 아니라, 주변의 사람들에게 욕망의 대상이 될 특별한 차원을 제시한 것이기 때문이었다. 그 벌로 빈두로는 마음관찰의 궁극적 단계에 들어가지 못하게 된다.

그렇다면 손오공의 근두운은 무엇인가? 우선 그것은 멀고 가까움을 둘로 보지 않는 지혜의 구름이다. 그 구름은 세계를 한 바퀴 돌았지만 북해의 출발점에서 떠난 적이 없다. 스승은 이 근두운을 타려면 수결을 맺고, 진언을 외며, 주먹을 쥐고, 재주를 넘어 뛰어 올라야 한다고 가르친다. 수결이나 진언이나 주먹은 의미화를 멈춘 전체성으로 회귀하는 첩경에 해당한다. 이치와 현상의 어느 쪽에서 보아도 그것은 출발점이자 귀착점이다. 큰마음과 이 세상의 만사만물은 펼치면 다섯 개의 손가락이 되고 거두면 하나의 주먹이 되는 관계에 있다. 물론 이것은 말일 뿐이다. 사실을 말하자면 주먹과 다섯 손가락이 다르지 않고, 큰마음과 만사만물이 지금 이대로 하나이다. 비유나 논리적 추론으로 그것이 하나라는 말이 아니다. 있는 이대로 둘이 아니다. 오히려 모양의 구별과 시간의 분할이야말로 육체에 갇힌 자아의식의 조작이다.

그러니까 구름을 타는 것은 72가지 변신술의 다양한 모양에 현혹되지 않고 만사만물의 원료인 큰마음을 확인한다는 뜻이다. 근두운과 72가지 변신술이 항상 짝이 되는 이유이다. 또 하나의 비밀은 근두운이라는 구름의 이름에 있다. 그것은 뒤로 공중제비를 돌아서 타는 구름이다. 본래 한사코 앞으로 나아가는 것이 우리의 살림이다. 명예와 이익을 구하는 이 세상의 진흙 밭 경주가 그렇다. 행복도 진리도 앞에 있을 것 같다. 그래서 앞으로만 달려간다. 그렇다면 세계의 끝을 다녀오는 구름이라면 어떻겠는가? 얼마나 부지런히 앞으로 나아가야 그 빠름에 이를 수 있을 것인가? 그런데 손오공이 타는 근두운은 뒤로 바라보고 뒤로 물러나야 오를 수 있다. 진리를 찾는 일이 쉽지 않은 것은 그것이 앞의 어딘가에 특별한 어떤 상태로 존재한다고 생각하기 때문이다. 열심히 앞으로 나아가 성취를 거듭하여 목적지에 도달하기를 기약한다. 이것이 대부분이 생각하는 마음관찰의 약도이다. 그런데 손오공의 구름은 뒤로 도는 공중제비를 필요로 한다. 그렇게 재주를 넘을 때 우리는 고개를 돌려(回頭), 돌이켜 비춰보는(返照) 입장이 된다. 그렇다고 눈길을 돌려 자신의 육체나 의식의 어디에서 무엇을 찾으라는 것도 아니다. 큰마음, 진짜 마음에는 안과 밖이 없다. 이와 같이 이 공중제비는 밖으로 달려 나가던 마음을 문득 멈추게 하는 힘이 있다. 수시로 공중제비 하듯 뒤를 돌이켜 보고, 뒤로 물러나는 것이다. 그러다 문득 마음이 추구하는 바 없이 지금 이 자리에 소요하는 때가 온다. 진정한 초월의 구름타기가 가능해지는 시점이다.

스승의 하산 명령

이렇게 큰마음과 하나로 만나는 일의 충만함에 잠겨 지내던 손오공은 어느 날, 동문형제들의 부추김에 소나무로 변하는 변신술을 자랑한다. 눈 깜짝할 사이 소나무로 변신하는 손오공을 보면서 동문형제들이 감탄하며 떠든다. 이 일을 알게 된 스승은 손오공에게 그것의 위험성을 알려준다. 자신들에게 없는 것을 손오공이 가지고 있다는 것을 알았으니 그것을 가르쳐달라 할 것이다. 가르쳐주면 옳지 않고 가르쳐주지 않으면 생명이 위험하게 될 것이다. 스승은 이렇게 경고한 뒤 그에게 하산명령을 내린다. 왔던 곳으로 되돌아가라는 것이다.

손오공이 큰마음과 하나로 만나는 일을 체험한 뒤 3년이 넘어 지났다. 그동안 그 확인은 더 확고해지고, 차원이 높아지는 향상의 체험이 거듭되었다. 그런데 어느 날 손오공은 그 눈뜸의 세계를 펼쳐 보이게 된다. 동문형제들의 부추김에 상황이 그렇게 된 것이기는 하지만 스스로 자부심을 내보인 일이기도 하다. 이것이 문제가 된다. 손오공이 소나무로 변신한 것은 자신이 푸른 소나무와 같은 불변의 특성을 갖추게 되었다고 자랑하는 일에 해당한다. 실제로 큰마음과 하나로 만나는 체험을 한 사람은 자신이 불변의 어떤 자리에 도달하였다고 자부하게 된다. 이렇게 자부하는 손오공을 대중들은 질시하거나 선망하여 매달리게 된다. 그런데 손오공은 아직 준비가 되지 않았다. 그래서 스승은 손오공에게 하산명령을 내린 것이다. 그것은 파문이 아니다. 위험에서 보호하기 위해서이고, 숙성할 기간을 주기 위한 것이다. 더 정확히 말하자면 이제부터 진리와 하나 되는 삶을 직접 실습하라는 것이 스승의 하산 명령인 것이다.

사실 그냥 사는 것이 깨달음에 더 가깝다. 모든 마음관찰자들이 큰마음과 하나됨을 체험한 뒤 교화를 펼쳤을까? 흔적을 남긴 이들만 문헌에 남아 있으니 그렇게 보이는 것은 아닐까? 그 눈뜸 이후의 행적을 보면 더욱더 그런 생각이 든다. 옛 마음관찰의 명장들은 사람들이 자꾸 찾아오면 부득이 교화의 장을 열었다. 물론 가능하면 평범함 속에 숨어 살았다. 예컨대 혜능은 사람들이 그를 이끌어내기 전까지 15년을 그냥 살았다. 팔을 잘라 진리를 구했다는 전설을 남긴 혜가(慧可)는 시장터 술집을 드나들며 수십 년을 그냥 살았다. 경천동지의 눈뜸을 체험한 황벽(黃檗)도 뒷방에 숨어 살았는데, 함께 사는 사람들도 눈치 채지 못했다. 정승이었던 배휴(裵休)가 아니었으면 계속 이름 없이 살았을 수도 있다. 한국 근대의 가장 걸출한 마음관찰자였던 경허 역시 가장 극적인 방법으로 평범함으로 돌아갔다. 그는 당대 마음관찰자들의 눈을 열어준 최고의 스승이었지만 나중에 삼수갑산으로 들어가 이름 없이 살았다. 아동들에게 천자문을 가르쳤다는 얘기도 있다. 그러므로 우리에게 알려진 것보다 훨씬 많은 이들이 진리와 하나 되어 그냥 살다가 갔다고 생각하는 것이 사리에 합당하다.

손오공 역시 특별함을 내려놓고 자신이 온 곳으로 되돌아간다. 그것은 대단원이 아니라 눈뜸의 새로운 차원으로 들어가는 길이다. 또한 스승을 따르던 학생신분을 벗고 현장에서 직접 익히는 실습생의 길에 들어선 것이기도 하다.

혼세마왕과 자아도취

손오공이 스승을 떠나 고향으로 돌아오니 수렴동이 엉망이 되어 있다. 수장동(水臟洞)의 혼세마왕(混世魔王)이라는 요마가 나타나 원숭이들을 잡아가고 돌 가구들을 빼앗아 갔다는 것이었다. 마왕은 신통력이 굉장해서 나타나고 사라질 때는 구름과 안개, 비와 바람, 그리고 천둥 번개와 함께 한다는 것이었다. 손오공은 근두운을 타고 북쪽으로 가서 마왕의 소굴인 수장동을 찾아낸다. 마왕은 휘황한 복장에 어마어마한 크기를 자랑하는 요괴였다. 이에 비해 손오공은 적수공권에 홀홀단신이었다. 그러나 손오공은 신외신(身外身)의 술법을 써서 요괴를 처치하고 수렴동의 평화를 되찾는다.

이 첫 번째 마왕과의 싸움으로 손오공의 본격적인 실습이 시작된다. 혼세마왕은 수장동(水臟洞)에 살고, 손오공은 수렴동(水簾洞)에 산다. 마음관찰자와 마왕의 차이는 이렇게 주렴〔簾〕과 창자〔臟〕에 있다. 원래 마음은 생멸하는 작용 그 자체일 뿐이다. 우리는 그 생멸의 작용을 개념의 끈으로 연결하여 이것을 나의 마음이라 부른다. 마음관찰자는 바로 그 개념의 끈이 가상임을 간파한다. 그래서 수렴동(水簾洞)이다. 나의 마음이라 불리는 의식작용이 끈으로 연결된 주렴과 같음을 아는 것이다.

한편 이 마음이 창자와 같은 신체기관〔臟〕에 있다고 생각하면 수장동(水臟洞)이 된다. 육체를 기준으로 나와 남, 안과 밖을 나누는 입장에서는 밖에서 찾아 안으로 가지고 들어가 나의 것으로 소유하고자 한다. 마음의 편린들〔작은 원숭이들〕을 기억하고, 본성〔돌 가구〕을 자아의 내적 소유물로 생각한다. 그래서 수렴동의 돌가구들을 약탈하여 자아의 살림을 차리는 것이다. 겉으로는 영락없는 마음관찰자이다. 그런데 왜 이 일이 일어났는가? 마음관찰자는 스승과 함께 하는 동안, 형상의 구별이 모두 생각으로 조작된 것임을 확인하였다. 그러나 분별적 이원사유는 강력한 습관의 힘을 발휘한다. 심지어 큰마음과 하나로 만나는 체험을 사건으로 기억하여 그것에 집착한다. 사실 큰마음과의 분리를 획책하는 자아의 전략은 의외로 간단하다. 그 체험의 현장을 과거에 대한 기억과 미래에 대한 기대로 바꾸기만 하면 된다. 마음관찰을 실습한다는 것은 진리와 하나 되어 의심 없이 사는 일을 가리킨다. 그러니까 체험자체가 바로 일상이 되는 것이다. 큰마음과 하나됨을 체험하는 사람에게는 개인성이 사라지고, 시간의 분할이 사라지며, 공간의 구획이 사라진다. 세상의 만사만물이 이 큰마음이기 때문이다. 그 체험에는 즐거움과 평온의 느낌이 함께 한다. 그런데 방심하면 이 즐거움과 평온함에 집착하여 자기도 모르게 '좋다'는 생각이 붙는다. 이 순간 체험이 기억의 보따리에 담겨 소유의 대상이 된다.

진리를 소유하려는 시도는 지극히 어리석은 일이다. 여기 우주만한 곡식창고가 있다 하자. 그냥 손을 뻗으면 곡식이다. 그런데 굶주림에 시달리던 사람이 이 창고에 들어온다. 그는 우주가 모두 곡식이라는 사실을 보면서도 쉽게 적응이 되지 않는다. 결국 이것을 퍼 담아 자신의 개인 창고에 쌓아둔다. 우주에는 향기로운 곡식이 넘쳐나지만, 그는 자기 창고의 곰팡이 핀 묵은 쌀을 바라보며 그 부유함을 자랑한다.

혼세마왕이 하는 일이 그렇다. 혼세마왕은 손오공의 초라함을 통해 자신의 훌륭함을 확인한다. 손오공은 작은 몸집에 맨 머리를 하고 있다. 붉은 색 옷에 누런 띠를 두르고, 검은 신발을 신었다. 중도 아니고, 속인도 아니고, 그렇다고 도사도 아닌 존재가 적수공권으로 찾아온 것이다. 이에 비해 혼세마왕은 번쩍이는 금 투구에 펄럭이는 검은 색 비단옷을 입고, 검은 색 철갑을 걸치고, 화려한 장화를 신은 당당한 모습을 하고 있다. 어마어마한 체구에 번뜩이는 칼까지 들고 있다. 큰마음과 하나됨의 체험을 멈춘 마음관찰자가 기억에 근거하여 자부하는 자아상이 이렇다. 그는 검은 색 일색의 차림을 하고 있다. 자기 정체성이 뚜렷하다는 말이다. 이에 비해 손오공 정체성이 없다. 그 차림은 중도 아니고, 속인도 아니기 때문이다. 그것은 세상을 선악미추로 가르지 않고 전체성 그대로 체험하는 마음관찰자의 모습이다.

손오공의 입장에서 보면 우주전체와 나가 모두 큰마음이다. 그래서 손오공은 신외신(身外身)의 분신술을 쓸 수 있다. 흘러가는 구름, 풀 위의 산들바람이 그대로 나다. 소 오줌, 말 똥이 그대로 나다. 터럭 하나와 2~300 마리의 원숭이가 다르지 않다. 반면 혼세마왕은 훌륭한 나와 초라한 상대를 나눈다. 나는 나고, 세상은 세상이다. 엄연히 둘이다. 훌륭한 자아상에 도취된 혼세마왕은 손오공의 일즉다(一卽多)의 실천 앞에서 견딜 수 없다.

이렇게 혼세마왕을 물리친 손오공은 진리 체험의 무용담이 펼쳐지던 혼세마왕의 소굴을 흔적 없이 불태운다. 그리고는 신외신의 원숭이들을 한 가닥 털로 불러들인다. 하나가 모든 것이었으니까(一卽多), 모든 것이 하나(多卽一)로 돌아옴을 보는 것이다. 이렇게 마왕을 평정한 손오공은 수렴동으로 돌아와 원숭이 부하들에게 손(孫)씨 성을 나누어 준다.

3. 손오공의 만행

새로운 자아왕국

혼세마왕을 물리친 손오공은 수렴동을 지켜야겠다는 생각을 하게 된다. 그래서 인간세상의 무기창고를 털어 부하들을 무장시킨다. 수렴동은 일약 자아왕국의 철옹성이 되고, 손오공은 그곳에 군림하는 마왕이 된다.

원래 손오공은 수보리 존자에게서 큰마음과 하나 되는 체험을 하였는데 어쩌다 다시 자아를 내세우는 마왕이 된 것일까? 하나됨의 경험 주체로서 개인적 나를 세웠기 때문이다. 그리하여 화과산은 깨달음에 대한 자부심을 기초로 하는 새로운 자아왕국이 된다. 원래 손오공은 수보리 존자의 곁에서 큰마음과 하나 되는 체험을 하였다. 여기에 다시 개별체적 자아가 일어났다면 그 체험에 잘못이 있는 것일까? 큰마음과 하나로 만나는 체험에도 차원이 있다. 하나됨의 체험 이후에 다시 자아를 실체화하는 일이 일어난다면 그것은 진짜 체험이라 할 수 없다. 그러므로 그 큰마음과 하나됨의 체험을 전면화하기 위해서는 생각보다 더 오랜 노력과 시간이 필요하다. 그러니까 큰마음과 하나로 만나는 체험 그 자체에는 큰 차이가 없지만, 자아의 자기주장이 되살아나는지에 의한 차이가 있는 것이다.

손오공은 큰마음과 하나 되는 체험을 자부하다가 자아가 되살아나는 것을 막지 못해 마왕이 된다. 손오공이 스스로 마왕이 되는 과정을 보자. 손오공은 혼세마왕의 난을 겪은 직후 수렴동이 안전하지 않다고 생각하게 된다. 언제 외적이 쳐들어올지 모른다, 요새를 보강할 필요가 있다고 생각하게 된다. 그래서 처음에는 소박하게 대나무와 나무 따위로 창, 칼을 만들어 원숭이들을 훈련시킨다. 전쟁놀이를 한 것이다. 그러다가 인간 세상의 무기고를 털어 정식으로 무장을 한다. 그 위엄에 온 세상의 짐승과 요괴들이 그를 왕으로 떠받들게 되고, 화과산 수렴동은 자아의 왕국이 된다.

큰마음과 하나되는 체험을 나의 것이라고 자부하는 일이 문제가 되었던 것이다. 손오공은 분명히 큰마음과 둘이 아님을 체험하였다. 나라는 것, 산이라는 것, 물이라는 것이 둘 아님을 확인하는 체험을 하였다. 그런데 여기에 생각이 꿈틀대는 것이다. 자아의 집착은 뱃속의 기생충과 닮은 점이 있다. 그래서 속에 숨어서 이렇게 생각하는 것이다. 큰마음과 하나로 만나는 체험을 하던 때의 그 어마어마한 존재감은 무엇일까? 그것은 더욱 분명하고 확실하게 붙잡아야 할 본질적 실체가 아닐까? 나는 그 본질적 실체를 잡는 특별한 일을 한 위대한 존재가 아닐까? 이 순간 마음관찰자는 나와 대상, 진리와 비 진리를 나누는 차원으로 떨어져 버리는 것이다. 일시적으로 사라진 것처럼 위장했던 자아가 재건된다. '나'는 남과 다른 체험을 한 특별한 존재라는 자부심으로 무장하고 자아는 더욱 강고한 성채를 세운다. 이처럼 큰마음과 하나로 만나는 체험을 특별한 사건으로 이해하면 그것은 평범과 구별되는 특별한 일이 된다. 또한 경험의 주체로서 나가 설정된다. 자연스럽게 나라는 개체는 그것을 소유하는 특별한 존재가 되는 것이다. 여기에 손오공을 떠받드는 원숭이들이 가세하면 그것은 타는 불에 기름 끼얹기가 된다. 이렇게 하여 순식간에 자기숭배의 왕국이 건립되어 버린 것이다.

여의봉 약탈

손오공은 혼세마왕에게서 빼앗아 온 칼과 인간세상에서 훔쳐온 무기들이 영 마음에 들지 않는다. 그 때 4명의 신하들이 말한다. '용궁에 가보십시오. 마음에 맞는 게 있을 겁니다.' 손오공은 즉시 동해용왕에게 가서 여의봉을 찾아낸다. 그것은 바라는 대로 늘어나기도 하고 줄기도 하여, 크게는 우주를 채우고, 작게는 귓바퀴에 들어가는 신축자재한 보물이었다. 세상에 없는 무기를 얻은 손오공은 내친 김에 용왕을 협박하여 투구와 갑옷에 신발까지 얻어 완성된 모습으로 돌아온다. 손오공은 여의봉을 얻는데 혁혁한 공을 세운 네 명의 부하들을 장군으로 삼는다. 그리고 천하의 여섯 마왕들과 회동하여 칠형제 모임을 만들어 최고의 즐거움을 누리며 살아간다.

여의봉은 하나의 마음에 대한 비유이다. 굳이 구분하자면 그것은 뜻, 혹은 의지의 상징이다. 마음(원숭이)은 뜻(여의봉)을 부리는 왕이다. 그런데 뜻과 같이 되는 일(如意)이라 할 때의 '뜻'에는 두 가지 차원의 의미가 있다. 첫째는 육체에 갇힌 자아의식이 부리는 뜻이다. 그것은 온갖 욕망과 찌꺼기 감정의 총화이다. 그것은 자아의 정체성을 고집한다. 배타적인 자아실현을 추구한다. 이 때 여의봉은 천하의 재앙이 된다. 둘째는 육체를 벗어난 큰마음에서 일어나는 뜻이다. 이 때의 뜻은 진리 그 자체이다. 하나님의 뜻이 하늘에서 이루어진 것 같이 땅에서도 이루어진다. 공자가 그랬던 것처럼 마음먹은 대로 해도 법도에 어긋나지 않는다. 이러한 차원에서 휘두르는 여의봉은 전 우주를 거침없이 구르는 진리의 바퀴가 된다.

그렇지만 손오공은 지금 자아의 뜻으로 여의봉을 휘두르는 중이다. 자아가 있으니 당연히 나의 육체에 대한 집착이 다시 일어난다. 그래서 용왕에게 투구와 갑옷, 그리고 신발까지 내놓으라고 억지를 부린다. 이것들을 가지고 자아를 꾸미는 것이다. 손오공의 자아는 되살아나자 마자 곧바로 육체와의 동맹을 재결성하는 것이다.

이로 인해 육체에 기생하고 있던 여섯 도적이 다시 왕위에 오른다. 소 마왕, 교룡 마왕, 붕새 마왕, 사자 왕, 원숭이 왕, 털 원숭이 왕이 그들이다. 여섯 도적은 눈, 귀, 코, 혀, 몸의 다섯 감각기관과 의식을 형상화한 것이다. 여기에 손오공까지 더하면 일곱이 된다. 유식철학으로 보면 일곱 번째인 손오공은 제7말나식에 해당한다. 이 일곱 번째 의식은 단절되는 일 없이 제8아뢰야식을 근거로 하여 자아의식을 수립한다. 일곱 번째 왕인 손오공은 이처럼 찬란한 자아에 도취되어 있는 것이다.

여기에 최고의 아첨꾼들이 등장한다. 네 명으로 뭉친 이 일당은 손오공에게 아첨하면서 화과산의 자아왕국을 일구고 여의봉을 빼앗아 오게 하였다. 이 네 마리 늙은 원숭이의 정체는 무엇일까? 그들이야말로 자아의 수립과 함께 일어나는 아치(我痴), 아견(我見), 아만(我慢), 아애(我愛)의 네 가지 미혹함이다. 자아의 세계를 지탱하는 네 개의 기둥이다. 손오공이 이들을 자아왕국을 지키는 장군으로 임명한 것은 당연하다.

영생을 꿈꾸는 손오공

자아왕국을 세운 손오공은 자아에 대한 집착에 푹 빠져 오욕락을 즐긴다. 그러던 어느 날 자아도취의 술에 취해 잠이 들어 저승에 끌려가게 된다. 손오공은 '삼계를 벗어나고 오행을 초월한' 자신을 잡아온 두 저승사자를 박살낸다. 그리고 명부의 왕을 협박하여 생사부의 이름을 지우고 돌아온다. 네 장군과 여섯 마왕들이 영생을 얻은 일을 축하하며 잔치를 즐긴다.

손오공이 자기를 육체와 동일시하는 한 생성과 소멸의 바퀴를 벗어날 수 없다. 사실 모든 생성과 소멸의 운동은 하나의 큰 관념으로서, 그것은 큰 바다에서 일어난 한 조각 파도와 같다. 그래서 마음관찰자는 이 삶을 하나의 꿈처럼 본다. 우리는 꿈에 나비가 되기도 한다. 그리고 나비는 꿈에 우리가 되기도 한다. 그러니까 지금 이 삶은 나비가 꾸는 꿈이다. 도대체 이 꿈은 몇 겹으로 허망한 일인가. 꿈속의 꿈, 다시 그 꿈속의 꿈이 자아를 고집하는 삶이다. 진정한 마음관찰자라면 이것을 그냥 지켜볼지언정 상관하지 않는다. 그러나 손오공은 꿈속에서 저승에 끌려간 일에 상관한다. 분노하고, 휘두르고, 주관하고자 한다.

저승에 끌려간 손오공은 자기가 '삼계를 벗어나고 오행을 초월한'

신선이라고 자부한다. 이 위대한 존재를 왜 건드리느냐고 분노한다. 손오공이 고집하는 것처럼 영생은 인류의 영원한 꿈이다. 이를 위해 영약을 제조하고, 육체를 단련하고, 현실을 초월하는 기술이 연구되기도 하였다. 그러나 그것은 불가능하다. 그래서 이성적으로 사유하는 사람들은 육체의 불멸이라는 개념을 포기한다. 그 대신 존재형식을 달리한 삶을 상상한다. 특히 중국인들은 지복과 영생을 약속하는 신선세계나 천상세계의 삶이 있다고 믿었다. 그런 의미에서 손오공은 이미 신선이다. 오행을 초월했다는 것은 물질적 한계를 초월했다는 뜻이다. 스스로 물질적 차원을 벗어난 존재로 자부하는 것이다. 그런데 개별체적 존재는 영원할 수 없다. 정신이나 영혼, 마음, 생명 …… 그 어떤 것도 육체에 근거한 것이고, 자아를 기준으로 하는 것이며, 생각의 차원에서 이루어진 것으로서 조작된 관념일 뿐이다.

저승을 쑥대밭으로 만든 손오공은 영혼이 죽지 않는다는 관념에 지배당하고 있다. 그것은 결국 개별체인 몸과 자아를 주인으로 떠받드는 일에 해당한다. 진정한 마음관찰은 이 육체를 금방 떠나 갈 손님으로 대접하는 일에서 비롯된다. 그것은 또한 손님을 맞은 주인으로서의 자리를 제대로 알고 확인하는 일로 끝난다. 손오공이 이것을 알았다면 저승이 뒤집혀지는 일은 없었을 것이다.

천계와 천신들

손오공이 용궁을 약탈하고 저승세계를 쑥밭으로 만든 일을 천상의 옥황상제가 알게 된다. 옥황상제는 손오공을 벌주는 대신 그에게 하늘의 벼슬을 주어 달래는 유화책을 쓰기로 한다. 이에 손오공은 천상에 불려 올라가 말을 관리하는 필마온의 관직에 임명된다. 그것은 등급조차 없는 하위말단직이었다. 나중에 이 사실을 안 손오공은 화가 하늘 끝까지 솟아 화과산으로 내려오고 만다. 그러자 천상세계와 대립하는 그를 잡으러 하늘의 장군들이 내려온다. 그런데 천상의 선봉장들은 모두 손오공에게 패배하여 돌아가고 만다.

손오공이 천상에 올라갔다는 것은 위대한 존재가 되었다는 뜻이 되는 것일까? 손오공은 개별체로서의 자아를 절대화하고 스스로를 신격화하고 있다. 지상에서 상상하는 자아 절대화의 궁극은 천계에서의 삶이다. 그래서 손오공은 기쁜 마음으로 천계에 올라간다. 그런데 『서유기』에서 묘사되는 천상은 별 것이 없다. 옥황상제는 우유단하고, 천상의 장군들은 무력하며, 벼슬아치들은 무골호인이다. 천신들은 어쩌다 『서유기』에서 이런 대접을 받게 되었을까?

원래 이들 천계와 천신은 힌두교의 신앙대상이었다. 천신들 중 최고가 브라흐만인데 한역불전에서는 대범천왕(大梵天王)이라 번역된다. 이 대범천왕을 문화적으로 다시 번역하면 옥황상제가 된다. 불교에서는 이 천신들을 수용하여 불법의 수호자로 삼는다. 최고의 신앙대상에서 조연으로 떨어진 것이다. 왜 그렇게 된 것일까?

천계와 천신은 인간이 상상해낸 궁극의 세계이며 절대적 존재이다. 그런데 그 상상 역시 상대적 차원에 입각한 생각의 산물이다. 지상을 전제로 하여 천계가 세워지고, 인간을 전제로 하여 천신이 세워졌기 때문이다. 이처럼 분별적 생각의 생산물들은 항상 정반대되는 상대를 전제로 갖고 있다. 삶에 대한 우리의 꿈을 살펴보아도 마찬가지이다.

그것은 불만족한 삶을 한 편으로 하여 그 반대편으로 펼쳐진 상상의 데칼코마니이다. 영생의 꿈은 무상(無常)한 현실을 짝으로 한 상상이다. 만사여의를 바라는 희망은 뜻대로 되지 않는 삶의 현주소를 뒤집은 것이다. 나의 실체성에 대한 집착은 실체 없는 현실을 전제로 한다. 결국 무상함, 뜻대로 되지 않음, 실체 없음은 인간 삶의 현주소로서 현상계의 만유인력에 해당한다. 형상을 지닌 것이 이 만유인력을 벗어날 길은 없다. 그리고 알고 보면 이러한 현실이야말로 진리가 드러나는 현장이기도 하다. 이것을 모르기 때문에 이 불만족스러운 현실을 뒤집은 쌍생아를 생산하는 것이다. 그것을 꿈이라 부르기도 하지만 근거 없는 허망한 생각이라 부르기도 한다. 그것을 막무가내로 고집하는 손오공의 행위는 만행일 수밖에 없다.

화과산 수렴동에 돌아온 뒤 손오공은 연이어 만행을 저지른다. 손오공은 자아의 영속을 고집하며 생사부를 지운다. 영원한 것은 없다는 만유인력에 정면으로 맞선 것이다. 삶이 뜻대로 되지 않자 여의봉을 찾아낸다. 뜻대로 되지 않는 섭리에 반한 것이다.

그리고 이제 자아의 실체성을 추구하여 천상으로 올라간다. 그러나 『서유기』의 천상세계나 천신들은 궁극적 차원이 아니다. 이들 역시 생성과 소멸의 차원에 있는 것이다. 그러므로 천상의 즐거움은 한시적이 된다. 그것은 하늘로 쏘아 올린 화살이 언젠가는 도로 떨어지는 일과 같다. 더구나 손오공이 받은 필마온이라는 벼슬은 품계조차 없는 말직이었다.

필마온(弼馬溫)

손오공은 말 먹이는 필마온의 일을 열심히 하다가 그것이 하급말단 직임을 알고 화를 내며 지상으로 내려온다. 손오공이 천상을 박차고 내려오기는 했지만 말을 기르는 임무는 나름 훌륭하게 수행한 것으로 보인다. 밤낮으로 정성을 다해 보살핀 결과, 말들은 토실토실 살이 찌고 그를 따르게 되었기 때문이다.

그런데 손오공은 처음에 임명되었을 때 그것이 하위직임을 몰랐을까? 왜 기껏 말들을 잘 키워놓고 나중에 성질을 낸 것일까? 다음에 살펴보겠지만 손오공은 바로 그렇게 말을 잘 키웠기 때문에 천상을 박차고 내려오게 된다.

우리는 우선 필마온(弼馬溫)이라는 이름을 살펴볼 필요가 있다. 필마온의 필(弼)은 보필한다는 뜻이다. 그런데 일부 학자들은 그것이 '말의 병을 막는다(僻馬瘟)'는 뜻을 갖고 있다고 고찰하기도 한다. 보필할 필(弼)과 피할 벽(僻)의 발음이 같기 때문이다. 그들은 마구간에 원숭이를 넣어 기르는 말 사육법이 있었음을 지적하며 그것을 두 가지로 해석한다. 첫째, 부산하게 움직이는 원숭이로 인해 말들이 약간의 스트레스를 받게 되는데, 그것이 병에 대한 저항력을 높인다는 것이다. 부산에서 서울로 활어를 운반할 때 수조에 가물치를 넣어 활어의 긴장을 유지한다는 이치와 같다. 둘째, 암컷 원숭이가 매달 흘리는 피가 말의 여물에 묻게 되는데, 말이 이것을 먹으면 병에 대한 면역력이 생긴다는 것이다.

그럼에도 보다 중요한 것은 이 모든 것이 마음의 작용에 대한 상징과 비유로 해석되어야 한다는 점이다.『서유기』의 모든 이름과 형상과 사건은 마음의 비유이다. 손오공은 물론 말도 마음의 비유이고, 필마온도 마음을 가리킨다. 이와 관련하여『서유기』에 의마심원(意馬心猿)이라는 표현이 자주 나타남을 주목할 필요가 있다. 생각은 말과 같고 마음은 원숭이와 같다는 것이다. 여기에서 말은 원숭이와 함께 마음을 상징하는 대표적 형상으로 그려지고 있는 것이다.

그렇다면 생각〔意〕과 마음〔心〕은 어떤 관계에 있는가? 삼장법사의 원형인 당 현장을 종조로 하는 유식철학에서는 마음의 인식작용을 층위별로 나누어 설명한다. 즉 우리의 전체 의식작용을 마음〔心〕과 생각〔意〕과 인식〔識〕으로 나누어 설명하면서, 이것들이 하나이면서 서로 구분되는 관계에 있음을 밝히고 있는 것이다. 이 중 마음〔心〕은 의식작용의 경험들을 모으고 간직하는 주체이다. 이것은 아뢰야식(阿賴耶識)이라 불리며 가장 깊고 본질적인 제8층에 위치한다. 생각〔意〕은 나라는 자아의식을 생산하는 사유의 층이다. 이것은 말나식(末那識)이라 불리며 제7층에 위치한다. 인식〔識〕은 대상을 인식하는 여섯 가지 작용, 그 중에서도 특히 이성적 인식작용을 가리킨다. 이것은 육식(六識)이라 불리며 제6층을 형성한다. 이들은 상호간에 작용을 주고받지만 아무래도 심층의 것이 보다 본질적이며 항상적이다. 그러니까 제8층의 마음이 제7층의 자아인식이나 6층의 인식작용보다 본질적인 자리에 있다는 것이다. 이렇게 보면 손오공과 말들 사이에는 정확하게 뿌리와 가지의 관계가 성립한다. 아뢰야식〔心=원숭이〕이 말나식〔意=말〕의 뿌리가 되는 것이다. 물론『서유기』의 인물들과 의식의 층차가 고정된 배치관계에 있는 것은 아니다. 앞에서 살펴본 것처럼 손오공 자신이 말나식의 자리를 차지하는 경우도 얼마든지 있기 때문이다.

다시 필마온의 얘기로 돌아가자. 손오공이 키우는 이 말들은 자아의식의 특징들을 잘 구현하고 있다. 우선 손오공은 이 말들을 보살피기 위해 잠을 자지 않는다. 어째서 말을 돌보는데 잠도 자지 않았다는 것일까? 말이 자지 않기 때문이다. 자지 않는 말은 말나식의 비유이다. 말나식은 단절 없는 생각〔恒心思量〕을 큰 특징으로 한다. 항상 지속되므로 이것을 자지 않는다고 한 것이다.

손오공은 말에게 풀을 먹이고, 달아나는 말을 잡아다 구유 옆으로 끌어다 놓기를 부지런히 반복한다. 말들은 손오공에게 길이 들어 그가 나타나면 귀를 붙이고 발을 구르게 된다. 손오공을 주인으로 애착하는 것이다. 말나식이 아뢰야식을 그 뿌리로 애착하여 따르고 의지하는 것과 같다.

문제는 이로 인해 말들이 포동포동 살이 쪘다는 데 있다. 자아의식이 팽창한 것이다. 손오공이 정해진 직책을 벗어던지고 천상을 내려온 것이 이 때문이다. 살찐 자아의 말을 키운 손오공이 그 자리에 편안히 있을 리 없는 것이다. 중국어에서는 비위 맞추고 아첨하는 것을 말의 엉덩이를 토닥거려 준다〔拍馬屁〕고 표현한다. 말은 잘 감시해야 하는 것이지 비위를 맞춰주고(弼) 살을 찌게 해서는 안 되는 것이다.

하늘의 장군들-거령신(巨靈神)

하늘을 박차고 내려간 손오공을 잡기 위해 천상의 신들이 내려온다. 크기의 신인 거령신(巨靈神)이 그 선봉에 서고, 수량의 신인 나타태자가 그 뒤를 이어 손오공을 공략한다. 그러나 손오공은 이들을 모두 물리치고는 '하늘과 같은 성인(齊天大聖)'의 직위를 받아 다시 하늘로 올라간다.

손오공이 필마온의 벼슬을 박차고 스스로 하늘이 싫다고 내려왔는데 왜 천상에서는 그를 잡아 올리려 하는 것일까? 이 천상의 전투는 선으로 악을 극복하고자 하는 의지적 작용을 상징한다. 하늘은 선한 의지작용의 표상이다. 원래 의지작용은 두 가지의 모순된 측면을 동시에 갖고 있다. 우선 그것은 마음을 진리로 향하도록 추동하는 작용을 한다. 마왕이 된 손오공을 천상으로 끌어올리려 하는 것이 그에 해당한다. 그러나 그 의지작용은 관념적이어서 진정한 동력이 되지 못한다. 한계가 뚜렷한 것이다. 날뛰는 손오공을 어쩌지 못하는 천상의 장군들이 그것을 말해준다.

천상에서는 임무를 내던지고 지상으로 내려간 손오공을 잡으러 장군들을 보내는데 그들을 지휘하는 총사령관은 탁탑천왕(托塔天王)이었다. 이 탁탑천왕은 원래 당나라의 개국을 이끈 대장군이었는데 지상에서의 공으로 하늘에서 동일한 벼슬을 받은 천상의 장수이다. 먼저 그는 수하의 거령신(巨靈神)에게 선봉을 맡겨 손오공의 요새를 공격하도록 명한다. 우리는 이것이 마음관찰의 현장에 대한 묘사임을 알아야 한다. 자아의식의 팽창은 진리와 거리가 멀어지는 반대의 길이다. 자아를 실체로 고집하는 이 상황을 해결하기 위해 의지를 세워 그것을 통제하고자 하는 것이 이 전투의 핵심내용이다. 그 방법으로 가장 먼저 제시된 것이 억제책이다. 하늘의 장군들은 그래서 압도하고 억제하는 방식으로 손오공을 공격한다.

전투의 선봉장으로 나선 거령신은 손오공의 죄목이 “마음을 속인〔欺心〕 죄”임을 밝힌다. 거령신의 힘은 그 크기에서 나온다. 우주를 채우는 크기를 가지고 밀어 붙이는 것이다. 그것은 모든 것을 압도하는 큰 하나가 있다는 관념의 형상화이다. 그러나 변화무쌍한 손오공은 거령신의 머리를 내리쳐 물리친다.

억제하는 전략은 한계가 뚜렷하다. 옳다고 생각되는 관념에 기초하기 때문이다. 옳은 것이 따로 있다면, 틀린 것도 있게 된다. 벌써 상대적 분별을 기준으로 하는 생각의 관념놀이가 시작되는 것이다. 그러니까 이 전략은 무조건 실패한다. 억누르면 일어나고, 없애려 하면 되살아나는 것이 자아의 특징이기 때문이다. 그래서 절대적 하나라는 관념으로 압도하려던 거령신은 오히려 머리가 깨져 달아나고 만다. 거령신은 우주를 가득 채우는 크기를 자랑하지만 그것은 상대적인 것이었다. 크기에 한계가 있으므로 손오공에게 머리를 맞게 되는 것이다.

하늘의 장군들-나타태자(哪吒太子)

절대적 하나라는 관념을 상징하는 거령신이 실패하자 다음으로 탁탑천왕의 아들인 나타태자가 도전한다. 그는 수량으로 몰아붙이는 전략을 취한다. 나타태자는 머리가 셋, 팔이 여섯 달린 모습으로 변하여 여섯 가지 무기를 휘두른다. 그의 무기는 거의 무기박람회 수준이다. 날카롭게 베는 검, 두 동강이로 자르는 칼, 포승줄, 방망이, 철퇴, 불 바퀴가 그것이다. 검으로 베고, 칼로 자르고, 줄로 묶고, 방망이로 때리고, 철퇴로 내리치고, 불 바퀴로 뭉개겠다는 전략이다. 이에 대해 손오공도 머리 셋, 팔 여섯으로 변신하여 상대한다. 그런데 손오공은 나타태자와 달리 여섯 개의 팔로 여의봉 여섯 자루를 쓴다. 많다는 점에 있어서 동일하지만 하나의 여의봉이라는 점에서 통일되어 있다. 그의 무기 역시 여러 자루이지만 여의봉이라는 점에서 동일하다. 자아에 대한 집착이라는 점에서 다름이 없다는 것이다. 그것은 많음과 하나가 통일된〔一卽多, 多卽一〕 관계에 있다. 다양하게 구별되는 모양을 갖는 동시에 그것들을 하나로 관통하는 자아집착이 작용하고 있다는 것이다. 많음으로 압도하려던 나타태자는 이렇게 많음과 하나의 통일을 구현하는 손오공을 상대하므로 승산이 없다. 이에 손오공은 분신 원숭이를 만들어 나타태자의 뒤를 치도록 한다. 나타태자 역시 패하여 달아나고 만다.

수량으로 공략하려던 나타태자의 전략은 두 가지 상징적 의미를 갖는다. 우선 그 다양한 무기들은 무수한 모양으로 드러나는 현상을 상징한다. 그것은 궁극적 본질을 상정하지 않으므로 현상 지향적이다. 여기에서 이 다양한 현상들에 몰두하고 그것이 주는 즐거움을 만끽하면 된다는 삶의 자세가 나오게 된다. 옛날에도 이렇게 추구하는 마음관찰자들이 있었다. 둘째로 그것은 많은 양적 실천을 통해 마음관찰의 궁극적 자리에 도달하려는 태도를 상징한다. 명상이든, 선행이든 오래 하고 많이 하면 큰마음과 하나로 만나는 자리에 도달하게 되지 않겠느냐는 것이다. 물론 오래 하고 많이 하는 일에는 불가사의한 효력이 있다. 그것이 습관이라는 얼음을 녹이는 힘을 갖고 있기 때문이다. 그렇지만 여기에 하나의 전제가 필요하다. 먼저 제대로 보는 자리를 확보하여야 한다는 것이 그것이다. 분별적 생각을 내려놓는 것이 선행되어야 한다는 말이다. 그렇게 분별을 내려놓는 일을 전제로 한다면 오랜 명상, 많은 선행은 효과적인 길이 된다. 그러나 나타태자의 경우처럼 자아의식을 누르기 위해서라면 많은 것이 오히려 방해가 되기도 한다. 기존의 집착에 더해서 '나는 무엇인가를 많이 하는 사람'이라는 새로운 자아의식이 따라붙기 때문이다. 바로 그 새로운 자아상이 나타태자의 뒤통수를 치는 것이다.

결국 거령신의 궁극적 하나와 나타태자의 무수한 많음은 각기 한쪽에 치우쳐 중도를 벗어나 있다. 진정한 큰마음과 하나로 만나는 길이 될 수 없는 것이다. 구원의 핵심은 하나와 많음의 통일적 이해에 있다. 그렇지만 그 자리에 확고하게 자리 잡게 되기까지 『서유기』는 많은 사연은 준비하고 있다.

제천대성(齊天大聖)과 빈 이름

손오공이 천신들을 모두 물리친다는 것은 그가 더 훌륭하다는 뜻이 되는 것일까? 그렇지는 않다. 천신과의 싸움은 마음관찰에서 결심과 의지가 중요하기는 하지만 그것에 일정한 한계가 있다는 점을 말하기 위한 것이다. 그래서 이 마음관찰자는 관념과 이름에 끌려 다니는 상황을 끝내지 못한다. 그것은 손오공이 제천대성의 벼슬을 받는 일로 절정을 이룬다. 얘기는 이렇다. 신장들이 패배하여 돌아오자 태백금성이 다시 평화적 방법을 제안한다. "제천대성이라는 이름을 줘 버리지요. 대신 일도 주지 않고 봉록도 주지 않으면 됩니다." "그렇게 합시다." 옥황상제는 손오공에게 제천대성의 관직을 제수한다. 그리고 손오공은 제천대성이라는 이 호칭에 만족한다. 하늘과 같은 위대한 성인이라는 호칭이기 때문이다. 그러나 그것은 할 일도 없고 봉록도 없는 '빈 이름'에 불과하다.

원래 모든 존재의 이름은 태상노군과 옥황상제가 비밀리에 상의한 것처럼 실속이 없다. 이름은 그저 하나의 가상의 약속이고 기호에 불과하다. 원칙대로 하자면 눈으로 보고 귀로 듣는 것이 모두 진리이므로 이름이 끼어들 여지가 없는 것이다. 이름은 구분할 수 없는 큰마음을 개별적 형상으로 구분해버린다. 바로 이러한 이름 붙이기에서 관념의 유희가 시작된다. 이로 인해 이름에 지배당하기 시작한다. 한 송이 꽃과 우주 전체의 꽃밭을 둘로 구분함으로써 바른 관찰의 지점을 상실하게 되는 것이다.

마음관찰자는 이름 때문에 끝까지 골탕을 먹는다. 그럴듯한 이름에 속아 버리는 일이 항상 일어나게 되기 때문이다. 그러한 이름을 갖는 궁극적인 실체가 있다고 착각하게 되는 것이다. 그래서 마음관찰의 길은 항상 관념화된 이름을 폐기하는 것으로 시작된다. 그것은 새로운 이름을 창안해 온 역사이기도 하다. 큰마음은 표현하기에 따라 진실로 그러함(眞如), 한마음(一心), 양 측면을 세우지 않는 길(中道), 둘 아님(不二), 진리의 본성(法性), 저절로 그러한 본성(自性), 마음(心), 진정한 나(眞我), 이것(這個) 등의 다양한 이름으로 나타난다.

손오공의 이름만 해도 폐기와 대체의 의미심장한 변천사를 갖는다. 손오공은 둥그런 돌멩이(石球)에서 시작하여 돌 원숭이(石猴) → 아름다운 원숭이 왕(美猴王) → 손오공 → 하늘이 낳은 성인(天生聖人) → 필마온(弼馬溫) → 하늘과 같은 성인(齊天大聖) 등의 다양한 이름을 갖게 된다. 그 존재성은 변하지 않았지만 자아인식은 이름에 따라 계속 변해가는 것이다. 그것은 대체로 자아강화의 추세를 따라가고 있다. 우선 출발은 둥그런 돌멩이에서 시작한다. 그것은 개별체로서의 형상적 특징이 없어서 이름붙일 수 없는 전체성을 가리키는 단계이다. 그것은 의식의 최초단계에 해당하는 것이기도 하다. 돌 원숭이〔石猴〕의 단계에서는 형상의 구별이 일어난다. 좋다거나 나쁘다는 판단은 없지만 형상의 차별성에 따른 분별이 일어나는 단계이다. 다음으로 아름다운 원숭이 왕〔美猴王〕의 단계에서는 세계에 대한 가치판단이 일어난다. 좋아하고 싫어하는 판단이 일어나는 것이다. 어렴풋하게 자아가 수립되는 단계이다. 손오공이라는 이름의 단계에서는 자아가 확립되어 자기존재에 대한 의식이 일어나는 시기이다. 나는 타인과 다른 존재라고 생각하게 되는 것이다. 다음으로 하늘이 낳은 성인〔天生聖人〕이라는 이름을 갖는다. 그것은 손오공이 용궁에 쳐들어갔을 때 스스로를 높이면서 내놓은 별명이기도 하다. 자아정체성을 확립하고 자아의 배타적 우월성을 확인하는 시기이기도 하다. 하늘에 가서 얻은 필마온은 앞에서 본 바와 같이 자아의식을 생산하는 말나식의 작용을 밝히는 이름이다. 그리고 이제 제천대성이라는 이름이 나온다. 하늘과 같은 성인이라는 뜻으로 그 높임의 정도에 있어서 '하늘이 낳은 성인'을 한참 뛰어넘는다. 하늘이 낳았다면 그것은 절대적 존재에서 파생된 존재가 된다. 반면 하늘과 같다면 스스로가 절대적 존재와 다를 바 없음을 선언하는 것이다.

우리는 모두 이름을 통해 자기를 의미화하는데 익숙하다. 상대를 거울로 하여 자기를 비추면서 '내가 최고'임을 거듭 확인하는 것이다. 그것은 실속 없는 이름과 관념의 유희일 뿐이다. 그런 점에서 불행하지만 우리는 모두 백설공주의 계모에 해당한다. 비어있는 이름(가장 아름답다)을 얻기 위해 생명의 실상(백설공주)를 없애고 있는 것이다. 이것이 제천대성의 이름과 관련된 비유의 내용이지만 손오공은 그 빈이름에 만족하여 다시 천계로 올라간다.

4. 천신들과의 전투

천상락의 향유

제천대성에 취임한 손오공은 서왕모의 반도복숭아밭을 관리하는 직책을 맡게 된다. 그런데 손오공은 그 귀한 반도복숭아를 모두 따먹어 버리는 사고를 치고 만다. 뿐만 아니라 서왕모의 궁전에 가서 잔치술을 훔쳐 먹고, 술에 취해 태상노군의 도솔궁에 들어가 다섯 개의 호로병에 든 선단을 모두 먹어 버린다. 손오공은 자신이 저지른 일에 겁이 나 화과산으로 도망쳐 버린다. 하늘에서는 대규모 군대를 일으켜 화과산으로 쳐들어온다. 원숭이 왕과 천상의 군대 사이에 치열한 2차 대전이 벌어진다.

명색이 하늘과 같은 성인인데 복숭아밭의 관리를 맡는 것이 어울리는 일이었을까? 여기에서 복숭아는 장수의 상징이다. 깨달음의 완성은 무량한 수명, 혹은 영원함으로 표현되므로 결국 복숭아(장수)는 깨달음(영생)에 근접한 상황을 가리킨다.

손오공이 관리하게 된 서왕모의 복숭아밭은 세 구역으로 나뉘어 있었는데 깊이 들어갈수록 귀한 복숭아가 나타난다. 손오공은 복숭아밭을 드나들며 가장 귀한 복숭아만 골라 실컷 따먹는다. 그리고는 손톱만한 소인으로 변해 복숭아나무에서 잠을 자다가 서왕모의 시녀들을 만나게 되는 것이다.

마음관찰의 과정에 복숭아밭이라는 점입가경의 경계가 나타난 것이다. 복숭아밭은 세 구역으로 등급이 나뉘어져 있다. 그 제1구역의 복숭아는 삼천년에 한번 익는데, 이것을 먹으면 신선의 도를 이루어 몸이 가벼워진다. 마음에 대한 관찰이 깊어지면서 전에 없던 체험을 하게 된다. 그 시작이 제1구역 복숭아의 효능으로 묘사된 것이다. 몸이 날아갈 것 같고 마음에 기쁨이 일어나는 것이다. 만약 여기에 애착을 느끼면 알아차림이 사라지고 자아집착이 되살아난다. 마음관찰자는 이것에 애착하는 일 없이 무심하게 지나가야 한다. 그것은 맹독의 나라에서 독 이슬이 내린 풀밭을 지나는 것과 같다고 묘사된다. 한 방울의 독이라도 닿으면 그 자리에 쓰러지고 마는 것이다.

손오공은 그 관문을 지나 제2구역의 복숭아를 만난다. 이 복숭아는 불로장생을 선물한다. 그러나 불로장생은 영원이 아니다. 거기에는 여전히 시작이 있고 끝이 있기 때문이다. 그러니까 이 차원은 큰마음에 대한 완전한 눈뜸과는 아직 먼 자리에 해당한다.

손오공은 이곳을 통과하여 그 중 높은 차원인 제3구역에 들어선다. 이곳의 복숭아를 먹으면 천지일월과 수명이 같게 된다. 하늘과 땅, 해와 달, 법계의 모든 현상들이 큰마음의 드러남임을 이해하는 차원이다. 그런데 하늘과 땅, 해와 달도 결국엔 끝나는 날이 있다. 형상 가진 것은 필연적으로 소멸하는 때가 있기 때문이다. 무한에 가깝지만 여전히 상대적인 시간성 위에 있는 것이다. 이 역시 통과해야 할 관문에 해당한다.

그러나 손오공은 여기에 빠져 매일 복숭아 열매를 향유한다. 그리고는 손톱만한 소인으로 변해 복숭아 가지에서 잠을 자는 것이다. 이러한 손오공의 형상은 흥미로운 상징이 된다. 손톱만하기는 하지만 자아가 남아 있다는 뜻이 되기 때문이다. 이렇게 자아가 남아 있으므로 갖고자 하는 대상과 그 주인임을 자처하는 자아가 여기에 세워지는 것이다. 그래서 선녀들이 복숭아를 따느라 가지를 흔들자 거기에서 잠을 자던 손오공이 즉시 본 모습을 드러내고 여의봉을 휘두른다. 손오공이 이렇게 외친다. "누구냐? 이 요괴들아! 내 복숭아를 몰래 따다니, 간도 크구나!" 손오공은 스스로 자아를 내려놓는다면서 손톱만큼 작아졌지만 여전히 요괴의 차원에 머물러 있는 것이다.

적각대선(赤脚大仙)

손오공은 선녀들을 통해 서왕모의 반도복숭아 잔치에 대한 이야기를 듣게 되는데, 그 명단에 자신의 이름이 없다는 것을 알고는 직접 서왕모의 궁전을 찾아가기로 한다. 그런데 초대장이 필요한 손오공은 도중에 만난 적각대선(赤脚大仙)을 속여 다른 곳으로 보내고, 스스로 적각대선으로 변신한다. 서왕모의 궁전에 도착한 손오공은 잔치를 위한 술을 모두 마시고 잔뜩 취해 버린다.

반도복숭아는 자기가 다 먹었는데 굳이 서왕모의 잔치에 갈 필요가 있는 것일까? 서왕모의 잔치에서 주된 주제는 반도복숭아가 된다. 그러니까 이것을 다 먹어 버린 손오공에게 반도복숭아 잔치는 별 볼일 없는 것이 된다. 그런데 왜 손오공은 선녀들을 잠들게 해놓고 서왕모의 연회장을 찾아간 것일까?

그것은 적각대선에서 이야기가 시작되어야 한다. 원래 적각대선은 맨발로 사방을 돌아다니며 술을 좋아하는 신선으로 유명하다. 손오공은 적각대선을 속여 통명전(通明殿)으로 보내고 그 자신이 적각대선으로 변신한다. 여기에서 통명전으로 간 진짜 적각대선이나 손오공이 변한 가짜 적각대선의 행위는 모두 마음관찰자가 도중에 만나게 되는 경계에 대한 상징이다.

그렇다면 진짜 적각대선은 왜 통명전에 가서 머무는가? 통명전은 삼명육통(三明六通)의 신통력을 상징하는 공간이다. 마음관찰의 여행이 깊어지면서 자유로움과 밝게 통하는 눈을 얻게 된다. 그리고 그것이 현실적인 힘으로 드러나면 신통력이라는 것이 된다. 신통력은 대체로 여섯 가지가 있어 육신통이라 부르는데, 그 중 전생을 아는 숙명통, 모든 것을 걸림 없이 보는 천안통, 장애에 걸리지 않는 자유로운 누진통을 세 가지 밝음(三明)으로 따로 규정하여 중요하게 다루기도 한다. 이것이 적각대선이 간 통명전의 세계이다. 이러한 신통력은 마음관찰의 여행자에게 특별히 애착하는 대상이 된다. 마음관찰의 여행자들은 이러한 경계를 만나면 그것에 애착하게 마련이다. 그것 역시 생성과 소멸의 차원에 있는 것이지만 적각대선은 만족하여 통명전에 머무는 것이다.

서왕모의 궁전으로 가는 또 하나의 적각대선은 술 먹는 신선이다. 그는 잔치 준비로 마련된 술을 모두 마시고 취해 버린다. 마음관찰의 여행자에게 좋은 성취의 차원은 항상 위험하다. 그것이 자기 노력의 결과라고 생각하고 거기에 도취해 버리기 때문이다. 그래서 손오공이 변신한 적각대선은 서왕모의 잔치 술을 마시고 도취해 버리는 것이다. 경계 체험에 대한 도취는 여기에서 잠으로 비유된다. 손오공은 궁전의 관리들을 잠 벌레로 재워버렸지만 실제로는 자신이 잠들어 버린 것이다. 그래서 손오공은 자신이 어디에 있는지 여행의 목적의식과 방향감각을 상실해 버리는 것이다. 그렇지만 잔치는 끝나게 마련이다. 더구나 초대받지 않은 손님인 손오공에게 잔치는 더욱 위험하다. 이에 손오공은 제 정신이 들어 자기 자리로 돌아가고자 하지만 그것이 쉽지 않다.

도솔궁의 선단

서왕모의 궁전에서 빠져 나온 손오공은 방향을 잃고 천상을 헤매다 태상노군의 도솔궁에 들어가게 된다. 여기에서 손오공은 태상노군의 선단이 들어있는 다섯 개의 호로를 발견하고 그것을 볶은 콩 먹듯 모두 먹어버리고 만다.

현재 이 마음여행자의 상황은 도솔궁의 구조와 관련이 있다. 이 도솔궁은 바깥채〔外院〕와 안채〔內院〕의 이질적 세계가 결합되어 있는 특별한 구조의 천계이다. 먼저 바깥채는 온갖 행복이 구비된 곳으로 기쁨과 즐거움의 세계〔喜樂天〕라는 별명으로 불린다. 손오공이 들어가 기웃거리는 곳이 이곳이다.

이에 비해 안채는 큰마음과 완전히 하나가 된 미륵보살이 세상에 나타나기 전에 머물고 있는 곳이다. 그러니까 안채는 궁극의 도착지이자 새로운 출발지에 해당하는 것이다. 태상노군은 이곳의 3층 누각에서 연등불을 만나 진리에 대한 대담을 나누는 중이다. 손오공은 바깥 궁전에서 선단에 혹해 노는데 정신이 팔려 한 걸음만 더 들어가면 궁극의 마음과 하나 되는 세계가 있다는 것을 알지 못한다.

그런데도 손오공은 밖의 궁전에서 어슬렁거리면서도 자기가 제대로 찾아왔다고 생각한다. 한 알도 얻기 어려운 선단을 다섯 호로씩이나 얻게 되었기 때문이다. 그래서 스스로 "알고 보니 내가 제대로 집을 찾아왔다"고 외치는 것이다.

결국 손오공은 다섯 호로의 선단을 남김없이 향유하느라 그 안쪽의 세계를 눈치 채지 못한다. 이곳에서 누릴 것을 다 누렸으니 손오공은 다시 땅으로 떨어질 수밖에 없다. 그것이 천상락의 원리이기 때문이다. 그래서 손오공은 아래 세상에서 왕 노릇을 하기 위해 화과산으로 돌아가기로 한다.

천라지망

손오공의 범죄사실을 보고 받은 옥황상제가 그를 잡아오라 시킨다. 천상의 반도복숭아 밭을 결딴내고, 서왕모의 잔치를 망치고, 태상노군의 선단을 모두 먹어버린 죄가 겹으로 쌓인 것이다. 이에 하늘의 장군들이 파견되어 18겹의 천라지망으로 화과산을 뒤덮는다. 천신들과 손오공 사이에 두 번째의 전쟁이 일어난다. 이 싸움은 자아에 대한 집착을 내려놓는 숙제를 푸는 과정이다. 그런데 개별적 자아는 시간과 공간의 관념에 지배받는다. 그래서 시간의 신과 공간의 신이 선봉의 임무를 맡게 되는 것이다.

먼저 시간의 신들이 싸움에 나서는데 아홉 명의 별의 신(九曜星官)들이 그들이다. 고대에는 별을 통해 세월의 흐름을 알았다. 그러니까 별의 신들이 시간의 신에 해당하는 것이다. 이들 시간의 신들이 손오공의 소굴에 쳐들어온 것이다. 그러자 손오공은 외뿔대왕에게 72명의 수령들을 거느리고 싸움에 나서게 한다. 그리고 두 진영의 싸움이 끝날 줄 모르자 스스로 여의봉을 사발만한 굵기로 키워서 싸움에 뛰어든다. 그러자 시간의 신들이 손오공의 죄상을 낱낱이 밝힌다. 이에 손오공은 배짱을 부린다. "그래! 그런 일이 실제로 있었다(實有). 그래서 어쩔래?" 시간의 신들은 이런 뻔뻔함 앞에 방법이 없다. 이 싸움에서 시간의 신들은 힘을 쓰지 못하고 격퇴 당한다.

손오공은 상대적으로 영원해보이고(복숭아), 자아를 도취하게 하며(술), 무너지지 않을 것 같은(선단) 같은 경계를 맛보았다. 그것은 새로운 자아 정체성의 근거가 된다. 원래 거칠고 치졸한 욕망과 분노들은 잠시의 돌이켜 비춰봄으로도 금방 사라지게 되어 있다. 거기에는 도덕적 계율이라는 응원군까지 있다. 쉽게 사라지는 것은 아니지만 그것이 잘못된 것임을 알아챌 수 있다. 그러나 궁극적 실체(實有)에 대한 집착은 극히 미세하여 위장한 자아를 찾아내기 어렵다. 그래서 시간의 신들은 비출 대상을 찾지 못해 기진맥진, 패배하여 돌아가고 마는 것이다.

다음으로 공간의 신들인 사대천왕들이 출전한다. 이들은 한 수 위라 손오공의 부하인 외뿔대왕과 72동의 요괴들을 모두 사로잡아 간다. 그렇지만 손오공은 혼자 탁탑천왕과 사대천왕, 나타태자 등의 천신들을 막아낸다. 그리고는 털을 한 움큼 뽑아 입으로 씹어 수천 수백의 손오공을 만들어 천신들을 물리친다.

이 싸움에는 승패가 반반이다. 우선 공간의 신들이 나서서 유일한 하나〔외뿔대왕〕와 다양한 현상〔72명의 요괴들〕들을 잡아간다. 그 모두가 허공과 같이 실체가 없는 것임을 밝혔다는 말이다. 모든 현상은 실체가 없다. 그래서 72명의 요괴들이 잡혀가는 것이다. 그러나 그 실체가 없다는 사실 또한 실체가 없기는 마찬가지이다. 그것을 '하나'라고 표현하든, '공'이라고 표현하든 그 개념 역시 실체가 아니라는 것이다. 그래서 '하나'를 주장하는 외뿔대왕이 잡혀간다. 이들이 잡혀갔다는 것은 다양한 현상에 지배되는 망상이나 하나의 원리를 고집하는 집착이 무너졌다는 뜻이다.

그러자 손오공은 하나의 털을 수천, 수백의 원숭이로 만들어 허공의 신들을 물리친다. 외형적으로 보자면 하나와 많음, 본질과 현상의 통일을 실천하고 있는 것이다. 실체가 없지만 그 본질은 다양한 현상을 통해 구현된다. 그러니 이 분명한 현상세계의 실재성을 어떻게 부정하겠느냐는 것이다. 이 싸움은 존재와 허공, 즉 있음과 없음의 동시성을 진정으로 구현하기 전까지 승부가 날 수 없다. 무슨 말인가? 존재가 허공과 같다는 것은 시간의 과정을 통해 그렇게 된다는 뜻이 아니다. 하나의 존재가 시간이 지나면서 무로 환원된다는 말이 아니라는 것이다. 마찬가지로 그것은 논리적 추론에 의한 것도 아니다. 동시성을 구현하는 입장에서는 존재와 허공이 지금 이대로 둘이 아니다. 그런데 공간의 신들은 일방으로 허공을 주장하고, 손오공은 일방으로 존재의 실재성에 집착한다. 그래서 이 싸움은 결판나기 어려운 것이다. 빈틈없는 천신들의 공격에도 원숭이 종족의 주력부대는 전혀 피해를 입지 않았다는 것이 그것을 증명한다. 원숭이 종족들은 밤 동안 "배불리 먹고, 편안하게 자면서 힘을 비축"하게 된다.

제2선의 전사들

이렇게 천신들이 애를 먹고 있는데 마음관찰 여행의 거장인 관세음보살이 복숭아 잔치에 왔다가 이 사실을 알게 된다. 관세음보살은 실습생 혜안(惠岸)을 보내 상황을 살펴보도록 한다. 혜안은 천상군대의 사령관인 탁탑천왕의 둘째 아들이었는데 상황파악 겸 손오공과의 싸움에 뛰어든다. 그러나 혜안도 얼마 싸우지 못하고 패배하여 돌아온다. 보살은 다시 지상의 이랑신(二郎神)을 추천한다.

이랑신과 손오공의 싸움은 박빙이라 좀처럼 승부가 나지 않는다. 그런데 이랑신에게는 여섯 형제들과 사냥개와 매가 있었다. 그는 싸우면서 이들을 풀어 손오공의 요새를 박살내어 버린다. 당황한 손오공이 변신술로 숨어 버리지만 그 때마다 이랑신이 찾아내기를 계속한다. 결국 손오공은 이랑신의 사냥개에게 다리를 물려 사로잡히고 만다.

여기에서 관세음보살은 싸움을 끝낼 두 전사를 추천한다. 하나는 자신의 실습생인 혜안이고, 다른 하나는 지상의 신인 이랑신이다. 그리고 결국 손오공은 이랑신에게 사로잡히고 만다. 이 둘이 어떤 존재이기에 천신들이 하지 못한 일을 할 수 있었던 것일까? 또 보살이 직접 나서면 될 것을 왜 굳이 이 둘을 추천하는가? 무엇보다도 이 두 용사가 모두 둘째 아들임을 주목해야 한다. 혜안은 탁탑천왕의 둘째 아들로서 관세음보살에게 출가하여 실습 중에 있었다. 둘째이므로 그는 싸움의 제2선에 있다. 나아가 혜안은 참전을 하지만 직접 싸우는 대신 전황파악을 주 임무로 하고 있다.

한편 이랑신은 옥황상제의 누이동생과 인간 사이에서 태어난 반인반신의 존재로서 역시 둘째이다. 중국의 신화에는 다양한 이랑신이 나타나지만 모두 둘째 아들의 신분이라는 공통점을 갖고 있다. 그 역시 항상 싸움의 제2선에 있다. 게다가 옥황상제의 외조카이면서도 그 명령을 직접 받지 않는다. 싸움의 당사자가 아닌 것이다.

또 다른 민간신화에 의하면 그는 후방에서 군량을 책임지는 참모로서의 역할을 수행하기도 한다. 여러 점에서 그는 제2선에 있는 것이다. 이들은 제2선에서 무슨 일을 하는가? 관세음보살은 혜안을 보내며 "가서 정확한 실상을 알아오는데 힘쓰라!"고 당부한다. 여기에 그 역할이 드러나 있다. 그는 전체를 조감하는 지혜(惠=慧)의 언덕(岸)에서 지켜보는 임무를 수행한다. 그의 지켜보는 힘은 이랑신의 관찰의 눈과 연결된다.

또 하나의 대안으로 제시된 이랑신의 싸움은 비춰보는 일이 거의 전부이다. 그의 이마 한가운데에는 봉황 눈(鳳目)이라 불리는 제3의 눈이 세로로 나 있다. 이 눈은 형상에 속지 않고 만사만물이 큰마음의 드러남임을 바로 본다. 그래서 손오공이 무엇으로 변신하든 상관없이 알아채는 것이다.

이들의 다양한 변신술 시합은 자아를 관찰하는 눈에 대한 이야기이다. 궁지에 몰린 손오공이 참새가 되어 덤불에 숨자 이랑신은 높은 곳에서 내려다보는 매가 된다. 가마우지가 되어 달아나자 창공을 높이 나는 바다 두루미가 되어 그것을 찾아낸다. 물고기가 되자 물수리가 된다. 물뱀으로 변하자 검은 목 두루미로 변해서 뒤쫓는다. 이랑신의 변신은 어느 경우나 높이 날며 시력이 좋은 새라는 점에서 공통점을 갖는다. 전체와 개별체를 함께 보는 높이에서 관찰을 진행하는 것이다. 그래서 그의 관찰은 항상 모양과 본질과의 관계성 속에서 함께 본다. 물고기로 변한 손오공을 보고 이랑신은 이렇게 말한다.

> "저 물고기는 잉어인가? 꼬리가 붉지 않네. 쏘가리인가? 꽃무늬 비늘이 안 보이는데? 가물치 같은데 머리에 별무늬가 없고! 그렇다면 방어인가? 뺨에 침이 없잖아. 그런데 나를 보고는 달아나네. 틀림없이 그 원숭이 놈이 변한 것이로구나."

그 관찰의 핵심은 이처럼 본질의 파악과 '아니다!'의 결론에 있다. 형상에 속지 않고 그 실체 없음을 바로 보는 것이다. 현상을 보되 그것에 흔들리지 않는 이것을 즉비(卽非)의 관찰이라 부를 수 있을 것이다. 『서유기』에서는 이것을 금강안, 즉 번개처럼 보는 눈이라 표현한다.

전투의 제2선을 지키는데서 일어나는 안목은 밝을 수밖에 없다. 원래 바둑을 두는 당사자는 헷갈린다(當局者迷). 자아를 기준으로 아전인수격으로 보기 때문이다. 반면 방관자는 명확한 법이다(傍觀者淸). 거리를 두고 보기 때문이다. 이랑신은 바둑을 두는 당사자가 되는 대신 그것을 보는 방관자가 된다.

관강구(灌江口)의 수호신

이랑신은 천녀와 지상남자 간의 만남으로 태어났다. 중국의 헤라클레스라 할 수 있겠다. 지금도 중국에는 이랑신에 대한 민간신앙이 남아 있다. 특히 이랑신은 관강구의 수호신으로 알려져 있다. 관강구는 강물이 흘러들어가는 입구라는 뜻인데, 중국에 이랑신과 관련된 관강구가 여러 곳이 있다. 그 중 사천성의 관강구가 가장 유명하다. 원래 사천성 성도(成都)는 큰 산을 기준으로 서쪽은 홍수가 심하고, 동쪽의 평야는 물이 없어 가뭄이 심했다. 그런데 진(秦)나라 시기 이곳의 지방관이었던 이빙(李冰)과 그 둘째 아들이 산에 물길을 내어 이 문제를 동시에 해결한다. 이 물길은 지금도 사용되고 있고, 세계문화유산으로 등재되기까지 하였다. 특히 그 주인공의 한 사람인 둘째 아들은 민간에서 다양한 전설의 주인공이 된다. 그러니까 물이 갈라지는 입구인 관강구에 이랑신의 사당이 세워진 것은 이상한 일이 아니다.

다른 한 곳 강소성(江蘇省)에 있는 관강구도 유명하다.『서유기』의 작가로 얘기되는 오승은(吳承恩)이 직접 이곳에 가서 손오공과 이랑신의 싸움에 관한 얘기를 들었다는 여행기가 전한다. 거기에는 손오공이 변했다는 토지신의 사당이 있었고, 손오공의 꼬리가 변한 깃대가 뒤쪽에 세워져 있었다는 기록이 남아 있다. 오승은이 다양한 손오공의 이야기들을 접하였음을 알 수 있는 자료이기도 하다.

『서유기』에서 관강구는 강의 근원이 되는 자리라는 의미로 채용되었다. 강이 천 가지 만 가지로 변화한다 해도 결국 그것은 하나의 근원에서 시작되는 것이다. 손오공의 변신술은 무수히 형상을 바꾸는 강의 모습에 대응된다. 그리고 이랑신의 흔들리지 않는 추격은 강의 근원을 쥐고 하류의 변화에 대응하였던 그의 전설적 모습의 변용이다.

또 이랑신이 하늘의 신과 지상 남자의 만남으로 태어난 존재라는 점도 중요하다. 『서유기』에서 천상은 정신, 관념, 원리를 대표하는 세계이다. 그러나 그것은 손오공을 항복시키지 못한다. 원리만 가지고는 진리가 되지 못하기 때문이다. 한편 지상은 구체적 사물, 모양, 현상을 대표하는 세계이다. 그러니까 천상의 신과 지상의 인간 사이에서 이랑신이 탄생하였다는 것은 원리와 현상의 통일에 대한 절묘한 비유적 표현이 되는 것이다. 원리와 현상을 분리할 수 없다고 보는 이것을 진공묘유(眞空妙有)라 표현한다. 모든 것에 실체가 따로 있는 것은 아니지만, 진리는 지금 당장의 현상들을 통해 드러나 있다는 뜻이다.

천상의 신들은 현상의 실체 없음만을 주장하는 존재들이었다. 이에 비해 손오공은 자아의 실체성에 집착하는 존재이다. 결국 천신들은 손오공을 잡을 수 없다. 천신들이나 손오공이나 한쪽만을 고집하고 있어 누가 누구를 이길 수 있는 상황이 아니기 때문이다. 반면에 이랑신은 어떤 특별한 모습으로 진리가 한정되어 있는 것은 아니지만, 만사만물에 진리가 드러나 있다는 이 실상에 대한 눈뜸으로 싸움에 임한다. 그것은 현상(色)에 대한 집착을 공(空)으로 부수고, 공에 대한 관념적 집착을 다시 공으로 해소하는(空空) 끝없는 부정의 길을 걷는다. 그것은 죽임의 부정이 아니라 살림을 위한 부정이기도 하다.

이랑신의 군대 — 여섯 의형제

이랑신은 외삼촌인 옥황상제의 지원요청을 받는 즉시 부하들을 거느리고 관강구를 떠난다. 매화산의 여섯 형제들이 그의 명령을 받는다. 이 여섯 형제들은 누구일까? 이랑신의 원래 전설에 의하면 그는 매화산에 사는 일곱 영웅과 의형제를 맺는다. 그래서 이랑신의 형상은 항상 매화산의 일곱 성인(梅山七聖)과 함께 그려진다. 『서유기』는 이 일곱에서 하나를 빼서 여섯 형제로 만든다. 왜 굳이 여섯으로 줄인 것일까? 그것은 여섯 가지 의식작용(六識)에 맞추기 위한 것이다. 눈(眼)·귀(耳)·코(鼻)·혀(舌)·몸(身)·의식(意)의 감각기관을 통한 여섯 인식작용이 그것이다. 여섯 가지 인식작용은 마음관찰의 여행에서 극복의 대상인 동시에 없어서는 안 되는 동반자이기도 하다. 그것이 다양한 집착을 불러일으키므로 극복의 대상이 되지만, 이 작용을 아는 일 자체가 마음관찰의 여행이므로 동반자가 되는 것이다.

원래 이 여섯 가지 인식작용은 가치중립적이다. 그런데 여기에 자아의식이 개입하면 화학작용이 일어나 독이 되는 것이다. 좋고 나쁨, 옳고 그름을 분별하면서 이에 개입하여 온갖 집착을 불러일으키게 되는 것이다. 반대로 자아의식의 개입을 중지하면 이러한 인식작용이 모두 진짜 큰마음의 작용임을 확인하는 자리가 된다. 이것을 다섯 지각작용(前五識)의 측면에서 보면 모든 지각작용이 이미 완전히 성취되어 있다. 좋고 나쁨이 없으므로 이미 완전한 것이다. 유식철학에서는 이것을 성소작지(成所作智)라 한다. 한편 자아의식의 개입이 없으면 알아차리고 구별하는 작용을 하는 제6식(意識)은 전체와 개별이 둘이 아님을 바르게 관찰하게 된다. 유식철학에서는 이것을 묘관찰지(妙觀察智)라 한다.

이랑신과 여섯 형제와의 관계가 그러하다. 원래 이 여섯 형제는 매산의 괴물이었다. 이것을 이랑신이 퇴치하여 복종시켰다는 것이다. 집착의 장애를 불러들이는 매개자〔梅山=媒〕인 지각기관과 지각작용을 복종시켰다는 것이다. 그 결과 이들은 전에는 괴물이었지만 지금은 성인이 된다. 집착을 불러일으키는 출발점인 의식작용이 지혜의 현장으로 전환된 것이다. 이제 육식의 여섯 형제는 오묘한 관찰의 지혜〔妙觀察智〕로 이랑신을 돕게 된다.

이랑신의 군대 — 매와 사냥개

이랑신은 손오공을 잡는 싸움에 매와 사냥개를 데리고 나선다. 이 중 사냥개는 손오공이 쓰러지자 장딴지를 물고 늘어져 그를 잡는데 결정적인 공헌을 한다.

어떻게 사냥개가 하늘의 천신들도 하지 못한 일을 하는가? 우리는 이 개가 매와 짝하고 있음을 주목할 필요가 있다. 신화전설 속의 이랑신이 개를 데리고 다닌 것은 사냥기술의 발전을 상징한 것인 듯하다. 산지가 많은 사천성에서 이랑신은 사냥의 신으로 숭배된 흔적이 있다. 그의 일곱 의형제가 사냥꾼의 모습으로 나타나는 것도 이 때문이다.

그런데 이랑신의 원래 신화에는 사냥개만 나타나는데 『서유기』에는 매가 함께 나온다. 왜 없던 매를 추가한 것일까? 원래 매는 시력에 뛰어나고, 사냥개는 후각에 초능력이 있다. 게다가 사냥개는 한번 물면

놓지 않는 악착스러움을 갖고 있다. 이랑신은 이 사냥개와 매를 같이 묶어 관리한다. 매의 밝게 보는 눈과 사냥개의 물고 놓지 않는 이빨을 함께 쓰기 위해서이다.

이것은 마음관찰에 필요한 집중(止)과 관찰(觀)을 함께 닦는 일에 대한 상징이다. 집중은 사냥개의 이빨처럼 물고 놓지 않는데 그 중요성이 있다. 관찰은 매의 눈처럼 전체를 한 눈에 밝게 보는데 그 의미가 있다. 물론 이랑신의 주된 특징은 관찰에 있으므로 그 무게감의 차이는 확연하다. 집중보다는 관찰이 더 중요하다는 것이다. 그럼에도 불구하고 사냥개의 '물고 늘어지기'가 없었다면 손오공을 잡기 어려웠다는 것도 분명하다. 원래 집중과 관찰(止觀), 혹은 선정과 지혜(定慧)는 마음관찰의 여행을 이끄는 두 발에 해당하며 실천적 측면에서 보자면 둘로 나눌 수 없는 관계에 있다. 진정한 집중은 관찰에서 나오고, 진정한 관찰은 집중에서 나오는 것이기 때문이다. 그래서 "관찰 없는 집중은 고여 있는 썩은 물이라 용이 살 수 없다. 집중 없는 관찰은 미친 지혜라서 어지러움 때문에 마음을 잃게 된다."는 말도 있는 것이다. 능숙한 마음의 사냥꾼인 이랑신은 항상 사냥개와 매를 함께 묶어 둔다. 현실적으로 말도 안 되는 상황이지만 이것이 집중과 관찰의 통일을 상징하기 위한 조치라는 점을 이해하면 고개가 끄덕여진다.

요괴를 비추는 거울(照妖鏡)

그렇다면 천상의 신들은 하는 일이 없는 것일까? 마음을 관찰하는 여행에 있어서 그 출발은 모든 것에 실체가 없음을 아는 일이다. 어떤 것에도 별도의 실체가 없다는 원리에 입각하여 모든 현상을 비추어 보면 그것이 더 이상 우리를 속박할 수 없다. 탁탑천왕은 이 싸움을 돕기 위해 항상 조요경, 즉 요괴를 비추는 거울을 높이 든다. 그것은 손오공이 관강구의 사당으로 가서 이랑신으로 변신하여 숨었을 때 큰 효력을 발휘한다. 이랑신은 제3의 눈으로도 손오공을 찾을 수 없자 탁탑천왕에게 부탁하여 조요경을 비추게 한다. 결국 손오공은 조요경의 비춤에 숨지 못하고 그 요괴로서의 정체를 드러내고 만다.

이처럼 조요경은 모양을 바꿔 숨어드는 자아를 비추는 거울이다. 이 거울의 비춤에 의해 자아의 위장된 집착들이 남김없이 드러나는 것이다. 이를 통해 가장 먼저 정복되는 것은 72동의 요괴들이다. 그들의 흉악한 형상은 금방 드러나는 큰 집착을 상징한다. 탐욕, 분노, 어리석음 등의 주된 장애는 상대적으로 쉽게 노출된다. 그래서 가장 먼저 잡히는 것이다. 이에 비해 촉감, 의지, 생각 등과 같은 마음의 작용들은 잘 노출되지 않아서 그것을 정복하는 일도 쉽지 않다. 화과산의 원숭이 신하들이 이에 해당한다. 이들은 매와 사냥개의 공격, 즉 관찰과 집중의 집요한 공격에 의해 나중에야 평정된다.

이렇게 쉽게 드러나는 집착들과 숨은 장애들을 모두 평정한 뒤에도 여전히 할 일이 남는다. 진정한 큰마음과 하나로 만나는 길은 그렇게 쉬운 일이 아니기 때문이다. 이 이야기의 경우, 아직 관찰의 주체인 이랑신과 관찰의 대상인 손오공이 남아있다. 나와 대상이 나뉘는 관문을 통과하면 주체와 대상의 구분이 사라지는 일이 일어난다. 보는 자와 보이는 대상이 합일되는 것이다. 이 때 '내'가 '대상'을 보는 일이 사라진다. 손오공이 마음관찰자인 이랑신으로 변신하였으므로 이랑신은 그것을 볼 수 없는 것이다. 그래서 이랑신의 봉황 눈은 작동이 중지된다. 자기 눈으로 자기를 볼 수 없는 일이기 때문이다. 이것을 흔히 무심으로 이해하고, 마음에 눈떴다고 말하는 경우가 있다. 한 생각도 일어나지 않는 것처럼 보이기 때문이다. 그러면 이것으로 되었는가 하면 그렇지는 않다. 실천적 차원에서 보면 여기에 아직도 무엇인가가 남아 있기 때문이다. 이것을 모든 것의 뿌리가 되는 어두움 자체〔根本無明〕라 부른다. 『서유기』의 주인공인 삼장법사를 종조로 하는 법상종에서는 아뢰야식의 근본무명이 완전히 사라진 자리를 진정한 눈뜸으로 본다.

이랑신은 이러한 무심의 자리에서 비춰보기를 계속한다. 그 봉황 눈이 작동을 멈춘 것은 좋은 일이기는 하다. 주체가 사라져 분별적 이원세계가 무너졌기 때문이다. 그러나 비춰보기는 여전히 있어야 한다. 그래서 관찰 그 자체인 조요경을 빌리는 것이다. 여기에는 보는 나도 없고, 보이는 대상도 없이 오직 보는 일만 있다. 이것이 조요경이 상징하는 바이다.

금강 팔찌〔金剛鐲〕

손오공을 조요경으로 비추어 그 어두운 상태를 드러내었다 해서 손오공을 바로 사로잡게 되는 것은 아니다. 잡았다 싶으면 빠져나가는 것이 자아이고, 어두움이기 때문이다. 그래서 둘 사이에는 여전히 쫓고 쫓기는 싸움이 계속된다. 그러자 천상에서 지켜보던 태상노군이 금강 팔찌〔金剛鐲〕을 던져 손오공을 쓰러뜨린다. 여기에 이랑신의 사냥개까지 달려들어 물고 늘어지는 바람에 손오공은 결국 사로잡히고 만다.

금강 팔찌는 손오공을 쓰러뜨린 최초의 무기이다. 그래서 『서유기』 전편을 통틀어 최고의 무기로 꼽히기도 한다. 그것의 정체는 태상노군, 즉 노자가 왼 손에 차고 있던 팔찌이다. 태상노군은 금강 팔찌를 이렇게 설명한다.

> "이 무기는 금강 팔찌〔金剛鐲〕라고도 하고, 금강 올가미〔金剛套〕라고도 합니다. 옛날에 제가 함곡관을 지나 인도에 가서 마음관찰의 길을 걸을 때 그 덕을 많이 보았습니다. 어쨌든 몸을 지키는 데는 최고입니다."

노자가 마음관찰의 길에서 큰 도움을 받았다면 그것은 수행의 핵심이 되는 무엇임에 틀림없다. 그 이름과 사연을 통해 볼 때 그것은 적어도 다음의 3가지를 동시에 가리키는 것으로 보인다.

우선 그것이 손오공의 정수리를 때려 넘어뜨렸다는 점이나 금강 팔찌라는 이름으로 불린다는 점을 볼 때 그것은 금강의 지혜를 상징한다. 이 때 금강은 번개의 다른 이름이다.

둘째, 그 이름이 금강이며, 왼손에 끼는 팔찌로서 꼭 죄는 특성이 있다는 점에서 그것은 본질을 상징한다. 이 때의 금강은 가장 견고한 금강석을 가리킨다. 그것이 왼 손에 차는 팔찌라는 것도 중요하다. 중국의 문화에서 왼손은 본질을 상징하고, 오른손은 현상을 상징하기 때문이다. 왼 손이 잘 움직이지 않는다는 점에 착안하여 움직이지 않는 본질로 상징하게 된 것이다. 관찰이 깊어질수록 외부 현상에 끌려 다니지 않는 지점이 필요하다. 그래야 본질, 혹은 본래 이러함에 굳건히 발 딛는 일이 있을 수 있는 것이다.

셋째, 금강 올가미의 동그란 형태와 이름, 노자가 깨달을 때 도움이 되었다는 점에서 볼 때 그것은 공(空)의 진리를 상징한다. 우선 동그란 빈 공간을 갖는 그 형태가 공이다. 또한 금강 올가미는 그 비어있는 동그란 공간으로 모든 것을 흡수한다. 모든 현상이 공의 자리로 수렴된다는 것이다. 실제로 노자의 전매특허인 무(無), 혹은 무위(無爲)는 불교의 공과 대응되는 관계에 있다. 중국의 경전 번역가들이 처음에 공을 무(無)로 번역하였던 것도 이 때문이다. 그러니까 노자가 부처가 되었다면 무위를 빼고 다른 이유를 댈 수 없는 것이다.

원래 노자가 인도에 가서 부처가 되었다는 것은 순전히 중국도교의 창작이다. 중국의 도교 지도자들은 불교의 흥성에 위기감을 느끼고, 노자가 부처의 전신이라는 가짜 경전을 쓴다. 『화호성불경(化胡成佛經)』이 그것으로 이를 통해 도교가 불교보다 우월하다는 주장을 전개한다. 도교에서는 상당히 진지하게 이것을 사실로 주장하였던 듯하다. 그래서 위(魏) 효명제(孝明帝) 때에는 황제 앞에서 불교와 도교의 선후관계를 밝히는 논쟁을 벌인 일까지 있었다. 어찌 되었든 금강 팔찌는 번개, 본질, 공의 상징이라 할 수 있는데, 이 셋은 또 묘하게 하나로 통일되는 관계에 있다. 번개처럼 형상과 이름을 자르는 것이 공의 본질이다. 또 그 본질인 자성은 청정하여 실체가 없으므로 공이다. 이렇게 태상노군의 금강 팔찌가 공의 도리를 구현하고 있으므로 숨고 찾기를 반복하는 자아의 숨바꼭질을 끝낼 수 있었던 것이다.

5. 부처님 손바닥 위의 손오공

금강불괴의 손오공

손오공은 이랑진군과 태상노군의 협공에 사로잡혀 하늘로 압송된다. 그러나 그의 몸은 금강불괴라 어떤 무기로도 상처를 내지 못한다. 이에 태상노군의 팔괘로에 넣어 오랫동안 불로 단련하는 방법을 쓰기로 한다. 그러나 손오공은 49일이 지난 뒤에도 녹지 않고 팔괘로에서 뛰쳐나와 하늘을 엉망으로 만들어 버린다.

금강불괴로서의 손오공은 마음을 상징한다. 그리고 이 천상의 형벌들은 마음을 없애려는 인위적 노력을 상징하는 것들이다. 옥황상제는 손오공이 압송되어 오자 즉시 참수를 명한다. 그런데 마음이 뜻대로 없어질 리가 없다. 그래서 천둥번개로 때린다. 그러나 이로 인해 잠시 정신을 잃기는 하지만 손오공을 없앨 수 없다. 그래서 불로 태우려 하는데 역시 원숭이에게 흠집 하나 낼 수 없다. 장수의 반도복숭아를 수없이 먹고, 서왕모의 신선주를 모두 마시고, 태상노군의 선단까지 다 먹어버린 손오공을 소멸시킬 길은 없어 보인다. 마음으로 마음을 없앨 수는 없기 때문이다.

손오공의 잘못은 유위적 노력을 통해 자아를 강화하였다는데 있다. 그것은 마음관찰 여행의 한 단계이기도 하다. 그런데 이제 그렇게 노력해온 주체의 자부심을 내려놓을 때가 되었다. 실체를 가진 자아가 있다는 관념의 산을 넘어뜨려야 하는 단계가 온 것이다. 마음관찰 여행의 핵심은 이 세상의 만사만물이 큰마음의 드러남임을 확인하는 데 있다. 만사만물이 그것이므로 당연히 개인의 몸과 마음도 큰마음의 드러난 흔적에 해당한다.

문제가 되는 것은 이 몸의 형체 안에 마음을 한정시키는 관념이다. 그것은 전형적인 분별적 이원사유로서 나와 대상을 나누고 자아를 고집하는 방향으로 나아가게 된다. 이렇게 '나'를 세우면 큰마음과 하나로 만날 수 없다. 그래서 모든 마음관찰 여행은 분별적 이원사유의 중단을 출발점이자 도착점으로 삼는 것이다.

그러기 위해서는 이제까지 수행을 끌고 온 '나'라는 주체가 사라져야 한다. 천신들이 창 · 칼 · 도끼로 손오공을 없애고자 하는 일이 그것이다. 그런데 그렇게 잘라내어 없애고자 하는 천신이야말로 관념에 집착하는 분별적 사유인 것이고 의식적 노력인 것이다. '나'를 없앤다 하면서 '이것은 절대 옳다'는 새로운 관념과 그에 의지한 새로운 주체를 세우는 것이다. 결국 마지막에는 마음을 없애려는 인위적 노력이 오히려 방해가 된다. 그래서 마음관찰 여행은 강화된 '나'를 없애는 일을 함께 포함하게 된다.

예컨대 기도를 하면 '나'가 강화될 수 있다. 그 한결같은 순수함에 스스로 감동하고 주변사람들이 저절로 감복하는 일도 일어난다. 이때 그것을 즐기면 천상을 어지럽히는 손오공이 된다. 오직 안팎에서 일어나는 긍정적인 변화에 집착하지 않을 때 큰마음과 하나로 만나는 체험에 이를 수 있다. 명상도 마찬가지이다. 관찰과 집중이 깊어질수록 그것에 자부심을 느껴 '나'가 강화된다. 그것에 도취되지 않고 오직 관찰하고 집중하여 간절한 궁금증이 폭포처럼 흐르는 길을 걸어야 한다. 이렇게 하여 내가 관찰한다는 자아의식이 사라지면 마음관찰 여행은 순조로운 단계에 도달했다고 말할 수 있다.

그런데 손오공은 분별적 이원사유를 쉬는 대신 욕심껏 키운다. 반도복숭아를 훔쳐 먹고, 서왕모의 잔치 술을 동내고, 태상노군의 선단을 몽땅 삼켜버린다. 마음관찰 여행의 체험을 자신의 것으로 마음껏 향유하면서 자아를 키운 것이다. 마음관찰 여행에서 중간에 도취하는 일은 최대의 금기사항이 된다. 손오공이 요마로 취급되는 것은 이 때문이다. 많은 마음관찰의 여행자들이 이처럼 중간의 성취에 도취하여 자부심을 강화한다. 자기의 정신적 수준을 자랑하고, 체험을 과시하고, 남들로부터의 존경에 도취한다. 이렇게 자아강화의 길을 걸으면 손오공처럼 된다. 마음관찰 여행의 체험에 근거하여 '나는 훌륭한 사람'이라는 자의식이 산처럼 자라나는 것이다. 그러한 선민의식으로 강화된 자아는 계율이나 참회로도 어찌해볼 수 없는 강력한 힘을 발휘한다. 겉으로 보기에 자아의식을 내려놓은 뛰어난 마음관찰자로 보이기까지 하기 때문이다. 결국 유위적 공부로 키운 자아를 유위적 방법으로는 녹일 수 없다. 그래서 천신들이 모든 수단을 다해도 손오공을 없애지 못하는 것이다.

태상노군의 팔괘로, 무위공부

유위적 공부에 문제가 있다면 태상노군의 팔괘로가 제시하는 무위적 공부는 왜 자아를 녹이지 못하는가? 그것이 유위와 대립되는 상대적 개념으로서의 무위였기 때문이다. 진정한 무위란 유와 무의 상대적 차원을 초월한 것이다. 그러나 이 팔괘로는 손오공을 대상으로 보는 상대적 차원을 벗어나지 못하고 있다.

우선 팔괘로의 얘기를 들어볼 필요가 있다. 천신들이 갖은 방법을 소진해도 효과가 없자 태상노군이 나선다. 손오공을 팔괘로 속에 넣어 단련하여 선단을 만들겠다는 것이었다. 태상노군은 손오공을 가두고 장장 7×7=49일 간의 불의 단련을 진행한다. 그러나 손오공은 불길을 피하는 자리에 앉아 불에 녹지 않는다. 다만 연기에 눈을 상해 '붉은 눈자위에 황금빛 눈동자(火眼金睛)'를 갖게 된다. 이렇게 49일이 지나 태상노군이 팔괘로를 열자 손오공이 뛰쳐나와 연단실을 뒤엎고 태상노군마저 내동댕이치고 달아난다. 손오공은 팔괘로에서 단련된 결과 더욱 강한 자아를 갖게 된다.

여기에서 천신들의 무기는 마음을 치유하고 관찰하는 다양한 길을 상징한다. 그것은 일정한 효과를 발휘하지만 결국은 병의 차도에 따라 투약을 중단해야 할 때가 온다. 저항력을 회복한 몸이 자가치료를 시작하는 시점이 있는 것처럼 마음관찰 여행 역시 자가동력이 작동하는 시점이 있기 때문이다. 본격적인 마음관찰을 추동하는 자가동력이란 무엇인가? 주체적 노력이 없어도 큰마음이 주인공 노릇을 하는 일을 가리킨다. 큰마음으로 합류하는 여행은 강을 타고 내려가는 배와 같아서 그 흐름에 그냥 맡겨두기만 하면 된다.

태상노군의 팔괘로는 이러한 자가동력에 가깝다. 그것이 태상노군〔노자〕의 특기인 '일없이 맡겨두는 일〔無爲〕'과 통하기 때문이다. 본래 팔괘는 하늘, 땅, 천둥, 바람, 물, 불, 산, 연못의 다양한 자연현상을 상징한다. 이것이 팔괘로라는 용광로에서 녹아 하나로 된다는 것이다. '손오공의 몸을 녹여 선단을 단련하자'는 태상노군의 말도 이러한 차원을 가리킨다. 그런데 손오공은 녹기는커녕 더 강화되어 나온다. 어디에 문제가 있었던 것일까?

태상노군이 손오공에게 나뒹군 일은 보통 일이 아니다. 태상노군, 즉 노자는 도교에서 진리의 화신에 해당한다. 말하자면 도교의 석가모니에 해당하는 것이다. 그 지고의 존재가 일개 원숭이에게 내동댕이쳐진 것이다. 어떻게 그런 일이 일어날 수 있을까?

원래 도교에서는 팔괘로에서 만물을 녹여 만든 한 알의 선단을 궁극으로 본다. 궁극적 실체가 설정된 것이다. 그러니까 도교의 관점에 의하면 개인적 존재를 유지하면서 영원에 이를 수 있다. 이것이 불사의 신화이다. 팔괘로에서 뛰쳐나온 손오공은 도교의 입장에서 보면 불사의 몸을 이룬 궁극적 존재이다. 태상노군과 동격인 것이다. 얼마든지 넘어뜨릴 수 있는 자리에 오른 것이다. 천상의 신들이 숨어버린 것도 이 때문이다. 주객이 없는 합일의 자리에는 시간과 공간이 없기 때문에 시간의 신, 공간의 신이 힘을 쓸 수 없게 된다. 그러나 궁극의 하나를 찾는 놀이는 무한히 계속될 수밖에 없다. 그 위에 자꾸 무엇이 보태지기 때문이다. 그래서 손오공은 옥황상제의 자리를 넘보게 되는 것이다.

옛 마음관찰의 거장들은 궁극의 하나를 설정하고자 하는 이 버릇을 법집(法執), 즉 진리에 대한 집착이라고 명명한다. 진리에 대한 집착은 진리와 하나로 만나는 일과 다르다. 그것은 살아 움직이는 진리를 관념화하는 일이기 때문이다. 관념은 새로운 편견을 일으키기 때문에 궁극적인 자유를 주지 못한다. 그래서 손오공이라는 자아의식은 팔괘로에 들어갔다 나온 뒤에 더욱 강화되어 버리는 것이다.

옥황상제가 되고 싶은 손오공

이렇게 태상노군까지 물리친 손오공은 거의 무적이 되어 감추고 있던 속마음을 드러낸다. 옥황상제의 자리를 내놓으라는 것이다. 옥황상제는 마지막으로 석가여래에게 도움을 청한다. 석가여래는 손오공을 만나 도력시합을 제안한다. 손오공이 자신의 오른 손바닥을 벗어날 수 있으면 옥황상제의 자리를 내어주겠다는 것이었다. 손오공은 이 제안을 받아들인다. 순식간에 10만 8천리를 가는 근두운이 있어서 질 수 없는 시합이라 생각했기 때문이다.

손오공이 옥황상제의 자리를 차지하려는 것은 돌발적인 감이 있다. 그러나 손오공의 말을 보면 이것은 준비된 반란이었다. 손오공은 옥황상제의 자리를 요구하면서 "강한 자가 존귀한 법이니 자리를 양보하라", "자리를 넘기지 않으면 가만히 있지 않겠다"고 강압하면서, "황제는 돌아가며 하는 법, 내년엔 우리 집 차지"라는 속담까지 들먹인다.

다시 생각해보면 필마온에서 시작하여 제천대성을 자처하고, 서왕모와 태상노군을 골탕 먹이고, 수많은 천신들을 무너뜨린 일들이 천상반란의 조짐이었다. 이제 태상노군까지 무너뜨린 마당에 옥황상제의 자리를 차지하려는 것은 당연한 수순으로 보인다.

그것은 종교적 측면에서도 뚜렷한 상승의 궤적을 그린다. 그것이 최고의 한 점을 지향하고 있기 때문이다. 최고의 한 점과 관련하여 인도의 브라만교에서는 브라만을 상정하였고, 중국에서는 옥황상제로 설정하였다. 불사와 불멸의 궁극적 실체를 지향하는 도교는 이 옥황상제의 한 점을 지향한다. 그리고 팔괘로에서 나온 손오공은 그 궁극의 자리에 거의 도달한 존재라 할 수 있다. 궁극의 자리이므로 천상의 무수한 신들이 그를 막을 수 없는 것이다.

그러나 마음관찰 여행의 차원에서 보면 스스로 최고가 되거나 최고를 만나고자 하는 이것은 자아의 위장된 확장의지이다. 그것은 마음을 속이는 일이기도 하다. 그래서 석가여래는 이 일을 슬퍼하며 이렇게 말한다.

"생명이 경각에 달려야 그만둘 테냐? 너의 본래면목이 아깝지 않으냐."

손오공은 스스로 최고의 신이 되고자 한다. 그것이 반란일까? 최고의 신을 설정한 교리체계에서 보면 그렇다. 신성모독인 것이다. 그런데 석가여래의 입장에서 보면 그것은 안타까운 헛수고에 해당한다. 손오공이 만나는 모든 것이 마음의 현현들이다. 황금의 궁전에서는 모든 것이 다 빠짐없이 큰마음의 황금조각들이다. 그러니까 지금·여기의 이 황금조각들을 빼고 따로 황금덩어리가 존재하는 것은 아니다. 손오공은 지금 당장의 이 황금조각들을 내던지고 관념의 그림자에 집착하여 밖으로 황금을 찾아 다니고 있는 것이다. 그래서 여래는 '너의 본래면목이 아깝지 않으냐'고 안타까워한다.

그렇다면 하는 수 없다. 목숨을 걸고 시합을 하자. 살벌한 기운도 여래의 좋은 방편이다. 사실 성인은 자비롭지 않다. 그래서 성인은 만물을 짚 인형 정도로 본다는 노자의 말이 있기까지 하다. 다만 성인은 상벌을 내리는 존재가 아니다. 결국 요괴로 사는 일도 스스로 지은 것을 스스로 받는 일일 뿐이기 때문이다.

원숭이의 재주와 여래의 손바닥

손오공의 재주가 석가여래의 도력을 이기지는 못한다는 이 유명한 이야기는 사실 도력의 고하에 대한 얘기가 아니다. 그것은 큰마음과 하나로 만나려면 다양한 재주가 오히려 장애가 된다는 메시지를 담고 있다. 그 얘기는 이렇다.

석가여래가 오른 손을 펼치며 말한다. "네가 근두운을 타고 이 손바닥을 벗어나면 하늘의 궁전을 내어주겠다. 그렇지 못하면 하계에 내려가 요괴의 몸으로 몇 겁을 더 수행한 뒤 그 때 가서 보자." 손오공이 근두운에 올라타 세상의 끝이라 생각되는 곳에 도착해 보니 그 앞에 다섯 개의 살빛 기둥이 세워져 있었다. 손오공은 그곳에 표시를 하고 돌아온다. 그런데 그 표시들이 여래의 손가락에 나 있는 것이었다. 손오공은 자기가 여래의 손바닥을 벗어나지 못했음을 알아챘다.

손오공은 72가지 변신술과 근두운을 자기 우월감의 근거로 내세운다. 본체〔근두운〕와 다양한 활용〔72가지 변신술〕을 한 몸에 갖추었다는 것이었다. 그것은 형식적으로 완성형에 가까워 옥황상제를 넘볼

만하다. 그런데 이 72가지 변신술이라는 것이 애매하다. 다양하다고 하지만 9×8=72의 변신술은 궁극의 다양함이 아니기 때문이다. 그 위에 9×9=81이 있기 때문이다.

한편 재주 한 번으로 10만 8천 리를 가는 근두운 역시 애매하다. 그것이 궁극의 움직임 없는 자리가 아니기 때문이다. 아무리 순식간에 10만 8천리를 간다 해도 어쨌든 재주는 넘어야 하기 때문이다. 결과적으로 손오공은 아직 모양에 속고, 공간에 속고, 시간에 속고, 오고 감에 속고 있다. 그래서 손오공은 헐떡이며 여래의 손바닥 위에서 헛바퀴를 돌고 돈다. 그러면서도 스스로 세상의 끝에 다녀왔다고 착각을 하는 것이다.

그런데 손오공은 여래의 손바닥에서 자기의 표시를 발견하게 된다. 가운데 손가락에 "제천대성이 여기 와서 놀고 간다!"는 글씨가 뚜렷한 것이었다. 여기에서 우리는 손오공에게 물어볼 필요가 있다. 왜 이걸 중간 손가락에 표시해 놓았느냐는 것이다. 손오공은 나름 진지한 마음관찰의 길을 걷는다고 자부하는 여행자이다. 그는 중도를 안다고 자부하고 있다. 가운데 손가락을 택한 것은 자신이 중도를 실천하고 있음을 자부하는 일에 해당한다. 손가락에 쓰인 글씨는 중도를 자신이 알았다는 선언에 해당하는 것이다. 그렇지만 진정한 중도는 다섯 손가락을 다르게 보고 그 중 가운데 손가락을 선택하는 방식으로는 도달할 수 없다. 공간을 쪼개고 형상을 구별하는 자리에 중도는 없기 때문이다. 중도는 둘로 나누어 구별하지 않는다는 뜻이다. 그래서 중도는 중도불이(中道不二)라는 표현을 갖기도 한다. 이러한 중도와 통하는 언어의 목록들은 얼마든지 제시할 수 있는데 큰마음, 진짜 마음, 한

마음, 무심, 무념무상, 무분별, 진공묘유 등의 이름들이 포함된다. 그것은 '나'가 세워진 자리에는 있을 수 없는 것이다. 그 순간 '너'가 세워져 끊임없는 분별적 생각의 시소게임이 시작되기 때문이다.

게다가 손오공은 여래의 엄지에 오줌을 갈기는 만행을 저질렀다. 개는 오줌으로 자기 존재를 확인한다. 그것은 현실감 넘치는 장면묘사에 해당한다. 그런데 배설물로 자기 존재를 확인하는 것이 어디 동물뿐이겠는가? 생각해보면 자아를 확인하기 위한 모든 행위는 지린내 나는 오줌 뿌리기에 해당한다.

손오공이 여래의 손바닥을 벗어날 수 없다는 이 이야기는 티베트의 불교설화를 차용한 것일 수도 있다. 티베트 불교의 주된 신앙대상인 파드마 삼바바가 요괴를 눌러 지상에 가두었는데 그 손바닥 자국이 나 있는 땅이 어딘가에 있다는 얘기가 전하고 있기 때문이다.

여래의 손과 오행산

그런데 시합하는 장소가 왜 하필이면 여래의 손바닥이었을까? 손바닥은 마음관찰의 여행자들이 즐겨 사용하는 상징으로서 본질과 현상의 관계를 함께 드러내는데 유용하다. 다섯 손가락은 다양한 형상으로 나뉘지만 결국 하나의 손바닥으로 돌아간다. 또한 하나의 손바닥은 다섯 손가락으로 퍼져 나간다. 손바닥이 본질이라면 손가락은 현상이다. 그러면서 이 양자는 둘 아닌 불이적 관계에 있다. 또 펼친 손과 주먹 쥔 손의 관계도 그렇다. 펼치면 다섯 손가락이지만 모아 쥐면 하나의 주먹이 된다. 이 하나와 다섯은 둘 아닌 관계에 있고, 그것이 현상과 본질의 관계를 상징하는 것이다.

이것을 모르는 손오공은 자신이 여래의 손바닥을 벗어난 일조차 없다는 사실을 알고 놀라 달아난다. 그러나 마음껏 재주를 펼쳐도 여래의 손바닥을 벗어날 길은 없다. 결국 손오공은 여래의 손이 변한 오행산에 갇혀 500년을 보내게 된다.

이로써 손오공은 움직이지 않는 자리에서 중도불이의 세계를 체화할 숙제를 받게 된 것이다. 천신들이 손오공을 다스린 여래에게 존경의 공양을 올리는 사이 감찰하는 관리의 보고가 올라온다. "원숭이가 머리를 내밀었다."는 보고였다.

이에 여래는 아난에게 '옴·마·니·반·메·훔'이 쓰인 종이를 가져다 오행산의 정상에 붙이게 한다. 그러자 산들이 뿌리를 내려 하나로 합쳐진다. 봉우리는 다섯이지만 뿌리는 하나인 산이 된 것이다. 여래는 산신에게 원숭이가 배가 고프다 하면 쇠 알갱이를 먹이고, 목이 마르다 하면 구리 녹인 물을 먹이도록 한다.

마음관찰의 명장들은 세상의 만사만물과 나가 둘이 아니라고 가르친다. 이것이 진정한 큰마음이고 여래이다. 그러므로 여래의 손바닥에는 가고 옴을 나눌 기준점이 없다. 자아를 고집하는 손오공은 이것을 인정할 수 없었다. 혹 이성적으로 이해했다고 할 수 있을지 모르나 실천적으로 그것을 수용하기는 쉽지 않다. 손오공은 "절대 믿을 수 없다"고 외치는 것이다.

손오공 뿐만 아니라 모든 존재는 큰마음에서 한 발짝도 벗어나지 못한다. 그것은 모든 사물이 금목수화토의 다섯 가지 구성요소를 벗어나지 못하는 것과 같다. 그런데 손오공은 이것을 초월하고자 했으므로 오히려 그것에 갇혀 버렸다. 그리고 이제 형상에 홀려 방황하고 두리번거리는 자아를 내려놓을 때가 되었다. 오행산에 갇힌 손오공에게 주어진 옴·마·니·반·메·훔의 선물은 그에게 하나의 전체성으로 돌아갈 길을 제시한다. 산이 하나로 합쳐진 것처럼 손오공은 자아의식을 내려놓고 전체성에 합류하게 되는 것이다. 이처럼 오행산은 다섯 손가락의 다양함과 손바닥의 단일성의 함께 구현하고 있다. 옴·마·니·반·메·훔의 육자진언 역시 다양함과 단일성을 동시에 구현하고 있다. 분명히 여섯 자의 소리가 일어났지만 본심은 일어난 적도 없고 사라진 적도 없다. 손오공은 이것에 맡겨두고 모든 것이 오는 대로 수용할 뿐인 자리에 안주하게 된다. 그가 일부러 할 일은 없다. 배고픔과 목마름을 바로 알기만 하면 되는 것이다. 초근목피가 와도 그대로 먹고, 산해진미가 와도 오로지 받는 것이다. 쇠구슬이 오면 그것을 씹고, 구리 국물이 오면 그것을 마시는 것이다.

여기에서 이야기되는 옴·마·니·반·메·훔은 불교의 가장 보편화된 진언으로 원음은 '옴마니파드메훔' 쯤 된다. 현대에 이르러 가능하면 원음에 가까운 것이 좋지 않겠느냐는 의견이 제시된 일이 있고, 이를 실천하는 경우도 있다. 범어의 원음에 가까운 것을 신역이라 하여 옴마니반메훔(구역)과 구별하기도 한다. 중국의 상황도 이와 유사하다. 이것을 옮긴 '옹마니바미홍(唵嘛呢叭咪吽)'은 처음에는 원음에 근접한 최선의 발음이었을 수 있다. 당시에는 그 정확한 발음의 구현을 위해 새로 글자를 만들기까지 한 것이다. 그런데 시대가 지나면서 발음이 바뀌어 도저히 범어의 원음을 구현할 수 없게 되어 버린다. 그래서 최근에는 '옹마니빠더메홍(嗡嘛呢吧德美吽)' 등으로 바꾸어 염송하는 움직임이 나타나기도 하였다.

그렇지만 어떻게 읽고 어떻게 해석하든 그 핵심은 큰마음과 하나로 만나는데 있다. 많음과 하나와 둘이 아님에 있다. 오행산 아래의 손오공은 그렇게 알고 그렇게 수용하며 500년의 시간을 보내게 된다.

6. 쌍차령의 고난

쌍차령의 고난

이야기는 오행산에 갇힌 손오공에게서 중국의 삼장법사에게 넘어간다. 삼장법사는 중국 불교계의 지도자로서 가장 뛰어난 진리를 구하기 위해 길을 떠난다. 삼장은 중국의 국경지대에서 극진한 대접을 받는다. 불교 최고의 지도자에다가 황제와 의형제까지 맺은 신분이었기 때문이다. 그러나 삼장은 서천에 빨리 도착할 생각에 새벽 2시가 겨우 넘은 시간에 서둘러 길을 떠난다. 몇 십리를 갔을까? 삼장은 길 없는 산을 만나게 된다. 저 험한 곳을 지나갈 수 있을까? 길을 잃으면 어쩌나? 이렇게 걱정하는 중에 발을 잘못 디뎌 두 시종과 함께 함정에 빠지고 만다.

최고의 지위를 버리고 구도의 길에 나선 삼장이 대단하기는 하지만 시작부터 만만치 않은 고난을 만난다. 앞으로 거듭 확인하겠지만 삼장은 진리에 목마른 우리의 존재를 대변한다. 그리고 모든 고난은 삼장의 생각 때문에 시작된다. 생각이 요마를 불러일으키는 것이다. 삼장은 길 떠나기 전에 큰 맹세를 한다. 사원을 만나면 향을 사르고, 불상을 만나면 예배를 하고, 불탑을 만나면 청소를 하겠다는 것이다.

얼핏 생각하면 삼장의 진리를 구하는 자세는 훌륭하다. 그러나 그 맹세는 진리가 드러난 현장에 아직 눈 뜨지 못하고 있다는 자기고백이기도 하다. 진리를 특별하게 정해진 모습에서 구하는 사람은 아직 어리석다. 우선 삼장이 구하는 진리는 큰마음이라 불리기도 하다는 점을 이해할 필요가 있다. 그것이 온 세상 만사만물의 다양한 모습으로 드러나 있는 것이다. 그러니까 만사만물과 큰마음은 분리할 수 없다. 그런데 삼장과 같이 특정한 사원이나 불상, 그리고 불탑에 집중한다는 것은 지금 이 현장에 나타난 큰마음을 보지 못한다는 뜻이기도 하다. 그것은 어리석을뿐더러 잘못된 일이다. 삼장도 이러한 자기의 한계를 잘 알고 있다. 그래서 "범부의 눈이 어리석어 살아있는 부처의 진실한 모습을 알지 못합니다."는 고백을 하기도 한다. 어쨌든 이러한 한계를 가지고 있으므로 삼장에게 요마가 나타나는 것은 필연적이다.

삼장의 최초 고난은 서둘러 길을 가고자 하는 마음에서 시작된다. 도달해야 할 곳이 따로 있다면 서두르는 만큼 그 도착도 앞당겨질 것이다. 그러나 큰마음은 지금·여기를 벗어나서 찾을 수 없다. 지금·여기 나타난 하나하나의 이것들이 모두 큰마음이 드러난 현장이기 때문이다. 삼장의 맹세형식을 빌려 표현하자면 모든 곳이 사원이고, 모든 것이 부처이며, 모든 것이 불탑인 것이다. 그러나 삼장은 이 실상을 버리고 어떤 특별한 존재를 찾아가기 위해 길을 서두른다. 큰마음을 찾는 삶은 한 걸음 한 걸음 지금 이것을 통해 확인한다. 어디로 가는 걸음이 아니라 지금 이 한 걸음에서 확인하는 것이다. 이것을 답각실지(踏脚實地)라 한다. 반면 갈 곳을 정해놓고 찾는 것을 대상화하여 부지런히 걷는 것은 허공에 발을 딛는 일과 같다. 모든 발걸음이 함정을 밟고 있는 것이다. 그래서 요마의 함정에 빠지게 되는 것이다.

요마들 — 호랑이〔寅將軍〕, 곰〔熊山君〕, 소〔特處士〕

삼장이 함정에 빠지자 이마에 흰 털이 있는 호랑이 요마가 나타나 소리친다. "저것들을 잡아와라!" 삼장과 시종들이 떨고 있는 사이, 마침 곰 요마와 소 요마가 이곳을 방문한다. 호랑이 요마는 이들과 함께 두 명의 시종을 잡아먹고 만다. 삼장은 나중에 먹을 작정으로 남겨두기로 한다.

큰마음과 하나로 만나는 길이 그렇게 험난하다는 것이다. 말하기에 따라 그것은 위험한 고난의 길로 묘사되기도 하고, 원래 이것일 뿐임을 확인하는 가장 쉬운 길로 표현되기도 한다. 지금 당장의 만사만물이 모두 큰마음을 재질로 한 것이므로 모양에 상관없이 보고, 듣고, 냄새 맡고, 만지는 것으로 확인하면 된다. 그러나 이것을 몰라 특별한 모습의 큰마음을 찾는다면 그것은 무수한 우여곡절을 겪을 수밖에 없다. 호랑이, 곰, 소는 물론 무수한 악귀독충이 나타나는 것이다. 삼장에게는 중국에서 서천으로 건너가 진리를 구하기 위해 공간과 시간을 경유해야 한다는 관념이 자리 잡고 있다. 공간과 시간이라는 관념이 있으므로 이것을 빨리 통과하여 빨리 도달하고자 하는 조급함이 생기는 것이다. 그렇게 서두르는 마음이 요괴가 되어 나타난 것이다.

그렇다면 호랑이 요괴의 정체는 무엇일까? 『서유기』에서는 요마의 크기와 그 서열은 거의 반대로 나타난다. 호랑이는 흉맹함과 크기에서 일등이니까 요마의 서열로는 거의 꼴찌쯤 된다. 곰이나 숫소도 엇비

숫하여 쉽게 감지되는 거친 욕망들이 그 원관념에 해당한다. 그러니까 이제 막 진리를 찾는 길을 떠난 삼장에게 가장 거친 부분이 세 요마의 모습으로 나타나는 것은 당연한 것이다. 이들의 정체는 상호간의 대화와 그 나눠먹은 부위에 암시되어 있다. 우선 이들은 서로 만나 대화를 나누는데 곰이 호랑이 요마에게 이렇게 인사를 한다.

"호랑이 장군께서는 요즘 일이 잘 풀린다니, 축하합니다."

모든 축하는 그것을 받는 사람이 가장 소망하는 것을 겨냥한다. 곰의 인사를 통해 호랑이 요괴의 가장 큰 소망이 일이 잘 풀리는 것임을 알 수 있다. 지금 하고 있는 일이 빨리 성취되기를 바라는 속성심을 내고 있다는 말이다. 마음관찰 여행에 있어서 속성심은 큰 장애의 하나로서 길을 가로막는 호랑이쯤 된다는 것이다. 호랑이는 시종을 잡아 팔과 다리를 자기 몫으로 먹는다. 앞으로 나아갈 수단이 되는 손과 발이 잘린 것이다. 손이 없으니 어떻게 해볼 수단이 없고, 발이 없으니 앞으로 나아갈 수가 없기 때문이다. 빨리 성취하려는 마음이 일어나면 지금 이 현장의 모든 일들이 시시하게 보인다. 이로 인해 팔다리가 잘린 거친 원리주의적 관념의 몸통만 남아 앞으로 나아가지 못하게 되는 것이다.

그러니까 우리는 곰과 숫소도 삼장에게서 나온 것임을 알 수 있다. 곰과 숫소는 호랑이에 뒤이어 일어난다. 새벽에 길을 서두는 삼장의 속성심으로 인해 이중, 삼중의 장애가 발생하는 것이다. 서로 인사를 나누는 중에 곰은 자신의 근황을 이렇게 말한다.

"본분을 지킬 뿐입니다."

이 말 역시 거꾸로 해석해야 한다. 본분을 제대로 지킨다면 더 바랄게 없겠지만 곰은 이 말을 할 자격이 없다. 곰은 본분을 까맣게 잊고 몇 달씩 잠을 자는 동물이기 때문이다. 마음관찰의 길을 걷는 사람은 처음에 곰의 잠과 유사한 비자각 상태를 자주 겪게 되는데 이것을 혼침이라 한다. 이 곰은 사람을 잡아 머리를 자기 몫으로 먹는다. 머리가 없으면 밝은 관찰과 자각이 있을 수 없는 것이다.

한편 숫소는 이렇게 대답한다. "때에 따를 뿐입니다."

숫소의 이 말은 사실과 정반대이다. 순종을 모르고 고집을 부리는 것이 숫소이다. 높은 뿔을 휘두르며 어느 곳으로 날뛸지 모르는 동물로서 때를 따른다는 말은 어울리지 않는 것이다. 언제 어떤 성질을 부릴지 몰라 불안한 존재이다. 이렇게 휘젓고 날뛰는 마음상태를 도거(掉擧) 혹은 산란이라 한다. 숫소는 자기 몫으로 시종들의 심장과 간을 먹는다. 내면적 안정과 실속이 사라진 것이다.

삼장은 그 서두는 마음 때문에 이처럼 호랑이에게 잡혀 요령없이 서둘기만 하다가, 곰과 같은 혼침, 숫소와 같은 산란에 빠져 버린 것이다. 이것을 어떻게 다스릴 수 있을까, 그것이 마음관찰 여행의 최초의 숙제가 되는 것이다.

태백금성의 구원

두 요마가 삼장의 두 시종을 잡아먹고 돌아간다. 날이 밝자 삼장은 정신을 잃고 동서남북을 모른 채 묶여 있는 삼장을 태백금성이 노인의 모습으로 나타나 구해준다. 그러나 큰 길로 돌아온 삼장은 얼마 안 있어 다시 호랑이와 독사들에게 포위되고 만다.

여기에서 요마들에게 잡아먹힌 두 시종과 삼장은 한 몸이다. 그런데 이 두 시종은 아무런 역할을 하지 못한다. 그것은 마음관찰의 초입에서 관념의 지배를 받는 일을 상징하는 것이기도 하다. 시종들을 통해 현장에 직접 가지 않고도 일을 처리하는 것과 같다. 그런데 시종들이 사라졌으므로 직접 현장을 만나는 일이 일어난다. 그래서 시종이 사라져 직접 현장과 만나는 길이 되자 삼장은 잠시 반짝이는 빛을 만난다. 아침을 예고하는 태백금성이 나타난 것이다. 그러나 그것은 찰나간의 눈뜸이라 온 누리를 밝게 비추지 못한다. 사실 『서유기』는 매회 찰나적 눈뜸과 그것을 가리는 집요한 어두움의 얘기를 반복하는 구조를 취하고 있다.

그런데 우리는 해가 높이 솟은 대낮에 금성이 출현했다는 사실을 궁금하게 생각할 필요가 있다. 『서유기』에는 상징을 담기 위한 사실의 왜곡이 자주 발견된다. 낮에 나온 금성도 그렇다. 중국의 문화에서 금성은 동쪽에 있을 때는 계명(啓明), 서쪽에 있을 때는 태백(太白)으로 불린다. 『서유기』의 이 이야기에서는 태백금성으로 불리고 있으므로 서천을 가리키는 방향타로서의 의미가 강하다. 동서남북을 몰라 최초의 지향조차 잊은 삼장에게 서쪽을 가리켜 보이는 향도(向導)적 역할을 수행하는 것이다. 삼장은 그 방향지시와 밝은 비춤에 의해 큰 길로 돌아올 수 있었다.

그런데 이 금성이 밝은 대낮에 나왔다는 것이다. 샛별이자, 향도별로서의 힘이 별 소용이 없는 때인 것이다. 그래서 삼장은 구원받자마자 다시 호랑이, 뱀, 독충, 괴수 무리에게 포위당하게 되는 것이다. 마음관찰의 여행을 막 시작한 입장에서 아직 방향도 헷갈리고, 밝게 비줘보는 일도 서툴다는 말이 된다.

쌍차령(雙叉嶺)의 사냥꾼

삼장이 다시 맹수와 독충들에게 포위된 곳은 쌍차령(雙叉嶺)이라 불리는 곳이었다. 갈 길이 막힌 삼장은 몸과 마음을 포기하고 운명에 맡긴다. 이 때 유백흠(劉伯欽)이라는 사냥꾼이 나타나 그를 구해주는데, 그가 나타나자 사방을 에워싸고 있던 맹수와 독충들이 모두 저절로 사라져 버리는 것이었다.

여기에서 몸과 마음을 포기하고 운명에 맡긴다는 표현이 나온다. 삼장이 상당히 무능해보일 수도 있는 장면이다. 삼장쯤 되면 남다른 용기와 주체적 노력을 보여주어야 한다고 생각할 수 있다. 감동적인 인간승리의 드라마를 기대하는 것이다. 그러나 마음관찰의 길은 위대한 인간승리의 드라마를 요구하지 않는다. 현실을 극복하는 것이 아니라 현실을 100% 수용하고 알아차리는 것이 마음관찰의 길이기 때문이다.

마음관찰의 길에는 관찰의 주체와 관찰의 대상이 둘이 될 수 없다. 마음으로 마음을 볼 수 없기 때문이다. 그러니까 '나'라는 주체가 어떤 대상을 이기는 길이 아닌 것이다. 굳이 말하자면 내가 이기는 것이 아니라 나를 이기는 일이라 말할 수 있다. 그래서 옛 마음관찰의 명장들은 모두 나와의 싸움에서 이기고 돌아온 자라고 찬양받았다. 결국 삼라만상이 나의 마음이므로 싸움도 없고, 승리도 없다. 왼 손을 들어 오른 손과 싸우는 어리석음을 자랑할 필요가 없는 것이다. 그런 점에서 몸과 마음을 포기한 삼장은 잘 하는 중이다. 오고 가는 운명에 그대로 맡겨두고 있기 때문이다. 그러자 구원이 저절로 찾아온다.

유백흠이라는 용맹한 사냥꾼이 구원의 손길을 내민 것이다. 유백흠은 모든 것을 내려놓고 맡겨두는 삼장의 마음에서 일어난 힘이다. 그리고 그가 나타나자 사방을 에워싸고 있던 맹수, 독충들이 저절로 사라진다. 이렇게 넘치는 장애를 일거에 사라지게 하는 일이 삼장의 포기에 가까운 내려놓음으로 가능했던 것이다.

원래 삼장의 서천 여행은 진정한 탐구심에서 일어난 것이 아니었다. 그것은 막연한 선망과 황제의 격려로 시작된 것이다. 거기에는 일종의 변형된 영웅심리까지 발견된다. 그러니까 그의 마음관찰은 자기에게서 촉발된 것이 아니라 일종의 흉내에 가까운 것이다. 물론 당사자는 그것을 모른다. 나름 다 갖추었기 때문이다. 삼장만 해도 집중과 관찰이라는 두 시종을 좌우에 거느리고 있었다. 그러나 그것은 아무 것도 해결할 수 없었다. 삼장은 최초의 고난이 있고 나서야 그것을 알게 된다. 삼장은 두 시종이 요마들에게 잡아먹히는 것을 목도하고 절망하게 된다. 자기의 예상이 모두 벗어난 자리에서 삼장은 도대체 길이 있기나 한 것인지조차 모를 막막한 입장이 된다. 그래서 삼장은 아예 포기하듯 모든 것을 내려놓는다. 이 때 전혀 다른 차원의 사유가 열린다. 간절한 마음 그 자체, 오직 모를 뿐인 이것, 모든 의식작용을 빨아들이는 하나의 궁금증의 장력이 생긴 것이다. 옛 마음관찰자들은 이것을 '갑자기 문득 일어난 간절한 궁금증'이라 불렀다. 이것은 자기 스스로에게서 촉발된 동력으로서 용맹한 사냥꾼 유백흠이 그것을 상징한다. 이 진짜 궁금증 앞에서 모든 장애가 힘을 상실하고 만다. 그것이 스스로에게서 촉발된 진짜 궁금증이므로 모든 노력이 힘을 발휘하게 되는 것이다. 그래서 유백흠이 나타나자 모든 맹수, 독충이 일시에 사라진 것이다.

육식 유백흠과 채식 삼장의 겸상

유백흠은 삼장을 자기 집으로 초대한다. 돌아가는 중에 호랑이까지 한 마리 잡아 삼장에게 대접해주기로 한다. 그러나 삼장은 자신이 육식을 하지 않음을 밝힌다. 고기를 먹느니 차라리 굶어죽는 길을 택하겠다는 것이다. 유백흠의 모친이 그 사정을 듣고는 고기냄새가 밴 솥을 잘 씻어 나물반찬과 강냉이밥을 지어 올린다. 삼장은 염불을 하고 유백흠과 겸상으로 식사를 한다. 그리고는 각종 살벌한 무기와 호랑이 가죽이 널려있는 정자를 구경한다. 삼장은 그 살벌함을 견디지 못하고 정원으로 나온다. 거기에는 유백흠이 키우는 사슴과 노루가 노닐고 있다.

굶어 죽더라도 육식은 하지 않겠다는 삼장의 태도에서 우리는 삼장의 계율을 지키려는 의지를 확인할 수 있다. 그렇지만 여기에서 우리가 주목할 것은 육식의 의미이다. 유백흠은 저녁식사로 호랑이 고기, 노루 고기, 뱀 고기, 여우 고기, 토끼 고기를 쟁반 가득 담아 먹는다. 앞에서 얘기한 것처럼 유백흠은 간절한 궁금증과 그에 기반한 노력을 상징하는 인물이다. 그것은 호랑이 등 맹수가 상징하는 장애를 잡아먹는 힘이기도 하다. 요컨대 장애를 식량으로 삼아 식사를 하는 것이다. 이와 함께 진정한 궁금증의 힘이 커가는 것이다.

그런데 이 유위적 노력은 막강한 힘을 발휘하지만 그 한계도 분명하다. 탐구하는 주체와 탐구의 대상이 둘로 나뉘어 있는 상태이기 때문이다. 사냥에 비유해서 말하자면 이곳은 죽이고 죽는 피비린내가 진동하는 현장이다.

이에 비해 삼장의 채식은 무위적 수행, 맡겨놓는 길을 상징한다. 아직 힘을 얻지는 못했지만 그것은 앞으로 육식을 대신할 길이다. 여기에서 채식을 하는 삼장이 육식을 하는 유백흠과 겸상을 했다는 점은 의미심장하다. 그들이 한 상에서 식사를 했으니까 육식과 채식의 공존이라 할까? 유위적 노력과 무위적 내려놓음의 공존이라 할까? 그런 상태에 있다는 말이 되는 것이다.

원래 유백흠이 상징하는 진정성 있는 의심도 결국은 주체와 대상을 나누는 이원적 차원의 일이다. 그래서 나도 있고 사냥하는 대상도 있는 것이다.

그렇다면 『서유기』에서 말하는 채식과 육식의 질적인 차이는 무엇인가? 채식에는 식량을 얻기 위한 살벌한 분투가 없다. 무엇보다 채식은 시절의 도래를 기다려야 한다. 산나물이 날 때를 기다리고, 강냉이가 익기를 기다린다. 주체의 과도한 노력은 아직 자라지 않은 싹을 잡아 올려 억지로 키우는 조장(助長)이 된다. 채식이 이렇게 주어진 것을 받는 일이므로 우리는 그것을 감사히 받아 수용한다. 그럼에도 불구하고 아직 목숨을 걸고 싸워서 식량을 얻는 유백흠은 중요하다. 마음관찰의 초입에는 애를 쓰는 유위적 노력이 있어야 한다는 말이다. 육식하는 유백흠과 채식하는 삼장이 겸상을 하는 이유가 여기에 있다.

삼장의 음식이 고기를 요리하던 솥에서 지어졌다는 것도 이것을 말하고 있다. 아무리 깨끗이 씻었다 해도 고기냄새를 완전히 없앨 수는 없다. 무위적 내맡김의 싹이 트기는 했지만 지속하여 물을 주는 유위적 행위가 여전히 한 몫을 하고 있다는 뜻이다.

이러한 육식과 채식의 겸상은 큰마음에 눈뜬 이후 사냥꾼들 사이에서 살았던 혜능의 이미지와 겹친다. 혜능은 큰마음에 눈을 뜬 뒤 사냥꾼들 속에서 은둔생활을 이어간다. 이 때 그는 고기를 먹는 사냥꾼들 속에서 채식을 하며 지냈다고 하는데 이를 육변채(肉邊菜)라 불렀다. 그것은 고기요리에 들어있는 나물을 건져먹거나 그 옆에 곁들여 조리하는 방식이었을 것이다. 당시의 혜능은 지금 이 현장 이대로 완전한 큰마음을 확인한 상태였다. 그럼에도 아직 배어있는 고기냄새와 같은 습관의 힘을 지우고 있는 중이었다고 해석하는 관점들이 많이 있다.

유백흠이 기르는 사슴과 노루 역시 이러한 상황을 상징하고 있다. 마음관찰의 여행에 들어서면 대부분 처음에는 처절한 싸움을 통한 승리를 지향한다. 그러나 본격적인 여행에 들어가면 그 확인한 바를 잘 보호하여 기르는 일이 필요하다. 그것은 태아를 잘 품어 기르는 일에 비유될 수 있다. 유백흠의 정원에서 기르는 사슴과 노루가 그것이다. 그들이 충분히 자라면 이제 살벌한 사냥은 없어도 되는 것이다.

한편 삼장의 밥을 짓는 그 솥을 우리의 몸과 마음에 비유할 수 있다. 우리의 심신은 모든 장애의 진원지로서 그것은 고기 냄새가 밴 솥과 같다. 그런데 다른 한편으로 몸과 마음의 작용을 통해서만 전체로서 하나인 큰마음을 알아챌 수 있다. 그러니까 몸과 마음은 형상으로 우리를 가두는 감옥인 동시에 큰마음을 만나는 접점인 것이다. 여러 의미에서 삼장의 채식은 육식을 하는 유백흠의 솥을 빌릴 수밖에 없다. 다만 거기 남은 비린내를 쉽게 가실 수 없듯 심신의 구속력은 오랜 시간을 두고 풀어야 하는 숙제가 된다.

쌍차령에서 하루 더 묵는 삼장

그 때 마침 유백흠의 집에서는 돌아가신 부친을 위한 제사를 준비하고 있었다. 안성맞춤으로 스님이 왔으니 가족들이 재를 지내줄 것을 부탁한다. 삼장은 유백흠의 집에서 하루 더 묵으며 그 죽은 부친의 재를 지내준다. 그 일로 죽은 부친이 고난을 벗어나 환생의 길을 걷게 된다. 그리고 가족에게 죽은 부친이 나타나 삼장의 기원으로 고난을 벗었다는 말을 하게 된다.

삼장은 처음에는 날이 밝기도 전에 길을 떠나며 그렇게 서두르더니 이번에는 느긋하게 하루를 더 묵고 있다. 왜일까? 그것이 쌍차령의 비밀이다. 쌍차령은 '두 갈래 길의 고개'라는 뜻이다. 하나의 같은 길이지만 능선을 기준으로 산의 이쪽과 저쪽의 둘로 나뉘는 것이다. 산의 한 쪽은 사냥의 길, 다른 한 쪽은 내려놓음의 길이다. 한 쪽은 육식의 길, 다른 한 쪽은 채식의 길이다. 그리고 그 둘이 겸상으로 함께 하는 자리가 쌍차령이다. 그런데 여기에는 푹 잠겨 머물러도(留) 된다. 관념화가 일어나지 않는 자리에 익숙해질 필요가 있기 때문이다. 과거의 오래 묵은 습관을 내려놓는데 시간이 필요하기 때문이다. 벌써 유백흠의 성씨에는 '머물라(劉=留)'는 뜻이 숨어 있다.

그렇다면 삼장은 왜 쌍차령을 떠나는 것일까? 때가 와서 그 자리를 떠나는 것이지 주체적으로 결정한 것은 아니다. 그것은 죽은 유백흠의 부친이 고난을 벗게 된 일과 관련되어 있다. 원래 삼장이 마음관찰의 여행을 떠난 것은 산 자는 물론, 죽은 자까지 함께 건져주는 길을 찾기 위해서였다. 삼장은 유백흠의 부친에게 제사를 지내주면서 옛 마음관찰자들의 길안내에 해당하는 다양한 대승경전을 읽어준다. 이미 이 자리에서 여행의 목적인 그 일이 일어난 것이다. 그래서 죽은 자를 제도한다는 말을 그대로 이해하면 안 된다. 그것은 '지금 이것'은 아니라는 거듭된 부정이 '모든 이것'이 바로 그 일이라는 거듭된 긍정으로 되살아나게 되었음을 상징하는 사건이다. 그것은 종교적 부활이 상징하는 바이기도 하다.

삼장은 진지한 궁금증에 잠겨 지내면서 문득문득 큰마음의 눈부신 세계를 엿보고 있다. 주체와 객체의 상대적 차원이 함께 무너질 시기가 된 것이다. 삼장이 쌍차령을 떠난다는 것은 고개의 저쪽에 있는 분별의 차원, 그 상대성의 세계를 떠난다는 뜻이 된다. 이것을 둘 아닌 자리로 되돌아왔다고 말해도 된다.

양계산을 넘지 못하는 유백흠

유백흠은 죽은 부친을 제도해 준 삼장을 보호해 산길을 배웅한다. 그런데 반나절쯤 갔을까? 양계산(兩界山) 중턱에서 유백흠이 갑자기 작별인사를 한다. 두 경계를 나누는 이 산을 기준으로 저쪽의 맹수들은 자신에게 복종하지 않는다는 것이 그 이유였다. 삼장은 눈물을 흘리며 아쉬워한다.

유백흠은 왜 저쪽의 맹수들은 지배할 수 없다는 것일까? 그 차원이 다르기 때문이다. 유백흠과 쌍차령은 의식적 노력을 통해 도달할 수 있는 유위적 공부의 차원을 상징한다. 그러한 남다른 노력이 있었기 때문에 양계산의 오르막을 따라 중턱까지 올라갈 수 있었다. 그런데 그 고개 너머는 내리막길이라서 열심히 걸으려는 노력이 오히려 방해가 된다. 그냥 맡겨두면 저절로 걸음이 떼어지는 길이 시작되는 것이다. 마음관찰의 여행에도 이렇게 맡겨두어야 하는 내리막길이 나타난다. 그 때에는 개인적 주체가 있다는 생각, 진리를 찾기 위해 무엇인가 노력해야 한다는 생각까지 말끔히 내려놓아야 한다. 그러면 일부러 나아가지 않아도 삼라만상이 큰마음의 드러남이라는 것이 저절로 확인된다. 산길을 내려가는 것처럼 쉬워지는 것이다. 삼장은 쌍차령의 내리막을 내려가면서 그 내려놓는 길에 익숙해졌다. 그리고 새로운 산을 만난 것이다. 그것은 순수한 내려놓음으로 들어가는 산이다. 맹수를 사냥하듯 대상과 싸우는 유백흠의 방식으로는 들어갈 수 없다. 저쪽의 맹수들은 자신에게 복종하지 않는다는 유백흠의 말이 이 뜻이다.

그런데 어차피 헤어질 것을 삼장은 왜 눈물까지 흘리며 아쉬워하는 것일까? 진정성 있는 절실한 의심이 일어나면 이 마음관찰의 여행이 깊어지는 것을 자각할 수 있다. 우주를 덮을 것 같은 자신감이 넘친다. 이 막강한 자기존재감은 극히 매력적이라 내려놓기 어렵다. 사실 쌍차령의 고개를 넘어 내리막길을 걸을 때부터 삼장은 저절로 걷고 있었다. 그런데 그것을 유백흠에게 안내받고 있다고 생각한 것이다. 자기의 노력 때문에 그 일이 일어나고 있다고 생각한 것이다. 이처럼 마음관찰의 여행에는 습관 같은 것이 남아 있어 억지로 내려놓아지지 않는다. 또 그럴 필요도 없다. 그것은 일종의 안전벨트와도 같기 때문이다.

정말 제대로 착륙했는지 거듭 확인하는 절차가 필요한 것이다. 여기까지가 쌍차령이다. 그러나 안전이 확인되면 이제 벨트를 풀고 큰마음의 땅에 직접 발을 디뎌야 한다. 이것이 유위적 노력과 무위적 내려놓음을 가르는 경계인 양계산에서 해야 할 일이다. 다만 삼장은 열심히 잘하고 있던 유위적 노력을 내려놓는 것이 못내 아쉽다. 그래서 조금만 더 같이 가 달라며 섭섭해 우는 것이다.

7. 삼장과 손오공의 만남

양계산과 오행산

삼장법사가 양계산(兩界山)의 자락에 이르자 어디에선가 "사부님이 오셨다!"는 소리가 들려온다. 양계산 아래에 갇혀있는 손오공이 내는 소리였다. 그는 자신을 데리고 마음관찰의 여행을 떠날 삼장을 알아본 것이다. 삼장이 다가가보니 돌산에 갇혀 두 손과 머리만 내놓은 원숭이가 보였다. 500년의 긴 세월을 갇혀 있어서 얼굴에는 풀이 나고 흙이 쌓여 있었다. 사냥꾼 유백흠이 다가가 풀을 뽑아주고 흙을 털어준다.

원래 손오공이 갇힐 때 이 산의 이름은 오행산이었다. 그러나 이 산은 삼장에게는 서로 다른 차원을 가르는 양계산이 된다. 말하자면 손오공의 입장에서 보면 오행산이고, 삼장의 입장에서 보면 양계산이 되는 것이다. 우선 손오공의 입장에서 그것은 오행산이다. 손오공은 오행산에 갇혀있지만 머리와 손을 움직일 수 있다. 일부는 구속되고 일부는 풀려나 있는 것이다. 마음과 물질성분(五行)의 관계가 바로 그렇다. 개체의 마음은 물질의 지배를 받는다. 그래서 그 얼굴에 풀이 나고 흙이 쌓이는 것이다. 그러나 그 본질인 큰마음은 애초 구속된 적이 없다. 손오공과 오행산의 관계 역시 그러하다. 한편 구도의 길을 걷는 삼장에게 그것은 두 세계를 나누는 양계산이 된다. 이쪽은 분별적 이원사유의 차원이고, 저쪽은 불이중도를 실천하는 세계이다. 이쪽은 유백흠이 상징하는 분투와 노력의 차원이고, 저쪽은 풀려난 손오공이 상징하는 무위 관찰의 차원이다.

풀려나는 손오공

삼장은 양계산의 옴 · 마 · 니 · 반 · 메 · 훔의 황금 글자를 떼어 손오공을 풀어준다. 옴 · 마 · 니 · 반 · 메 · 훔은 큰마음이 드러나는 최초의 빛이다. 그래서 진짜 말(眞言)이라 하는 것이다. 이 옴 · 마 · 니 · 반 · 메 · 훔의 진언은 형상을 갖지만 전체성을 상실하지 않기 때문에 큰마음과 분리되지 않는다. 그런데 왜 이것을 왜 떼어 내어야 하는가? 과거의 손오공처럼 자아에 집착하는 상황에서는 압도적인 절대의 자리를 보여 그것을 누를 필요가 있다. 그래서 옴 · 마 · 니 · 반 · 메 · 훔은 황금글자로 쓰여 있다. 황금이므로 모든 것을 압도하는 것이다. 그럼에도 이 황금 글자 역시 실체는 아니다. 황금 그 자체인 세상만물에 비하면 역시 제한적이다. 그러니까 황금 그 자체인 세상만물을 한꺼번에 취하려면 황금과 모래를 나누는 습관을 내려놓아야 한다. 그래서 손에 잡은 것을 내려놓아야 하는 것이고, 이를 통해 손오공이 풀려나게 되는 것이다.

사냥꾼 유백흠이 삼장을 떠나는 일은 특히 중요하다. 원래 『서유기』에서 삼장과 함께하는 인물들은 항상 마음관찰 여행의 어떤 특정한 일을 상징한다. 거듭 살펴보았지만 유백흠은 노력과 의지의 상징이다. 그것은 여행의 출발에는 극히 중요한 동력이 되지만 나중에는 그 자체가 장애가 될 수 있다. 자아의 의지가 개입하기 때문이다.

얘기를 바꿔 우리는 마음관찰 여행의 실천과제인 불이중도를 생각으로 이해할 수 있을까? 선과 악이 둘이 아니라는 말을 이성적 사유로 이해할 수 있을까? 이해 못할 것도 없어 보인다. 그런데 사실은 그렇지 못하다. 나라는 주체의식이 지워지지 않으면 그것은 결코 알 수 없는 차원의 일이기 때문이다. 요컨대 불이중도는 그 속에 잠겨 하나로 만나는 일이지 나라는 주체가 알거나 생각으로 이해할 수 있는 개념이 아니다. 이제까지 삼장은 개인적 의지(유백흠)의 힘으로 양계산 정상에까지 이르렀다. 그것은 대견한 노력을 수반하지만 제대로 된 여행이 아니다. 그래서 칡넝쿨(葛)과 등넝쿨(藤)에 의지해 올라간다는 묘사가 나오는 것이다. 칡넝쿨과 등넝쿨의 한자를 연결하면 갈등(葛藤)이 된다. 그러니까 삼장의 노력은 형상적으로 볼 때 분별적 이원사유의 두 넝쿨이 서로 얽히는 일로 묘사되고 있는 것이다. 옛 마음관찰의 대가들은 이원적 사유에 의지하는 참선을 갈등선이라 불렀다. 그러니까 아직 삼장은 스스로 주체와 대상세계를 세워 그 둘을 원료로 삼아 분별적 갈등의 새끼줄을 꼬고 있는 중이다. 이 단계를 벗어나려면 노력의 화신인 유백흠이 물러나야 한다. 수행한다는 주체의식이 사라지면 갈등의 새끼줄을 꼬는 한쪽의 줄이 사라지는 셈이 되기 때문이다.

손오공의 호랑이 가죽옷

유백흠이 돌아가고 삼장과 손오공의 본격적인 여행단이 꾸려진다. 그런데 둘이 양계산을 지나자마자 호랑이가 한 마리 나타난다. 손오공이 이것을 반가워하며 귓속에 감춰두었던 여의봉을 꺼내 단번에 때려죽인다. 그리고는 가죽을 벗겨 둘로 나눠 반쪽을 간직하고 나머지 반쪽을 옷 대신 두른다. 날이 저물자 손오공은 삼장을 안내하여 인가에 머물면서 바늘을 빌려 두 쪽의 호랑이 가죽을 하나로 꿰매 입는다. 이것을 본 삼장이 전에 입던 낡은 흰 도포를 내주어 그 안에 받쳐 입게 한다.

마음관찰의 여행을 하는 동안 중요한 지점마다 호랑이가 나타난다. 『서유기』에서 대부분의 장애는 동물로 형상화되어 나타난다. 백수의 왕인 호랑이는 특히 그 출발지점에 자주 나타난다. 쉽게 감지되는 장애에 대한 상징이기 때문이다. 그런데 여기에서 손오공이 잡은 호랑이는 유백흠이 잡은 호랑이와 다르다. 유백흠의 단계에서 호랑이는 내가 싸워서 이겨야 할 대상이다. 해결하려는 주체와 해결할 대상이 둘로 분명한 것이다. 그래서 유백흠은 호랑이를 잡아 껍질을 벗겨내고 그 안의 고기를 먹는 것이다. 싸우는 주체가 있기 때문에 그 싸움의 결과를 소유하고 향유하는 일이 있는 것이다. 또한 무엇인가 껍질과는 다른 본질이 그 속에 있다고 생각하는 단계를 상징하는 것이기도 하다. 반면 손오공의 밝은 눈에 겉가죽과 구별되는 호랑이는 따로 존재하지 않는다. 그 외적 형상에 큰마음이 드러나 있음을 아는 것이다. 그래서 겉껍질을 버리지 않고 자신의 옷으로 입는 것이다.

그런데 여기 생각해볼 문제들이 있다. 우선 손오공은 호랑이의 가죽이 너무 크다는 이유로 둘로 잘라 한 조각만 걸친다. 본래 하나인 것을 둘로 잘랐으니까 분별적 이원사유가 작동한 것이다. 그럼에도 손오공은 유백흠보다 한 차원 높다. 다른 한 쪽을 버리지 않고 간직했기 때문이다. 손오공은 둘이 아닌 이치를 알고는 있지만 아직 몸소 실천은 안 되는 상황에 있는 것이다. 더구나 그렇게 둘로 나눈 가죽을 칡과 등 넝쿨로 묶는다. 앞에서 말한 바와 같이 칡(葛)과 등나무(藤)를 합하면 갈등이 된다. 관찰에 의하면 칡은 오른쪽으로 감고, 등은 왼쪽으로 감는다. 둘이 만나면 단단히 얽혀 풀 방법이 없는 것이다. 가죽을 둘로 나눈 것, 그것을 묶는 것이 칡과 등 넝쿨이었다는 것은 지금 이 마음관찰 여행자가 분별적 이원사유에 지배되고 있는 상황임을 말해준다.

손오공의 새로운 옷차림

옷차림과 관련하여 손오공은 분별적 이원사유와 불이중도 사이를 왔다 갔다 하는 중이다. 호랑이를 잡아 옷으로 입은 것은 전진이다. 나와 대상, 현상과 본질이 둘 아님을 안 것이기 때문이다. 가죽을 둘로 나눈 것은 후퇴이다. 둘로 쪼개 하나를 선택했기 때문이다. 그것을 칡과 등 넝쿨로 묶은 것은 이보 후퇴에 해당한다. 이분법의 생각이 새끼줄을 꼬는 상황이기 때문이다.

그리고 이제 인가에서 바늘을 빌려 대충 꿰맨 것은 일보 전진에 해당한다. 이를 통해 둘로 나뉘었던 조각이 하나로 만났으므로 분별적 생각을 멈춘 일이 되기 때문이다. 그것을 묶는 끈도 칡과 등 넝쿨을 쓰던 것에서 등 넝쿨만 쓰는 것으로 바뀐다. 이분법의 생각이 새끼줄을 꼬지 못하게 되었으므로 반보 전진이라 할 수 있다. 종래의 습관과 새로운 눈뜸이 교차하고 있는 중인 것이다. 여기에 삼장이 속에 입던 낡은 흰 도포가 등장한다.

삼장의 낡은 흰 옷은 왜 나온 것일까? 삼장은 목욕을 하면서 벗어놓았던 흰 옷을 손오공에게 준다. 이에 손오공은 낡은 흰 옷을 안에 입고, 밖에 호랑이 가죽을 걸친다. 이와 관련하여 우리는 흰 색과 호랑이 무늬의 관계를 볼 필요가 있다. 흰 색의 속옷은 본질, 호랑이 가죽 무늬는 현상이다. 그것을 함께 입었으므로 현상과 본질의 통일을 지향하는 옷차림이 된 것이다. 그래서 삼장은 그 복장을 보고 마음관찰 여행자의 차림이라고 좋아한다.

그런데 이게 나중에 문제를 일으킨다. 우리는 그것이 삼장이라는 스님이 입던 낡은 흰 옷이었음을 주목해야 한다. 삼장의 흰 옷은 원리가 따로 있다는 때묻은 관념을 상징한다. 그래서 때가 묻은 낡은 옷으로 묘사된다. 또한 그것은 현실과 유리되어 있다는 점에서 흰 옷이다. 그러니까 흰 옷은 순수한 절대가 있다는 관념을 대변한다. 그 순수한 무엇을 지키기 위해 관념적으로 집착하는 경우가 많다. 절대적인 무엇을 지키면서 세상의 때에 오염되지 않기 위해 의식적으로 추구하는 일이 있는 것이다. 그러한 흰 옷을 손오공이 받아 입은 것이다. 큰마음은 오염되는 일이 없다. 그렇지만 사람들은 오염과 청정을 둘로 보는 관점을 쉽게 버리지 못한다. 그래서 때를 타는 흰 옷이 문제가 된다는 것이다. 어쨌든 손오공의 복장은 본질과 현상을 통일적으로 보고 있다는 점에서 형식적으로는 일단 기본을 갖춘 복장이 된다.

여섯 도적들

다음날 길을 가는데 여섯 명의 도적이 나타나 가진 것을 내 놓으라 한다. 그들은 눈으로 보고 기뻐함〔眼看喜〕, 귀로 듣고 분노함〔耳聽怒〕, 코로 맡고 애착함〔鼻嗅愛〕, 혀로 맛보고 생각함〔舌嘗思〕, 뜻으로 보고 욕망함〔意見慾〕, 몸은 본래 걱정함〔身本憂〕으로 불리는 도적들이었다. 그 각각의 성과 이름이 안이비설신의(眼耳鼻舌身意)에 기초한 집착을 드러내고 있다. 손오공은 이들을 모두 죽여 버리고 그들이 갖고 있던 돈과 옷을 취한다. 왜 굳이 모두를 죽여야 했을까? 이로 인해 삼장이 손오공을 심하게 꾸짖는다. 손오공의 잔인함 때문에 마음관찰 여행을 제대로 할 수 없게 되었다는 것이다. 이에 손오공은 화를 참지 못하고 동쪽 화과산으로 돌아가 버린다.

여기에서 여섯 도적의 이름이 가리키는 바는 분명해 보인다. 그것은 인간의 현주소가 밝혀져 있는 일종의 신분증 같은 것이다. 원래 눈, 귀 등의 여섯 가지 감각기관에는 선악이 없다. 가치중립적인 것이다. 그런데 대상이 나타나면 바로 자아의식이 여기에 개입하여 시비호오의 반응을 한다. 기뻐하고, 분노하고, 애착하는 등의 반응이 있게 되는 것이다. 이러한 반응이 마음관찰을 방해하므로 이들을 도적이라 부르는 것이다.

그렇다면 이 도적들을 어떻게 처리할 것인가? 도적을 상대하는데 잘 방비하는 일만큼 효과적인 일은 없다. 어떻게 방비할 것인가? 처음부터 문제는 자아의식에 있었다. 그것이 캄캄한 밤을 불러오고 여섯 도적들이 활개 치도록 부추기는 원흉이었다. 그러니까 자아의식이 일어나는 자리를 잘 살피는 일이야말로 도적에 대한 최선의 방비책이 되는 것이다.

손오공은 여섯 도적을 죽여 버렸다. 문제의 소지를 아예 없애버리겠다는 것이다. 그런데 큰마음은 눈에 보이고 귀에 들리는 현상을 통해서만 드러난다. 감각기관에 지각되는 현상들이 모두 큰마음을 확인하는 통로가 되는 것이다. 이것을 손오공이 죽여 버린 것이다. 그래서 삼장이 손오공을 꾸짖는 것이다. 큰마음을 확인하는 지점이 사라져버렸기 때문이다.

손오공이 여섯 도적을 때려죽인 것은 일종의 종교적 원리주의에 해당한다. 손오공은 큰마음의 현장을 이론으로 재단하고자 하고 있다. 그가 삼장이 벗어놓은 낡은 흰 도포를 입었다는 것을 기억해야 한다. 그 흰 옷에 묻은 때는 낡은 관념, 혹은 관념의 때이다. 여기에 불이중도의 실천을 상징하는 호랑이 옷은 임시로 몸을 가릴 수준에 머물러 있다. 그러니까 여섯 가지 지각작용을 멈춰 시비호오의 파도를 없애려는 관념적 태도가 일어나게 된 것이다. 500년간 마음을 움직이지 않았다고 하지만 그 움직이지 않는 집중이라는 것도 이렇게 밝은 관찰이 없으면 무력한 것이다. 그것은 아예 여행을 시작하기 전의 최초의 자리와 다를 게 없다. 그래서 손오공은 최초의 출발지인 동쪽 바다로 돌아가게 되는 것이다. 참으로 마음관찰 여행은 무수한 시행착오의 연속이다.

손오공의 비단옷과 금테모자

손오공이 동쪽으로 돌아간 뒤 혼자 남은 삼장에게 관세음보살이 나타난다. 관세음보살은 비단 옷과 꽃무늬 금테 모자를 주면서 손오공을 통제할 주문을 알려준다. 마침 마음을 고쳐먹고 돌아온 손오공이 이 비단 옷을 입고 금테 모자를 쓴다. 그러자 신기한 일이 일어난다. 삼장이 주문을 외자 모자의 금테가 손오공의 머리를 죄어 꼼짝 못하게 하는 것이었다. 손오공은 완전히 항복을 하고 만다.

손오공의 복장이 계속 중요하게 다뤄지고 있다. 왜 흰 옷 대신 비단옷일까? 얼핏 생각하면 견습생인 손오공에게 비단옷은 잘 어울리지 않을 것 같기도 하다. 그러나 여기에서 그것은 두 가지 측면에서 금상첨화(錦上添花), 즉 비단에 꽃 더하는 일에 해당한다. 우선 비단옷은 호랑이 가죽과 어울려 금상첨화가 된다. 손오공은 흰 옷〔때묻은 관념〕을 벗어버리고 이것을 입는다. 흰 옷으로 상징되는 별도의 본질이 있다는 생각을 내려놓은 것이다. 마음관찰의 거장들은 만물이 있는 그대로 마음임을 역설한다. 호랑이 가죽〔현상〕과 흰 옷〔본질〕 사이를 오가며 관념의 조작을 하지 말고, 이 현장의 무늬와 색깔이 그대로 마음임을 확인하라는 것이다. 그런 점에서 이 비단옷과 호랑이 겉옷은 드러난 현상이 그대로 본질임을 알아차리는 옷차림이 되는 것이다.

한편 비단 옷과 꽃 모자도 그 자체가 금상첨화이다. 현상 그대로 본질임을 알려면 주체가 끼어들어 자기를 주장하면 안 된다. 그것이 모자의 금테가 하는 일이다. 이것이 머리를 죄면 손오공이라는 주체는 완전히 항복하게 되기 때문이다. 이렇게 손오공이 항복한 자리에 여섯 감각기관의 지각작용이 나타나면 어떻게 될까? 가치중립적인 바른 지각이 일어난다. 혀의 감각기관에게 묻는다면 찬 물은 차고, 따뜻한 물은 따뜻하다고 있는 그대로 말할 것이다. 차기 때문에 싫다거나 따뜻해서 좋다고 참견할 주체가 없기 때문이다. 이것이 있는 그대로 큰마음임을 확인하는 비단옷이다. 이렇게 하여 여섯 감각기관이 시비호오의 가치판단작용을 멈추면 있는 그대로 완성되어 있음을 확인하는〔成所作智〕 일이 일어나는 것이다. 다만 손오공은 이제 겨우 그 단초를 본 정도에 머물러 있다. 시비분별의 파도에서 코를 내밀어 겨우 익사를 면하게 된 정도라 할까?

주문의 작용

그런데 머리테를 조여 손오공을 꼼짝하지 못하게 한 주문은 무엇일까? 『서유기』에서는 구체적으로 그것이 무엇인지 밝히지 않고 있다. 다만 모든 주문은 큰마음과 하나로 만나도록 하는 첩경으로 작용한다. 원래 모든 주문은 잃지 않고 유지하는 기능〔能持〕과 장애를 막는 기능〔能遮〕을 갖고 있다. 그러니까 주문은 마음관찰의 바른 길을 잃지 않게 하고, 자아의 발호와 그로 인한 착각을 막아 주는 것이다. 오행산에 손오공을 가둘 때의 옴 · 마 · 니 · 반 · 메 · 훔은 주로 막는 기능으로 쓰였다. 500년간 이 주문이 분별적 생각을 움직이지 못하게 막았던 것이다. 그런데 이번에 새로 주어진 주문은 잃지 않고 지속하게 하는 기능이 강하다. 지금 삼장과 손오공은 온 우주가 나와 둘이 아니라는 마음관찰의 진리를 현장실습하고 있다. 그런데 분별적 이원사유의 습관 때문에 그 둘 아닌 큰마음을 확인하는 일을 자꾸 잊게 된다. 생각해보면 앞에서 손오공은 호랑이 가죽을 하나로 기워 입는 차원에 도달했다. 현상으로 나타나는 모든 것이 둘이 아님을 체험한 것이다. 그런데 여섯 도적이 나타나자 이 체험의 현장에서 벗어나 다시 그 불편한 장애를 대상화하여 제거하려 하는 일이 일어난다. 주체와 대상이 둘로 나뉜 것이다. 이로 인해 삼장과 손오공이 동과 서로 갈라서게 되었던 것이다.

그래서 잊지 않고 지속하도록 하는 능지(能持)로서의 주문이 다시 주어진다. 그것을 잊을 때마다 이 주문이 큰마음과 하나로 만나는 자리로 다시 데려다주는 것이다. 그러니까 이 주문에는 손오공이라는 자아를 항복시키는 기능과 잃어버린 것을 바로 기억하게 하는 기능이 함께 있는 것이다.

그런데 『서유기』에 수결을 맺고 주문을 외는 장면이 자주 나타나는 이유는 무엇일까? 『서유기』는 불교의 다양한 실천적 지혜를 두루 수용하고 있다. 그래서 참선, 염불, 간경, 주문 등의 수행체계가 혹은 독립적으로 혹은 뒤섞여 수행의 길로 제시되고 있는 것이다. 그 중 주문은 원래 티벳밀교의 핵심적 실천방법에 해당한다. 그래서 『서유기』의 주문을 외는 장면은 특히 원(元)나라에서 티벳밀교를 국교로 신봉했던 역사적 상황과 관련이 있다. 몽고의 쿠빌라이는 티벳밀교의 종교적 권위를 빌어 한족문화와의 긴장관계를 유지하고자 하였다. 티벳밀교의 핵심은 주문에 있었으므로 바로 그 뒤를 잇는 명나라 시대 불교가 그 영향을 깊게 받지 않을 수 없었다. 『서유기』는 이러한 명나라의 불교풍토를 반영하고 있어서 수결을 맺고 주문을 외는 장면이 자주 나타나게 된 것이다.

한편 우리나라에 『천수경』 등의 밀교수행법이 널리 퍼진 것 역시 고려시대 몽고에 침략당해 일정 기간 동안 그 지배를 받았던 상황과 관련이 있을 것으로 생각된다. 이와 관련하여 최근 한국의 불교계에서는 전통적으로 내려온 옴 · 마 · 니 · 반 · 메 · 훔의 발음이 원음과 차이가 있다 하여 옴 · 마니 · 파드메 · 훔으로 고쳐서 외워야 한다는 주장이 제기된 바 있다. 앞의 것을 옛 번역이라 하고 옴 · 마니 · 파드메 · 훔을 새 번역이라 한다. 그렇지만 발음의 정확성과 마음관찰 여행의 성취 사이에는 큰 상관관계가 있는 것 같지는 않다. 이 주문의 발음과 관련하여 중국에 잘 알려진 전설이 있다. 관세음보살이 돼지 등의 축생들을 제도하기 위해서 파리가 되었다는 것이다. 그렇게 돼지우리에 살면서 계속 '엥(옴)' 소리를 내고 있다는 것이다. 옴 · 마 · 니 · 반 · 메 · 훔의 첫 소리를 내는 이 파리날개 소리를 듣고 돼지들이 해방을 얻게 된다고 한다. 그것은 주문의 수행에 있어서 발음의 정확성과는 큰 상관이 없을뿐더러 세상의 모든 소리가 큰마음을 증명하고 있다는 관점을 웅변적으로 보여주는 이야기이다. 사실 주문을 원리적으로 생각해보면 소리가 일어나는 모든 현장은 큰마음이 드러나는 자리이다. 마찬가지로 형상이 일어나는 모든 현장 역시 큰마음이 나타나는 자리이다. 그러니까 모든 소리, 모든 형상이 나타나는 현장에서 큰마음을 확인하는 것이 주문수행의 본질을 이루고 있는 것이다.

8. 저팔계의 귀순

오사장국의 돼지 요괴

마음관찰 여행을 계속하던 삼장과 손오공은 날이 저물어 한 마을에 들어가 묵기로 한다. 이 마을은 오사장국(烏斯藏國)의 고씨 집성촌이었다. 손오공은 한 소년을 통해 고씨 노인의 집에 돼지 요괴가 데릴사위로 살고 있음을 알게 된다. 손오공은 그것을 반가워하며 자신이 그 요괴를 쫓아낼 수 있다고 나선다. 소년은 삼장과 손오공을 고씨 노인의 집으로 안내한다.

저팔계는 누구인가? 오사장국이라는 지명에서부터 그 정체가 암시되어 있다. 손오공이 참가하면서 마음관찰 여행이 본격화된다. 그 첫 번째 마을이 오사장국이다. 오사장국은 명나라 때 티베트를 부르던 이름으로서 지금의 서장(西藏)이라는 이름과 의미가 통한다.

그보다 먼저 우리는 역사적 인물인 현장이 실크로드의 루트를 걸었지 티베트를 경유하지 않았다는 점을 주목할 필요가 있다. 그래서 많은 학자들이 왜 『서유기』에 오사장국이 나왔을까를 두고 상당한 논의를 전개하기도 하였다. 그 중 당나라 때에는 실크로드의 일정 구간이 티베트에 속했다는 근사한 논의도 있다. 그러나 그것은 어디까지나 주변적 고찰에 해당한다. 소설 자체의 내부적 필연성이 무엇이냐가 더 중요하기 때문이다.

우리는 태양(烏)이 잠기는 곳(藏)이라는 오사장국의 원래 의미로 돌아가야 한다. 티베트는 중국의 서쪽에 있어서 태양이 지는 나라라 불린다. 오사장국이나 서장이라는 지명이 모두 그 뜻을 갖고 있다. 까마귀(烏)가 태양을 가리킨다는 것은 중국의 문화에서 거의 상식에 속한다. 옛 중국인들은 태양의 흑점을 보면서 거기에 까마귀가 살고 있다고 생각했다. 이것을 흔히 세 발 까마귀(三足烏), 혹은 황금 까마귀(金烏)로 불렀다. 이렇게 까마귀는 태양과 동의어가 되므로 오사장국은 태양이 잠기는 나라가 되는 것이다. 서장이라는 현대의 명칭 역시 태양이 지는 서쪽 나라(西藏)라는 뜻이니까 기본적으로 오사장국과 같은 뜻이 된다.

그렇다면 왜 해가 잠기는 것일까? 그것은 이곳에 사는 돼지 요괴 때문이다. 돼지 요괴는 과거 하늘에서 천봉원수로 있었는데 달나라의 항아를 희롱한 죄로 이 땅에 유배된다. 그런데 깜빡하는 순간 돼지에게 잉태되어 돼지의 모습으로 살게 된다. 이후 묘이저(卯二姐)라는 정체불명의 여자신선에게 얹혀살게 된다. 여기에서 항아나 묘이저는 모두 달과 관련된 인물이다. 항아는 월궁에 선녀이므로 설명의 필요가 없다. 그렇다면 왜 묘이저는 달인가? 그 이름의 묘가 토끼 묘(卯)자로서 달나라의 옥토끼를 가리키기 때문이다. 이처럼 돼지요괴는 달만 따라다닌 것이다. 그러니까 오사장국은 해가 진 뒤에 시작되는 달의 나라가 되는 것이다.

돼지요괴를 반기는 손오공

그런데 돼지요괴가 있다는 말을 듣고 손오공은 이상할 정도로 반가워한다. 손오공은 그것을 '넷을 얻어다 여섯에 합하는 장사'로 표현한다. 6+4=10이 되어 완전수를 성취하는 장사가 된다는 뜻이다. 이것이 무슨 계산식일까? 손오공의 불같은 눈, 황금 눈동자〔火眼金睛〕는 바로 태양〔日〕과 통한다. 그리고 위에서 살펴본 것처럼 팔계는 달〔月〕과 통한다. 이 둘이 함께 하면 日+月=明이 되어 완전한 밝음을 뜻하게 되는 것이다. 이것이 6+4=10의 계산식이 가리키는 바이다.

마음관찰 여행의 핵심은 돌이켜 비추어보기의 연속에 있다. 그런데 도대체 무엇을 어떻게 돌이켜 비추어 본다는 것일까? 무엇보다도 대상을 따라다니는 생각을 비추어보는 것이 그 핵심이 된다. 생각은 외부의 형상, 혹은 추상적 관념을 좇아 끝없이 옮겨 다닌다. 돌이켜 비추어본다는 것은 이렇게 옮겨 다니는 생각의 작용을 따라가는 대신 그렇게 옮겨 다니는 이것이 무엇인지를 자문하듯 돌이켜보는 일을 가리킨다.

저팔계는 항아에서 묘이저로 대상을 옮겨 집착하고, 묘이저가 죽자 이번에는 고씨 노인의 딸 취란(翠蘭)에게 다시 그 집착의 대상을 옮겨 간다. 이 옮겨 다니는 저팔계를 놓치지 않는다면 손오공의 돌이켜 비춤이 완전해질 수 있다. 그래서 6+4=10의 셈법이 나온 것이다.

저팔계의 데릴사위 살림

저팔계는 계속 데릴사위로 산다. 묘이저와 살 때도 여인에게 더불어 살았고, 취란의 집에서도 데릴사위로 살고 있다. 원래 이 돼지요괴는 밝은 눈뜸에 대한 욕망과 충동을 상징하고, 그 욕망과 충동은 밝은 눈뜸의 최초 동력에 해당한다. 이것이 없으면 마음관찰 여행의 출발조차 어렵게 된다. 돼지 요괴의 이야기에서는 깨달음을 향한 욕망과 충동을 여성에 대한 욕망으로 비유하여 묘사한다. 그러니까 취란 등에 대한 집착이 성욕의 표현이 아니라 절대에 대한 추구의 비유라는 것이다.

문제는 그 추구가 밖으로 찾아다니는 일이 되고 있다는데 있다. 돼지요괴는 처음에 항아에 집착하다가, 다시 묘이저로 집착을 옮겨가고, 지금은 취란에게 집착하고 있다. 아름다운 미모에 혹해 밖으로 끌려나가는 바람둥이와 같은 생각으로 큰마음을 소유하고자 한다.

게다가 데릴사위 전문이다. 묘이저와 살 때에도 그 동굴에 들어가 살았고, 취란의 집에도 데릴사위로 살고 있다. 데릴사위가 상징하는 바는 뚜렷하다. 원래 진리는 안으로 돌이켜 비추어 봄을 통해서 확인된다. 그러니까 밖으로 나아가 찾아다니는 흐름을 안으로 되돌리는 것이 마음관찰 여행의 순방향이다. 밖으로 찾아다니지 않고 여기 이대로 진리인 자리에 머무는 것이다. 그런데 돼지요괴는 오로지 밖으로 찾아다닌다. 안을 버리고 밖으로 찾아나서는 이것은 마음관찰을 불가능하게 하는 역방향이다.

이렇게 잘못된 마음관찰의 지향을 결혼에 비유한 것이다. 옛날의 결혼은 남편이 아내를 데리고 들어오는 것이었는데, 데릴사위는 남자가 여자의 집으로 들어가 산다. 그것은 거꾸로 된 삶이라는 뜻에서 '거꾸로 문에 들어간다(倒揷門)'고 표현하기도 한다. 반대방향으로 들어간다는 뜻이다. 그러니까 방향을 잘못 잡아 밖으로 찾아다니는 마음관찰의 지향을 데릴사위 살림으로 비유한 것이다.

저팔계의 사연

고씨 노인은 저팔계가 들어오게 된 사연을 말한다. 3년 전 한 청년이 찾아와 부모형제가 없는 신세라면서 데릴사위로 들어온다. 처음 데릴사위로 들어왔을 때에는 준수한데다 부지런하기까지 해서 저녁에 나가 밝으면 돌아왔다(昏去明來). 그런데 시간이 지나자 긴 주둥이, 부채 같은 큰 귀에 갈기털까지 난 돼지의 모습으로 변하는 것이었다. 또한 어마어마하게 먹어대고, 오가는데 구름안개를 피우며, 돌멩이와 모래를 날려 그로 인해 피해를 입고 수치심을 느끼게 되었다는 것이었다. 더구나 딸 취란을 뒷 채에 가두고 식구들과 만나지 못하게 하는 일을 고노인은 견딜 수 없었다. 이에 요괴를 물리칠 방도를 구하고 있다는 것이었다.

저팔계가 처음 데릴사위로 들어올 때는 준수하고 부지런한 청년이었는데 나중에 돼지요괴의 정체를 드러냈다는 것이다. 돼지로서의 본색을 점차 드러냈다는 것이다. 저팔계는 외부대상에 집중함으로써 큰마음과 만날 수 있다고 생각한다. 그것은 여인을 탐내는 마음과 구조적으로 동일하다. 그 집중으로 인해 얼마간의 진전이 있는 것처럼 보일 수 있다. 관념적이기는 하지만 큰마음에 대한 안목도 생기게 된다.

어둠이 가고 밝음이 오는 듯〔昏去明來〕한 것이다. 그것은 달밤에 경치를 보는 일과 유사하다. 여기에서 이 혼거명래(昏去明來)라는 한문구절은 흥미로운 중의적 표현에 해당한다. 문맥으로는 밤에 나가 밝으면 돌아오는 생활을 했다는 것이지만, 행간적 의미로는 어둠이 가고 밝음이 온다는 뜻도 성립하기 때문이다.

그런데 돼지요괴의 외부대상에 대한 집중은 일정한 단계를 지나면 도로 어두워지는 길을 걷게 된다. 대상에 대한 집착으로 인해 주체가 강화되기 때문이다. 그로 인해 돼지로서의 탐욕스런 모양이 드러나는 것이다. 강화된 주체가 통째로 요괴가 되는 것이다.

돼지요괴는 정체를 드러낸 뒤에는 전과 반대로 밝으면 나가서 어두워지면 들어온다〔明去昏來〕. 역시 밝음이 사라지고 어두움이 찾아온다는 행간적 의미가 숨어있다. 그것은 달이 초하루에서 보름까지는 밝아지다가, 보름에서 그믐까지는 어두워지는 일과 같다. 그러므로 취란에 대한 집착이 클수록 그 행패도 커져가는 것이다. 대상에 대한 집착에 습관화된 이 요괴는 출발부터 잘못되어 서쪽으로 간다고 하면서 동쪽으로 가는 중이다.

취란(翠蘭)으로 변한 손오공

손오공이 고노인의 고충을 풀어주겠다고 나서서 뒤채의 열쇠를 부수고 먼저 취란(翠蘭)을 구해낸 뒤 자신이 여자로 변해 요괴를 기다린다. 얼마 후 돌과 모래를 날리는 광풍과 함께 흉한 용모의 요괴가 들어온다. 손오공은 자신을 취란인 줄 알고 입을 맞추려고 덤벼드는 요괴를 내동댕이친다. 그런 뒤 요괴가 침대에 든 사이 자신은 요강에 앉아 대변을 보는 척한다. 취란으로 변한 손오공은 자신(취란)의 신세를 한탄하며 요괴의 이름과 사는 곳을 알아낸다. 요괴는 복릉산(福陵山) 운잔동(雲棧洞)에 살며 이름이 저강렵(豬剛鬣)이라고 자신의 정체를 알려 준다. 손오공은 이것으로 문제가 풀리게 되었다고 기뻐하면서 본모습을 드러내 팔계를 잡으려 한다.

여기에서 손오공이 굳이 취란으로 변신하는 이유는 무엇일까? 손오공에게 돼지요괴는 서천행을 함께 해야 할 중요한 짝이다. 대상에 대한 집중(月)을 자신의 관찰(日)과 묶어야 진정한 밝음(明)을 성취할 수 있기 때문이다. 그러기 위해 손오공은 취란을 어두운 방에서 밝은 곳으로 구해낸다. 취란은 항아와 묘이저의 계보를 잇는 달의 상징이다. 돼지요괴는 천봉원수였던 시절부터 달의 밝음(항아, 묘이저, 취란)을 궁극적 진리로 알고 추구해왔다. 그러나 세상의 모든 것은 큰마음의 드러남이다. 따로 추구할 특별한 무엇을 설정해서는 안 되는 것이다. 손오공이 취란으로 변신함으로써 집착하던 외부의 대상이 사라진다. 나와 대상이 둘이 아니게 되었기 때문이다. 그래서 저팔계라는 주체는 취란이라는 대상에게 입을 맞출 수 없고 동침할 수 없게 된다. 집착할 대상이 사라졌기 때문이다. 이렇게 하여 문제의 절반이 해결된다. 소설에서는 이것을 똥을 누는 취란으로 묘사한다. 관념의 불순물이 떨어져 나가 있는 그대로의 현장을 밝게 비추어볼 준비가 되었다는 것이다.

돼지요괴가 사는 곳

돼지요괴가 사는 곳과 이름을 아는 것이 왜 중요한가? 마음관찰의 길에 들어선 여행자는 이렇게 자문해야 한다. 취란이라는 대상에게 집착하는 내 속의 이 돼지요괴는 무엇인가? 이것이 돌이켜 비추어보기의 핵심이다. 이 돼지요괴는 태어난 뒤 어미돼지와 형제들을 물어 죽였다. 본래면목에서 멀리 떨어져 나와 독립된 주체로서 자기를 세워왔다는 것이다. 흉한 용모의 자신을 부정하고 달나라 선녀의 절대성을 추구해 왔지만 그것은 결국 자아를 강화하는 길이었다. 마음관찰의 길과 자아 강화의 길은 정반대의 방향으로 나아간다. 돼지요괴는 항아와 같은 궁극의 대상을 설정하여 그것에 집착하여 왔다. 표면적으로는 자아를 부정하는 것 같지만 실제로는 자아를 강화해 온 것이다. 손오공은 이러한 돼지요괴가 사는 곳과 이름을 알아 정확하게 내 속의 돼지를 되비출 수 있게 된다.

그런데 왜 돼지요괴가 사는 곳이 왜 복이 넘치는 산, 복릉산(福陵山)인가? 한자문화권에서 돼지〔猪〕와 박쥐〔蝠〕는 그 발음의 연상작용으로 인해 복의 상징이 되어왔다. 박쥐는 한자로 편복(蝙蝠)인데 이게 동굴에 거꾸로〔倒〕 매달려 있다. 이렇게 거꾸로 매달린 박쥐〔倒蝠〕를 한자로 읽으면 복이 이른다〔到福〕는 뜻으로 들린다. 돼지〔猪〕도 그 발음이 축복할 축〔祝〕자와 같다. 더구나 축(祝)은 한 글자만 가지고도 축복(祝福)의 뜻을 갖는다.

그러니까 돼지요괴가 사는 곳이 복이 넘치는 산〔福陵山〕이 되는 것은 당연하다. 그렇지만 돼지요괴는 한 가지 중요한 착각을 하고 있다. 복은 쌓고 쌓아 산을 이루는 것이지만, 마음관찰은 줄이고 줄여 없음에 이르는 길을 걷는다. 대상이 없고 나가 없어 오직 알아차림만 있는 자리에 이르고, 그것조차 투과하여 그저 큰 거울의 비춤만 있는 지혜[大圓鏡智]를 얻는 것이 마음관찰의 약도이다. 그런데 이 돼지는 대상[취란]을 집착하고, 뻣뻣한 나[강렵]를 키우면서 마음관찰의 길을 걷고 있다고 착각한다. 허리에 황금 십만 관을 두른 채 학을 타고 비상하려는 이룰 수 없는 꿈을 꾸고 있는 것이다. 그러니까 운잔동(雲棧洞)은 상상의 동굴이고 공중누각일 뿐 성립할 수 없다. 구름의 잔도를 닦아 달나라에 이르고자 하지만 바벨탑 쌓기와 같아 지상에서 벗어나지 못하는 것이다. 손오공은 이처럼 돼지요괴가 사는 곳을 알아 마음속의 돼지를 비추는 싸움을 시작한다.

손오공과 돼지 요괴의 싸움

돼지 요괴는 손오공을 보고 달아나다가 소굴에 이르자 아홉 날 쇠스랑을 들어 반격을 시작한다. 둘의 싸움은 밤새 계속되는데 날이 밝자 돼지 요괴는 버티지 못하고 달아나 동굴 문을 닫아 버린다. 손오공은 고씨 노인의 집으로 돌아가 상황을 보고한다. 그러자 삼장은 기왕 시작한 일, 끝을 잘 맺도록 당부를 한다. 다시 요괴의 동굴로 쳐들어간 손오공은 그 길로 운잔동의 석문을 부숴버린다. 손오공은 요괴를 완전히 항복시키기 위해 요괴에게 자신의 머리를 힘껏 찍어보라고 내놓는다. 요괴가 쇠스랑으로 찍어보니 손만 저릴 뿐이라 자신의 상대가 아님을 알게 된다. 그리고는 손오공이 삼장을 보호하여 마음관찰의 길을 걷는 여행자임을 알게 된다. 이에 순순히 항복을 하자 손오공이 그 귀를 잡고 개선한다. 삼장은 그에게 팔계라는 별명을 지어주고 마음관찰 여행단의 일원으로 삼는다.

돌이켜 비추어보기는 지금 이 순간의 마음작용을 아는 일이다. 그런데 이 몸과 마음과 그것을 알아차리는 작용이 뒤섞여 있기 때문에 그 알아차림이 수시로 자아로 전환되는 일이 일어난다. 손오공이 팔계의 정체를 알고 비추어보면 팔계는 자아의 근거를 상실한다. 그래서 도망가는 것이다. 그런데 다음 순간 그 밝은 지혜를 내가 체험했다는 자아의식이 형성된다. 팔계가 깃들일 본거지를 찾아 다시 힘을 되찾게 되는 것이다. 그러한 상황을 달아났다가 다시 반격을 하는 팔계의 형상으로 묘사한 것이다.

원래 돌이켜 비추어보기가 제대로 일어나면 세상의 만사만물이 차별 없이 그대로 큰마음의 드러남임을 알게 된다. 그러나 마음관찰의 여행이 막 시작된 시점에서는 그것이 수시로 흔들린다. 특히 어떤 체험을 대상화하여 그것을 자기의 소유물로 집착하는 일이 일어난다. 저 팔계의 경우, 달과 달빛이 그 특별한 체험에 해당한다. 태양빛은 빛 자체라서 모든 것을 비추기만 한다. 이에 비해 달은 자신의 형상을 드러내는 일과 대상을 비추는 일을 동시에 구현한다. 이것을 큰마음의 모습으로 착각하고 집착하는 일이 일어날 만 한 것이다.

그런데 팔계의 본거지는 바로 달나라이기도 하다. 그 사정은 이렇다. 원래 팔계의 본거지는 운잔동인데 팔계는 그것을 전에 함께 살던 묘이저에게 얻었다. 묘이저는 옥토끼의 화신이니까 그녀가 살던 동굴은 달나라 월궁이 아닌 다른 것이 될 수 없다.

이처럼 팔계는 취란이라는 진리의 파편에 대해 집착하고 욕망하다가 손오공의 비춤을 받아 힘을 잃게 된다. 그리고는 다시 밝은 비춤의 특별한 체험에 집착하여 자아를 주장할 힘을 되찾기를 반복한다. 이렇게 보면 왜 팔계가 날이 밝음과 동시에 다시 동굴로 달아나는지 이해할 수 있다. 날이 밝아 달빛이 사라지듯 과거의 체험이 시간 속의 낡은 기억이 되어버리는 것이다.

팔계와의 싸움, 끝장내기

그런데 손오공은 왜 끝까지 싸우지 않고 삼장에게 돌아간 것일까? 바로 동굴 문을 부숴버릴 수도 있었던 것 아닐까?

관찰이 철저해지면 자아는 더 이상 지탱할 길이 없게 된다. 주체가 현상에 녹아들어 일시적 물아일체 상태에 이르게 된다. 그런데 이렇게 마음이 일시 사라진 것을 마음관찰의 길에서는 불완전한 무심이라 한다. 이 상황에서 손오공은 할 일이 없어졌다고 생각해서 삼장에게 돌아간 것이다. 그런데 이것이야말로 자아의 전략이다. 동굴 속에 잠시 숨어 있을 뿐이지 그 굳센 자아인 돼지요괴가 사라진 것은 아니다. 돼지요괴의 동굴 문을 기준으로 나와 대상세계를 나누는 보이지 않는 관문이 엄연히 남아 있다. 이러한 불완전한 무심의 상태에 속아 마음관찰을 내려놓으면 자아는 권토중래하게 된다. 그래서 옛 마음관찰의 거장들도 무심에는 아직 한 층의 관문이 남아있다〔無心猶隔一重關〕고 한 것이다. 기왕 시작한 일 끝을 보도록 하라는 삼장의 독려가 이 일을 말한다. 손오공은 그 말대로 동굴의 관문을 박살낸다.

그러자 숨어있던 돼지요괴가 발끈해서 이것은 범죄 아니냐고 따진다. 스스로 생각하기를 이것이야말로 물아일체이고 진정한 무심인데 이것을 왜 깨트리느냐는 것이다. 손오공은 이에 대해 삼매육증(三媒六證) 없이 남의 집 딸을 강제로 빼앗은 일이 진짜 범죄라고 대답한다. 옛날의 결혼은 가문간의 거래였다. 그래서 서로를 분명하게 알기 위한 규정된 절차와 교환품목이 있었다. 먼저 혼인의 시초단계에 3명의 중매인이 필요했다. 신랑 측 중매인, 신부 측 중매인, 중간의 중매인이 그것으로 이를 삼매(三媒)라 불렀다. 그것은 상대측 가문과 인물에 대한 사회적 인정을 확인하는 일종의 간접 보험이었다. 혼인의 완성단계에는 말〔斗〕, 자〔尺〕, 가위〔剪〕, 거울〔鏡〕, 주판〔算盤〕, 저울〔秤〕의 여섯 가지 물건이 교환되었다. 말은 곡식을 재는데 쓰므로 먹고 사는 수준을 알게 해준다. 자는 옷감을 재는데 쓰이므로 입고 사는 수준을 알게 해준다. 거울은 용모, 주판은 거래의 분명성, 저울은 사물의 경중을 알게 해준다. 모두 상대 집안의 살림살이와 사람됨을 직접 확인하여 알아보는 절차에 속하는 것이다.

마음을 밝히는 일에는 이것보다 더 정밀한 간접지혜와 직접지혜가 있어 그 진위를 판단하게 된다. 그 가장 뚜렷한 기준이 항상성이다. 대상도 없고 주체도 없는 경계가 항상 변함이 없느냐는 것이다. 이 기준에 의하면 돼지요괴는 어림도 없다. 달빛의 어렴풋한 상태가 태양빛과 같을 수 없고, 동굴에 숨어든 것이 영원한 소멸이 될 수는 없기 때문이다. 그래서 손오공은 돼지요괴가 치른 결혼식을 범죄라 하는 것이다.

팔계의 항복과 귀순

손오공이 요괴에게 마음껏 쳐보라고 자기의 머리를 내놓은 이유는 무엇일까? 이 이야기에서 돼지요괴는 대상을 집착하는 주체이고, 손오공은 그 주체를 되비추는 작용이다. 그 밝음의 차이는 달과 해에 비유된다. 달이 태양 앞에서 그 밝음을 뽐낼 수 없듯 돼지요괴가 손오공의 머리를 찍어봐야 손만 아플 뿐이다. 이 일로 돼지요괴는 손오공에게 덤빌 엄두를 내지 못하고 항복을 하게 된다.

팔계가 항복을 하자 손오공은 그 귀를 잡고 삼장에게 돌아간다. 이미 순순히 항복을 했는데 굳이 귀를 잡을 필요가 있었을까? 사실은 꽉 잡을수록 좋다. 그럴수록 해(日)와 달(月)이 딱 붙어 밝음(明)을 완성하게 되기 때문이다. 이렇게 팔계가 마음관찰의 여행단에 합류함으로써 세상만물이 오직 의식의 드러남일 뿐이라는 사실이 분명하게 확인되는 단계에 도달하게 되었다. 이것을 유식에서는 오직 의식일 뿐임을 알아 안주하는(住唯識) 단계라 부른다. 이것이 발전하여 오직 의식뿐이라는 명제가 사실로 확인되는 단계(實唯識)에 이르고, 그것이 진정한 지혜로 전환되는 단계(轉唯識)로 나아가 마음관찰의 여정이 끝나게 된다. 물론 그것은 훨씬 나중의 일에 해당한다.

삼장법사는 새로 여행단에 들어온 돼지요괴에게 저팔계라는 이름을 지어준다. 그것은 이상적 눈뜸에 도달하기 위해 현실에서 해결해야 할 숙제의 제목에 해당한다. 본래 저팔계에게는 관세음보살이 내려준 오능(悟能)이라는 이름이 있었다. 그것은 욕망하는 주체(能)의 현상과 본질을 깨달으라(悟)는 당부를 담고 있다. 삼장은 그러한 이상적 차원에 도달할 방안으로 적당한 자기절제〔八戒〕의 길을 제시한 것이다.

그렇다면 지켜야 할 것으로 여덟 가지를 제시하는 팔계라는 이름이 왜 적당한 자기절제의 길을 제시한 것이 되는가? 아홉이 아니기 때문이다. 중국의 문화에서 9는 가장 큰 수이다. 『서유기』의 어떤 숫자들은 가장 큰 수인 9와 대비적 의미를 드러내가 위해 제시된다. 예를 들어 손오공의 변신술은 9×8=72종인데, 그것은 9×9=81의 무한한 고난에 대비되어 그 상대적 한계성이 뚜렷하게 부각된다. 저팔계의 변신술 역시 9×4=36종인데, 상대적 한계성을 갖는 손오공의 변신술에서 다시 그 절반이 된다는 의미를 갖는다.

팔계의 여덟 가지 계율 역시 절대수 9에 비해 상대적으로 느슨하다. 원래 마음관찰의 길에서는 깨달음을 근본지향으로 삼기 때문에 계율에 대해서는 상당히 탄력적인 태도를 취한다. 이와 관련하여 개차지범(開遮持犯)의 원칙이 있다. 계율을 지키되 상황에 따라 탄력적으로 열어줄 때도 있고〔開〕, 엄하기 지켜야 할 때가 있어서〔遮〕, 그 지키고〔持〕 범함〔犯〕을 상황에 맞게 하라는 것이다. 요컨대 계율은 큰마음에 눈뜨는 적당한 수단으로서의 기능을 수행하는 것으로 충분하다는 것이다.

팔계의 실천과제

팔계가 받은 여덟 가지 실천과제는 모두 먹는 것과 관련되어 있다. 다섯 가지 자극성 채소〔五葷〕와 세 가지의 차마 먹을 수 없는 고기〔三厭〕가 그 금기의 대상이었다. 자극성 채소로는 파, 마늘, 부추, 달래, 흥거가 여기에 속하고, 차마 먹을 수 없는 고기로는 기러기, 개, 거북이가 이에 속한다. 그런데 정작 먹는 것에 대한 핵심금기인 술은 빠져 있다. 사실 마음관찰의 여행 중에 손오공과 팔계는 가끔 술을 마시는 것이 허용된다. 이것을 어떻게 보아야 할까?

우선 핵심계율이 빠진 것은『서유기』의 전투적 상징 때문이다. 전쟁에 있어 죽이고, 훔치고, 속이는 것을 피할 수는 없는 것이기 때문이다.

술이 금지되지 않은 것은 중국 문화의 관념 때문이었던 것으로 생각된다. 중국의 문화에서는 술이 없으면 신이 움직이지 않는다고 생각되었다. 그래서 본성을 잃어버리지 않을 정도의 적절한 음주는 항상 용인되는 분위기가 있었다. 옛 마음관찰의 거장으로 꼽히는 혜가(慧可)나 송나라의 제공(濟公) 등이 모두 술과 고기를 즐겼지만 그럼에도 본래면목을 놓치지 않았다는 사실로 인해 널리 존경을 받았다.

한편 이 오신채와 육식에 대한 금기는 중국 도교의 계율을 불교에서 차용한 것으로 보인다. 초기불교의 계율에 고기에 대한 금기는 없었고, 현재의 남방으로 전해진 불교에도 발견되지 않는다. 불교사적으로 석가모니 재세 시에 육식을 절대금지하자는 제바달다의 주장이 힘을 얻었던 적이 있기는 하지만 그것이 정식 계율로 채택되지 않았다. 걸식하는 입장에서는 주는 대로 먹는 것이 중도의 진리에 합당한 것이었기 때문이다. 대신 불살생의 절대계율에 걸리는 고기는 청정하지 못한 고기〔不淨肉〕로 규정되어 금지되었다. 자신을 위한 살생임을 보았거나〔見〕, 들었거나〔聞〕, 의심되는〔疑〕) 고기는 먹을 수 없다는 규정이 있었던 것이다.

그렇다면 왜 팔계에게 오훈삼염을 금지하는 계율을 내린 것일까? 몸은 음식으로 구성되고, 마음은 몸에 깃들인다. 그러니까 음식기운은 몸과 마음에 대해 결정적 구속력을 갖게 된다. 이 점을 알게 되면 몸에 대해 상반된 두 가지의 태도가 나타나게 된다. 첫째로는 몸을 통해 마음의 해방을 추구하는 태도가 나타날 수 있다. 옛날 도교에서는 몸의 단련을 통해 마음을 닦아 영혼을 진화시킬 수 있다고 보았다. 이러한 몸 철학이 있었으므로 도교에서는 먹는 것에 대한 연구가 정밀하게 발전한다. 둘째로는 몸의 이러한 거친 본질을 이해하고 그 구속에서 벗어나고자 하는 태도가 있을 수 있다. 불교에서는 음식기운의 집합에 불과한 몸이 진짜 나일 수 없다고 본다. 이것이 여덟 가지 금기가 팔계를 지혜로 이끄는 실천방안이 된 이유이다. 분명 여덟 가지 음식은 팔계의 능동적 주체성을 강화하고, 밖의 경계를 좇아 치달리게 하는 힘을 발휘한다. 그렇다면 우선 그것을 먹지 않는 방편을 써야 한다. 더 중요한 것은 그와 동시에 음식기운에 좌우되는 몸에 대한 거리를 확보하는 일이다. 이 몸이란 것이 결국 썩고 마는 음식의 집합이라면 내가 그것일 수는 없지 않은가? 이러한 회의로 시작하여 몸에 대한 집착에서 벗어나는 일은 마음관찰 여행의 핵심과제가 된다.

오소(烏巢) 선사의 『다심경』 전수

저팔계를 거두어들인 삼장 일행은 오사장국의 경계를 지나 높은 산을 만나게 된다. 그곳에는 오소선사가 나무 위에 까마귀 둥지를 짓고 살고 있었다. 팔계와는 과거부터 알고 지내던 사이였는데 그보다 삼장을 알아보고 반기는 것이었다. 또 팔계의 마음관찰 여행단 합류를 축하하면서 손오공과도 인사를 나눈다. 그는 서천으로의 길은 멀고 많은 고난이 있을 거라면서 삼장에게 이것을 막을 『다심경(多心經)』을 전수한다. 그리고는 앞길을 예언해주는데 손오공이 마음관찰의 길에 있게 될 일들을 제대로 알고 있을지에 대해서는 회의적 태도를 보인다. 손오공도 그를 무시하면서 '내가 길을 알고 있으니 자기에게 물으면 된다'며 오소선사를 무시한다. 그리고는 화가 나서 여의봉으로 선사의 나무 위 거처를 휘젓는다. 그러다가 팔계가 이끄는 바람에 그곳을 떠나 여행길을 계속하게 된다.

오소선사는 누구일까? 이 오소선사 이야기는 팔계의 이야기 뒤에 붙어 있고, 독립된 스토리도 따로 없다. 그러니까 이것은 팔계 이야기의 후일담으로 생각된다. 학자들은 오소선사의 인물형상이 당나라의 백거이가 만난 도림(道林) 선사를 원형으로 하고 있다고 본다. 그가 나무 위에 까마귀 집을 짓고 살았기 때문에 오소선사라 불렸다는 것이다. 그러나 『서유기』에서 오소선사가 암시하고 상징하는 바는 따로 있다. 첫째로는 팔계가 귀의함으로써 이제까지 잠겨있던 태양이 다시 떠오르게 되었음을 암시한다. 오사장국의 달 빛 시대가 지나고 오소선사의 태양 빛 시대로 접어들었다는 것이다. 까마귀 둥지(烏巢)가 나무에 걸려 있는 모습이 태양이 뜬 것과 형상적으로 동일하기 때문이다. 둘째로는 공(空)의 가르침을 상징한다. 까마귀 오(烏)자는 없을 무(無)와 발음이 같아 항상 같이 쓰인다. 그래서 오소선사는 공의 교과서라 할 『반야바라밀다심경』을 전수한다.

『다심경(多心經)』

삼장법사가 오소선사에게 전수받았다는 『다심경』은 『반야바라밀다심경』의 잘못된 약칭이다. 이 잘못된 약칭을 그대로 수용하는 중국인들이 많이 있었고 지금도 마찬가지이다. 오로지 『서유기』의 영향 때문이다. 그런데 『서유기』에서 이 잘못된 약칭을 사용한 것은 의도적이다. 원래 이 경전의 명칭은 반야〔지혜〕, 바라밀다〔피안에 이름〕, 심경〔마음의 경전〕이라는 세 부분으로 나뉜다. 이것을 엉뚱한 자리에서 끊어 『다심경』을 만든 것이다.

이 경전의 명칭과 관련하여 번역사적으로 볼 때 흥미로운 사실이 발견된다. 현장의 훨씬 선배인 구마라집은 빨리어 Paramita의 끝소리를 묵음으로 처리하여 바라밀(婆羅蜜)로 옮겼다. 이에 비해 현장은 끝소리를 살려 바라밀다(婆羅蜜多)로 옮겼다. 신역으로 불리는 현장의 번역본이 최종 승리를 거둬 오늘날까지 전하게 된 상황에서 이 추가된 끝소리〔多〕는 그 번역의 징표로 쓰일 만하다. 『다심경』으로 불릴만한 이유가 있다는 것이다. 그러나 보다 중요한 것은 이 경을 전수받고서도 그 핵심을 깨닫지 못하는 소설 속 삼장법사의 잘못된 차원에 대한 암시를 담고 있다는 점이다. 진정한 바라밀다는 이 자리와 저 언덕을 나누지 않는데서 구현된다. 제반 현상은 인연의 작용일 뿐 불변하는 실체를 갖고 있지 않다. 그런 의미에서 공이다. 마음관찰 여행은 이러한 실상에 대한 끝없는 확인을 핵심내용으로 하고 있다. '생성과 소멸의 범주에 있는 모든 현상은 꿈같고, 허깨비 같고, 물거품 같고, 그림자 같다'고 관찰하는 것이다. 이러한 관찰이 성숙하면 모든 현상이 공인 동시에 모든 존재가 절대적 존재성의 구현임을 확인하게 된다. 이것이 이 경전이 최후의 도달처로 안내하는 진공묘유의 자리이다.

그런데 대부분 이러한 진공묘유의 깨달음에 이르지 못하고 공에 치우친 자리에 머물게 된다. 생각〔念〕 없고, 알아차림〔覺〕 없고, 느낌〔受〕 없는 자리를 고집하는 무딘 완공(頑空)에 빠지는 것이다. 이것을 전면 부정, 전면 소멸의 자리에 머문다는 뜻에서 단멸공(斷滅空)이라 표현하기도 한다.

삼장은 수시로 이렇게 공에 치우친 자리에 빠져서 고난을 자초한다. 『반야바라밀다심경』의 차원에서 보면 별도의 진리를 따로 설정했으므로 분별의 양 축이 사라지기는커녕 또 다른 하나인 공(空)이 제시되었으므로 『다심경』이 되는 것이다. 또 그것은 진정한 무심, 혹은 일심이 아니어서 미세한 생각이 남아 있으므로 역시 『다심경』이 된다. 그런 점에서 우리 각 개인은 마음이 복잡한 요괴〔多心精〕이다. 이 다심정(多心精)이 또 『다심경』과 쌍성첩운의 관계에 있어서 삼장은 경전을 잘못 이해하는 바람에 스스로 마음 복잡한 요괴가 되어 헤매게 된다.

오소선사와 손오공의 갈등

오소선사는 왜 손오공을 무시하고, 손오공은 또 왜 오소선사에게 불경하게 도전한 것일까? 그것이 두 가지 다른 길이 부딪치는 현장이기 때문이다. 오소선사는 『반야심경』으로 대표되는 반야중관의 길을 제시하고, 손오공은 기본적으로 유식유가행의 길을 걷고 있다. 이 중 중관학파는 마음과 세계가 모두 공하며〔心境俱空〕, 그러므로 있음과 없음의 양 범주에 떨어지지 말라고 가르친다. 유식유가행파는 오직 알아차리는 의식만 있을 뿐(唯識無境)이며, 그러므로 모든 대상세계가 의식의 현현임을 확인하라고 안내한다. 역사적 인물인 현장이 유학한 인도 나란타사는 유식학의 본거지였고, 현장은 귀국하여 중국 유식종의 종조가 된다. 당연히 『서유기』의 이야기 전개는 유식유가행의 수행과정과 긴밀하게 연관되어 있기는 하지만, 그럼에도 이 이야기의 작가는 중국불교의 다양한 유산을 통합하는데 더 흥미를 느꼈던 것으로 보인다. 그래서 중관과 유식, 현교와 밀교, 참선과 염불을 함께 이야기하게 된 것이다.

그럼에도 불구하고 중관과 유식은 쉽게 만날 수 없다. 궁극적 실체가 없음을 확인하여 있고 없음의 범주를 아예 벗어나라는 주장이 중관이다. 이에 비해 모든 사물은 의식의 현현이므로 모든 만물이 있는 그대로 실상이라고 보는 관점이 유식이다. 하나는 없음에 치중하고 다른 하나는 있음에 치중하여 표면적으로는 거의 정반대의 방향을 취하는 철학이다. 물론 이후 양자는 논쟁적 관계를 통해 각자 스스로를 강화하는 길을 걷게 된다. 불교사적으로도 그러하고 『서유기』의 스토리 전개로도 그러하다.

오소선사와 손오공의 돌발적 갈등이 말하고자 하는 것은 이것이다. 오소선사는 중관의 입장에서 손오공의 유식유가행이 효과적인 길이 아니라고 본다. 반면 손오공은 유식의 입장에서 자기가 안내하는 길이 옳다고 주장한다. 이후 『서유기』는 이 두 길의 절묘한 만남을 그려나간다.

9. 황풍(黃風) 요괴의 고난

모양에 대한 집착

팔계를 받아들인 삼장의 여행단이 서천여행을 계속하다가 바람요괴를 만나게 된다. 팔계가 활약하고 손오공이 눈을 다치면서까지 분투했지만 이 요괴는 물러나지 않는다. 결국 손오공은 영길보살의 도움을 받아 요괴를 물리치고 다시 서천여행을 계속하게 된다.

고난의 첫 장면은 팔계와의 실랑이로 시작된다. 『다심경』을 외는 삼장 일행이 마음관찰여행의 길을 가고 있는데 팔계가 배고픔을 힘들어 한다. 손오공은 팔계에게 집을 집착하는 귀신〔戀家鬼〕이라 욕을 하고, 삼장은 집을 그리워하는 것은 출가자가 할 일이 아니라 꾸짖는다. 팔계는 배고픔을 참는 자기의 고행을 몰라준다고 억울해 한다. 그러다 날이 저물어 한 마을에서 묵게 되었는데 그 집의 식구들이 모두 팔계의 용모에 놀라 나자빠진다. 삼장과 손오공은 팔계의 흉한 코와 귀를 좀 어떻게 해보라고 핀잔을 준다. 우여곡절 끝에 그 집에서 저녁을 대접받게 되자 팔계의 엄청난 식탐으로 그 집의 밥을 동내고 만다. 이들은 그 집의 노인에게 황풍(黃風) 요괴의 존재에 대해 듣게 된다.

배고픔은 자연적인 일인데 이것을 왜 손오공은 '집을 집착하는 귀신

〔戀家鬼〕'이라 욕하는 것일까? 팔계는 항아에서 시작하여 취란에 이르기까지 대상을 집착하며 살아왔다. 대상에 대한 집착과 투사는 우리 살림의 현주소이기도 하다. 『서유기』에서는 이렇게 대상을 좇는 팔계의 행위를 데릴사위 살림으로 묘사하였다. 저팔계는 마음관찰의 여행단에 참여한 이후에도 대상을 자신으로 착각하는 습관을 버리지 못한다.

팔계가 집착하는 것 중에서도 몸은 가장 강력한 집착의 대상이다. 몸에 근거하여 자기정체성을 구축하는 것이다. 그런데 사실을 말하자면 몸은 의식이 깃들이고 있는 집과 같다. 그리고 진정한 출가는 이 몸이 잠시 머무는 집에 불과하다는 사실을 이해하고 그에 대한 집착을 내려놓는 일로 시작된다. 옛 마음관찰의 거장들은 이와 관련하여 몸은 우리가 임시로 머무는 집에 해당하므로 잘 관리하라고 가르친다. 지나치게 장식할 필요도 없고, 그렇다고 함부로 망가뜨려도 안 된다는 것이다. 그런데 팔계는 아직 몸의 요구에 충실하게 반응하면서 그것에 막대한 의미를 부여한다. 예컨대 팔계의 무지막지한 식탐은 몸이 요구하는 정도를 넘어서 있다. 삼장이 기도를 시작하기도 전에 한 그릇을 해치우고, 몇 마디 기도를 하는 동안 세 그릇을 먹어 치운다. 그리고는 식사를 시작하자마자 십여 그릇을 삼키고, 결국에는 그 집의 밥을 모두 먹어 버린다. 정상이라면 이렇게 밥을 먹을 수가 없다. 욕망이 과잉된 상태이고 왜곡된 상태인 것이다. 그래서 손오공은 팔계가 집〔몸〕에 집착하는 귀신이라고 욕을 한 것이다. 귀신은 살아있는 존재가 아니다. 그림자인 몸, 그림자인 대상에 집착하면서 그 주위를 배회하는 것이 마치 유령과 같기 때문에 이를 귀신이라 한 것이다.

그렇다면 팔계에게는 먹는 것을 철저하게 절제하는 고행이 길이 될 수 있지 않을까 생각해볼 수 있다. 실제로 팔계는 스스로 고행을 시도하기도 한다. 그러나 고행이라는 것도 몸에 대한 집착의 다른 표현이기는 마찬가지이다. 의식의 집이라 할 수 있는 몸에 대해 우리는 보통 두 가지 태도를 취하게 된다. 첫째는 그것을 한껏 꾸며 자기의 존재성을 과시하는 태도이다. 이전까지의 팔계가 그러해서 내 몸에 애착하면서 욕망을 한껏 충족시켜 왔다. 둘째는 몸의 요구를 억지로 차단하고 일부러 무시하는 태도이다. 마음관찰의 여행에 합류한 지금 팔계가 추구하는 고행이 그것이다. 이 고행은 방법은 다르지만 몸을 중심으로 생각한다는 점에서 욕망의 충족과 다를 것이 없다. 큰마음과의 만남은 몸의 집을 빌려 나타나는 큰마음을 인정하는 데서 시작된다. 이를 통해 궁극적으로 이 몸과 세계의 모든 것이 하나의 의식일 뿐(唯識)임을 몸소 확인해가는 것이 마음관찰 여행의 핵심이 된다.

그런데 삼장은 고행을 추구하고 있다는 팔계의 말에 고개를 끄덕인다. 삼장 역시 몸을 몸과 자신을 동일시하는 차원에 머물러 있다는 뜻이다. 거듭 확인하겠지만 몸의 요구에 항복하는 일이나 몸을 학대하는 일이나 몸의 울타리 안에 갇혀있기는 마찬가지이다. 그것은 양 극단을 오가는 일로서 진정한 자유와 만날 수 없다.

다시 『반야바라밀다심경』과 『다심경』

『서유기』에는 『다심경』이라는 독특한 경전이름이 발견된다. 그것은 『반야바라밀다심경』의 잘못된 이름이다. 삼장은 『반야바라밀다심경』

을 전수받았지만 『다심경』으로 잘못 읽고 있다는 것이다.

그렇다면 두 이름의 차이는 어디에 있는가? 우리는 팔계의 용모와 관련하여 반야바라밀의 철학을 이해해볼 수 있다. 개별적 형상은 추할 수도 있고 아름다울 수도 있다. 형상은 바다에서 일어난 다양한 모양의 파도와 같다. 그런데 그 모든 파도는 전체 바다의 입장에서 보면 차별 없이 하나이다. 이것을 꽃밭과 꽃의 관계에 비유할 수도 있다. 다양한 꽃들이 모여 전체 꽃밭을 이룬다. 장미라 해서 더 아름답거나 호박꽃이라 해서 덜 예쁘지 않다. 있는 그대로 완전한 것이다.

이렇게 개별과 전체를 통일적으로 보는 것이 반야바라밀이다. 이를 통해 둘 아닌 이것을 직관하는 밝은 알아차림이 일어난다. 마음관찰의 여행자는 지금 여기의 이 지점에서 둘 아님의 실재성을 확인하고 있어야 한다. 다만 그 길에 약간의 차이가 있어서 『반야바라밀다심경』은 이 실재성을 없음의 차원에서 관찰하고, 유식은 있음의 차원에서 관찰한다. 예를 들어 여래에게 가는 중간기착지로서 관세음보살에 대해 생각해보자. 보살은 우주에 현현된 모든 존재성을 가리키는 별명에 해당한다. 그래서 관찰하는 주체도 관세음이고 관찰되는 대상도 관세음이 된다. 『반야바라밀다심경』의 입장에서는 이 드러난 존재의 비실재성을 알아차리는 길을 걷는다. 중복되는 부정을 통해 절대부재성의 자리에 이르게 되는 것이다. 재미있는 것은 이 절대부재성(眞空)은 그대로 절대존재성(妙有)이 된다는 사실이다. 그래서 영원한 존재성으로서의 여래의 자리가 제시되는 것이다. 마음관찰의 여행이 성공적인 것이 되면 그렇게 현현된 관세음보살이 바로 나와 둘이 아님을 이해하고 그것과 하나로 만나는 자리에 확고하게 거주하게 된다. 그리고 여행이 계속될수록 그 일체성이 확대되어 큰마음과 하나로 만나는 일이 일어나게 되는 것이다. 그러니까 이 두 길은 결국 큰마음과의 만남에 도달하도록 이끈다는 점에서 다를 바가 없다.

팔계의 용모에 대한 핀잔은 아직 이들의 여행이 '알아차림'의 자리에 확고하게 도달하지 못했음을 말해주는 장치이다. 팔계의 흉한 모습을 부정하고, 삼장의 맑은 용모를 긍정한다는 것은 장미꽃만 꽃으로 인정하는 일이다. 저 바다만 인정하고 이 파도는 부정하는 일이다. 거기에는 큰마음을 보는 밝은 반야바라밀의 눈이 성립할 수 없다. 진정한 반야바라밀은 판단하지 않고, 행위하지 않고, 참견하지 않는 중도의 지점에서 일어나기 때문이다.

그러니까 이들의 이번 고난은 흉한 형상을 부정하고 아름다운 모양을 좋아하는 분별적 이원사유에서 일어나는 장애이다. 요컨대 큰마음이 아닌 많은 마음, 즉 『다심경(多心經)』을 외는 삼장의 잘못에서 그 장애가 시작되는 것이다.

황풍령의 호랑이 요괴

일행은 다시 길을 가다가 높은 산을 만나게 된다. 그 험악한 지세에 놀라고 있는데 음산한 바람이 불더니 호랑이가 나타난다. 이에 의욕이 넘치는 팔계가 앞장서서 호랑이를 상대한다. 그런데 호랑이요괴는 나타나자마자 자기 발톱으로 가슴을 갈라 껍질을 벗고 피가 낭자한 붉은 요괴가 되어 길옆에 선다. 그리고는 두 자루의 붉은 구리칼(赤銅刀)을 들고 팔계와 싸우기 시작한다. 그러다가 손오공까지 싸움에 뛰어들자 견디지 못하고 다시 호랑이의 본 모습으로 변해 달아난다. 팔계와 손오공이 계속 쫓아가자 이번에는 다시 껍질을 벗어 가죽을 돌 위에 씌워놓고 진짜 몸은 바람이 되어 달아난다. 호랑이요괴는 마침 『다심경』을 외고 있던 삼장을 만나 그를 잡아가 버린다.

여기에서 껍질을 벗고 입기를 반복하는 호랑이의 행위를 흥미롭게 음미해볼 필요가 있다. 호랑이의 껍질을 벗는 행위는 형상의 지배를 벗어나지 못하는 차원을 비유한다. 껍질을 벗어도 호랑이, 껍질을 써도 호랑이라는 점은 변하지 않기 때문이다.

처음에 이 호랑이요괴는 나타나자마자 자기 가슴을 째서 껍질을 벗는 해괴한 행동을 한다. 호랑이 가죽을 벗었지만 이 요괴는 변함없이 호랑이요괴이다. 그래서 껍질을 벗고 나서도 호랑이와 별 차이 없는 모습을 하고 있는 것이다. 그 뒤 요괴는 팔계와 싸우다가 다시 호랑이로 변하고, 싸움에 져서 도망가는 중에 다시 가죽을 벗고 바람으로 변한다. 어떻게 변해도 호랑이의 차원을 벗어나지 못하는 것이다. 마음관찰의 여행은 모든 형상이 큰마음의 드러남임을 확인하는 일을 핵심내용으로 한다. 그런데 대부분의 경우 자신의 현재 모습을 부정하고 새로운 차원의 어떤 특별한 모습을 상정한다. 지금의 이 누추한 모습을 벗고 새로운 존재로 태어나고자 하는 것이다. 이렇게 특정한 모양을 지향한다면 바른 마음관찰은 일어나지 않는다. 지금 이 자리에 있는 이대로의 모양이 큰마음의 드러남임을 확인하는 것이 마음관찰의 바른 길이기 때문이다. 이 자리에 드러난 현상세계가 큰마음의 드러남임을 확인하되, 나라는 주체가 개입하거나 참견하지 않는 것이 마음관찰의 길이다. 그런데 호랑이 요괴는 이 형태를 부정하여 저 형태로 건너가는 이원론의 유희를 벌이고 있다. 두 자루의 붉은 구리칼은 바로 그렇게 이원론을 휘두르는 잘못된 길의 상징이다. 더구나 그것은 무른 구리칼이라서 어떤 것을 잘라내지 못한다. 결국 두 자루 구리칼을 휘두르는 호랑이 요괴와 모양에 흔들리는 팔계는 하나의 짝으로 통한다. 그러니까 팔계가 호랑이요괴와 힘써 싸우기는 하지만 그것은 스스로 만들어낸 자기 그림자와 씨름을 하는 일이 되는 것이다.

호랑이 요괴의 바람

호랑이요괴는 바람과 함께 나타나 바람과 함께 사라진다. 이 고난에는 두 개의 바람이 나타난다. 하나는 호랑이의 바람이고, 다른 하나는 황풍대왕의 누런 바람(黃風)이다. 먼저 황풍대왕의 선봉대장인 호랑이 바람을 살펴보자. 그것은 만물을 뒤흔들고 흩어지게 하는 바람이다. 마음을 산란하게 하는 바람으로서 삼장과 팔계는 이 바람에 불안해한다. 마음이 흔들렸기 때문이다. 그로 인해 마음관찰의 여행자는 길 가운데의 중도를 걷지 못하게 된다. 그래서 호랑이가 처음에 나타났을 때 길 가운데를 가로막는 대신 길옆에 서는 것이다. 당연히 길 가운데는 중도이고 길 양 옆은 이원론의 어느 한쪽(邊見)에 해당한다. 그런데 중도라 해서 길의 양쪽과 구별되는 제3의 길이 있다는 뜻이 아니다. 그것은 생성과 소멸, 영속과 허무, 전체성과 개별성 등의 어느 한쪽에 휩쓸리지 않는데 있다. 그래서 『반야심경』은 존재(色)와 부재(空)가 둘이 아님을 거듭 말한다. 『서유기』에서는 이것을 친절하게 색공선(色空禪)이라 설명하기도 한다. 그런데 팔계는 존재성(色)에 집착하고 있고, 삼장은 부재성(空)에 몰입하고 있다. 어느 한쪽을 집착하여 기울어져 있으므로 바람이 부는 것이다. 처음의 바람은 팔계에서 일어난 존재성 집착의 바람이고, 나중의 바람은 삼장에게서 일어난 부재성 몰입의 바람이다. 그러므로 삼장은 『반야심경』을 열심히 외고는 있지만 그것이 건너감의 경전(바라밀다경)이 되지 못하고, 헷갈리는 마음의 경전(다심경)이 된다. 길의 옆으로 치우친 호랑이 요괴에게 잡혀가지 않을 수 없는 것이다.

호랑이 요괴를 잡는 팔계

삼장이 호랑이 요괴에게 잡혀가자 손오공은 팔계에게 바람 없는 골짜기에서 짐과 말을 지키게 하고 스스로 요괴의 소굴을 찾아간다. 원래 호랑이 요괴는 황풍대왕이라 불리는 쥐요괴의 선봉장이었다. 손오공이 소굴을 찾아와 난리를 치자 황풍동 요괴는 호랑이 요괴를 출전시킨다. 호랑이 요괴는 손오공과 몇 번 싸워보지 못하고 달아나는데 마침 산골짜기에서 쉬면서 말을 지키고 있던 팔계가 그것을 때려잡는다. 손오공은 팔계에게 다시 짐과 말을 지키도록 한 뒤 삼장을 구하기 위해 동굴로 찾아간다.

팔계는 우연히 공을 세운 것이 아니라 바람 없는 골짜기에서 쉬고 있었기 때문에 공을 세울 수 있었다. 팔계는 능동적 간섭과 참여의 주체이다. 그 자아는 항상 이곳을 부정하여 저곳에 있을 어딘가로 건너가고자 한다. 분별적 이원사유의 화신인 것이다. 호랑이 요괴는 바로 이렇게 둘로 나누어 어느 한쪽에 집착하는 팔계의 분별에서 나왔다.

나라는 주체가 세워지면 선호하는 쪽에 집착하는 능동성이 일어난다. 팔계가 바로 그러해서 호랑이 요괴가 처음 나타났을 때 앞장서서 호랑이를 상대한다. 자기가 주체가 되어서 호랑이 요괴를 물리치겠다는 욕망이 일어난 것이다. 주체의 자의식이 뚜렷할수록 대상세계가 마음에 들지 않는다. 만나는 것마다 달려들어서 어떻게 해보려 한다. 그것이 바로 장애가 되어 지금 당장의 이것에 눈멀게 하는 것이다. 원래 팔계의 숙제는 능동적 주체성과 욕망을 통제하는데 있었다. 당장 팔계(八戒)의 이름이 그 숙제를 해결하는 길을 제시하는 것으로서 이것저것 8가지를 하지 않는다는 내용을 담고 있다. 그러나 무한한 장애를 상대하기에 8가지의 금기는 역부족이다. 무한한 장애의 표상인 9에 비해 하나가 부족하기 때문이다. 마음관찰의 길에서 의식적 통제와 금기는 저절로 지켜지는 계율로 들어가기 위한 입구에 해당한다. 저절로 지켜지는 계율은 있는 이대로의 존재성과 하나로 만날 때 성취된다. 그것은 있는 이대로 둘로 나누어 취사선택하지 않는다는 의미에서 자성청정계(自性淸淨戒)라 부른다. 혹은 인위적으로 행위할 필요가 없다는 의미에서 무위계(無爲戒)라 부르기도 하고, 마음의 본바탕이라는 뜻에서 심지계(心地戒)라 부르기도 한다. 그렇지만 팔계는 아직 있는 이대로 맡겨두는 차원과 먼 곳에 있다.

그렇다면 이렇게 분별적 이원사유의 차원에서 스스로의 그림자와 싸우고 있던 팔계가 어떻게 그 호랑이 요괴를 잡게 되는가? 팔계가 잠시 쉬고 있었기 때문이다. 삼장이 잡혀간 후 팔계는 잠시 싸움에서 빠져 바람 없는 골짜기에서 짐과 말을 지키는 임무를 수행한다. 산골짜기는 능동적 작용을 멈추고 모든 것을 수동적으로 받아들이는 자리이다. 원래 큰마음에 대한 바른 관찰은 능동적으로 주도하지 않는데 있으므로 내려오는 모든 것을 저항 없이 받아들이는 산의 골짜기에 비유되곤 한다. 노자는 이것을 골짜기의 신(谷神)이라 불렀다. 지금 여기 있는 이대로 수용하는 것이 바로 골짜기의 신이 하는 일이다. 팔계는 이 골짜기에서 짐과 말을 지키는 임무를 수행한다. 그것은 지켜보기만 하면 되는 임무라서 일부러 행동할 필요가 없다. 오는 대로 수용할 뿐 장애가 일어날 수 없다. 그래서 애를 써서 싸울 때는 호랑이 요괴가 끝없이 허물을 벗으며 달아났지만, 모두 내려놓고 나니 그것이 저절로 찾아온다. 호랑이요괴는 아무렇게나 휘두르는 팔계의 쇠스랑에 맞아 죽는다. 그러니까 팔계가 공을 세운 것은 능동적 행위를 내려놓고 일없이 쉬는 바람 없는 자리에 있었기 때문임을 알아야 하는 것이다.

황풍대왕 요괴

손오공이 죽은 호랑이를 끌고 황풍동으로 찾아가 그 원흉인 황풍대왕에게 싸움을 건다. 황풍대왕이 삼지창을 들고 나타난다. 둘은 호적수라서 싸움이 좀처럼 끝나지 않는다. 이에 손오공이 털을 뽑아 110명의 분신을 만들어 사방에서 요괴를 공격한다. 그러자 황풍요괴는 입을 세 번 빼끔거리더니 '후'하고 누런 바람을 내뿜어 분신들을 날려 버린다. 이 누런 바람은 삼매의 바람(三昧風)으로 불리는데 그 바람에 문수보살은 푸른 사자를 잃고, 보현보살은 흰 코끼리를 잃어버리고, 조주의 돌다리가 무너져 버린다. 게다가 손오공은 요괴가 얼굴을 향해 뿜은 바람을 맞아 눈이 멀어버린다.

이 이야기는 황풍대왕 요괴가 쓰는 삼지창에서부터 시작할 필요가 있다. 호랑이 요괴가 쓰던 두 자루의 붉은 구리칼은 이원적 사유의 상징이었다. 그것으로 주체와 대상을 둘로 나누어놓고 대상을 공략하는 싸움을 벌인 것이다.

이에 비해 황풍대왕 요괴는 삼지창을 쓴다. 주체와 대상의 이원론에 공(空)의 관념이 더해져 세 갈래의 삼지창이 된 것이다. 이렇게 공까지 더해져 셋이 된 것은 삼장이 『다심경』을 외었던 일과 관련이 있다. 삼장은 주체와 대상을 둘로 분별하는 이원론을 극복한다고 하면서 공의 관념을 별도로 세우고 그것에 집착하고 있었다. 이것이 이원론의 둘보다 많으므로(多)『다심경』이 되었던 것이다.

이렇게 공에 대한 삼장의 집착으로 인해 모든 것을 날려버리는 부정 일변도의 바람이 일어난 것이다. 그것은 지금 이 현장에 드러난 큰마음을 보지 못하게 하는 바람이다. 그래서 요괴왕은 손오공과 그 분신들을 날려 버리는 것이다. 그 바람은 오로지 부정할 뿐 그 개별적 형상이 모두 큰마음이라는 금가루를 원질로 하여 빚어져 있는 것임을 무시하고 있는 것이다. 이것은 미리 세워진 관념에 집착하는 일이므로 큰마음을 보지 못하게 된다. 손오공의 눈이 멀게 되는 것도 이 때문이다.

원래 손오공의 밝은 관찰은 황금 눈동자를 한 불같은 눈(火眼金睛)에서 나온다. 그것은 대상을 환히 보되(불의 눈) 그 속의 움직임 없는 본질(황금 눈동자)을 놓치지 않는 눈이다. 그런데 이 황풍요괴는 공의 관념에 집착하여 지금 이것을 아예 없는 것으로 치부해버린다. 형상의 밖에 따로 큰마음이 따로 존재한다는 관념에 지배되고 있는 것이다. 이것을 삼매의 바람(三昧風)이라 부르는데 그것은 부정일변도의 관념적 바람이다. 원래 마음관찰의 여행에서 바깥의 바람에 흔들리지 않는 일을 삼매라 부른다. 그런데 이 황풍요괴의 삼매는 모든 것을 뒤흔들어 뿌리를 뽑는다. 그러니까 황풍요괴의 삼매는 잘못된 것이다. 요괴가 쓰는 삼지창의 삼(三), 바람을 일으킬 때 세 번(三) 빼끔거림이 모두 이 삿된 삼매(三)를 드러내기 위한 것이다. 진정한 삼매는 대상과 내가 둘이 아닌 자리를 확인하는 일이다. 지금 이것이 나와 둘이 아니므로 움직이지 않을 수 있는 것이다. 그런데 이 황풍요괴는 대상을 모두 날려버리고 무지각의 상태에 머물고자 한다.

황풍대왕의 바람은 잘못된 삼매로서 손오공의 분신들을 날려버릴 뿐 아니라 보살들, 조사들까지 날려 보내는 부정 일변도의 길을 걷는다. 문수보살은 청사자를 잃고, 보현보살은 흰 코끼리를 찾지 못하는 일이 벌어진다. 마음관찰의 현장이 무너지고, 조주의 돌다리가 두 동강나는 일이 일어난다. 분명 모든 보살은 여래의 화신이다. 그러니까 여래라는 절대존재성은 보살의 형상 없이 따로 존재할 수 없다. 말하자면 보살 없이 여래가 있을 수 없다. 여래는 보살을 통해 나타나기 때문이다. 그런데 이 요괴는 지금의 이 형상을 부정하면서 형상의 밖에 따로 진리가 있다고 생각한다. 그래서 모든 것을 날려버리는 일을 바른 길이라 착각하고 있는 것이다.

상한 눈의 치료

바람에 눈을 다친 손오공은 팔계와 함께 우선 큰 길로 돌아가 인가를 찾는다. 하루 저녁 쉬고 나서 다시 요괴를 상대할 방안을 찾기로 한 것이다. 그 때 마침 어둠 속에 불빛이 보여 찾아가니 숲 속에 저택이 나타난다. 그리고 저택에서 한 노인이 나와 이들에게 방을 내어주고, 차와 들깨 주먹밥을 대접한다. 또한 삼화구자고(三花九子膏)라는 안약을 손오공의 다친 눈에 발라주며 한 잠 푹 자도록 당부한다. 다음날 손오공은 자신이 호법신의 도움을 받아 눈을 뜨게 되었음을 알게 된다.

손오공은 눈이 멀고 날이 저문 상황에서 우선 큰 길로 돌아가 인가를 찾는다. 그리고 노인의 도움을 받아 새로 눈을 뜨게 된다. 손오공의 눈은 진화 중에 있다. 처음에 그의 눈은 자아의 실체가 따로 없음을 아는 차원에 있었다. 자아의 실체가 따로 없으므로 다양하게 다른 몸으로 변신할 수 있었던 것이다.

그러다가 이제 나는 물론 대상세계 또한 별도의 실체를 갖고 있지 않다〔我法二空〕는 사실에 눈을 뜨는 문 앞에 서 있다. 손오공 일행으로 상징되는 이 마음관찰의 여행자는 수시로 대상의 모양에 속아 그것에 집착하거나 배척하는 분별의 길을 걸어왔다. 이 지지부진한 국면을 넘기 위해 의식적으로 모든 생각과 지각을 끊어 버리고자 하는 지향이 일어난다. 일어나는 모든 일에 대해 무지각으로 일관하면서 이것을 삼매라고 착각하는 일이 일어난다. 모든 것을 날려 없애버리는 황풍요괴의 삼매풍(三昧風)이 그것이다. 이러한 공에 대한 관념적 집착〔頑空〕은 형상에 대한 집착 이상의 장애를 불러온다. 무지각 상태에서는 생각으로 인한 장애가 일어나지 않는 것 같으므로 이것을 무심의 성취로 생각하게 되기 때문이다. 마음관찰 여행자가 이러한 무지각 상태에 집착하면 큰마음을 보지 못하게 된다. 그래서 손오공이 눈을 멀게 된 것이다. 그렇다면 어떻게 하면 다시 눈을 뜰 수 있을까? 우선 무지각에 집착하는 잘못된 길에서 벗어나 지금 이 자리에서 큰마음을 확인하는 일로 돌아와야 한다. 그래서 손오공과 팔계는 차를 마시고 밥을 먹는다. 그 일상 다반사(茶飯事)의 현장에 뚜렷하게 드러나 있는 큰마음을 알아차리는 일로 돌아온 것이다. 그것은 내려놓는 일이기도 하므로 손오공은 한 잠 푹 자게 된다. 그것이야말로 멀어버린 눈을 치료하는 길이기 때문이다.

삼화구자고(三花九子膏)라는 안약

삼화구자고(三花九子膏)는 세 송이의 꽃과 아홉 알의 씨앗으로 된 고약이라는 뜻이다. 이 안약의 효능은 3과 9의 관계에서 나온다. 여기 세 송이의 꽃(三花)이 있다. 어떤 일이든 본질과 현상의 통일성을 말하기 위해서는 세 측면이 필요하다. 모든 것을 관통하는 본질적 측면, 그것이 힘으로 나타나 작용하는 측면, 모양으로 드러나는 측면이 그것이다. 종교적으로 그것은 삼위일체설로 나타난다. 예컨대 불교에서는 존재성 그 자체로서의 법신(法身)과 작용하는 에너지로서의 보신(報身), 그리고 형상으로 드러나는 화신(化身)을 설정한다. 기독교에서는 성부, 성신, 성자의 일체설을 제시한다. 이것이 세 송이 꽃이다. 그런데 이 세 송이 꽃은 만물(9)과 둘 아닌 관계에 있다. 그래서 꽃→씨앗→꽃은 확산운동과 수렴작용을 동시에 갖게 된다. 모든 현상이 하나로 돌아간다(萬法歸一)면 하나는 어디로 돌아가는가(一歸何處)를 묻는 질문과 답이 여기에 마련되어 있다. 그러니까 다른 모든 것을 부정하고 나면 하나의 절대가 남을까? 옛 마음관찰의 거장들은 그 하나의 절대가 다시 부정되어 이미 부정된 만 가지 현상에 대한 재발견으로 나아간다고 본다. 그래서 동시성을 강조하는 것이다. 특히 마지막 하나를 내려놓는 것을 크게 죽는다고 한다. 이렇게 크게 죽을 때 모든 것이 되살아나는 만물소생의 길이 열린다. 삼화구자고(三花九子膏)는 어디까지나 꽃과 씨앗이 함께 있는 약이다. 원인과 결과의 동시성, 본질과 현상의 불이성(不二性)이 이 약의 주성분이다. 그것은 모든 것을 무로 환원하는 둔한 무지각의 눈병을 고치는 유일한 약이 되는 것이다.

황풍동 염탐

밝은 눈을 회복한 손오공은 팔계에게 짐과 말을 맡긴 뒤 작은 모기로 변해 다시 황풍동을 찾아간다. 모기 손오공이 졸개 요괴를 물자 문을 지키던 그 요괴가 날이 밝은 줄 알고 일어나 문을 연다. 손오공은 그 틈을 타 동굴로 들어가 삼장을 찾아낸다. 삼장은 바람 재우는 기둥에 묶여 제자들을 찾고 있었다. 손오공은 삼장을 안심시킨 뒤 요괴의 행동을 염탐한 끝에 요괴가 영길보살(靈吉菩薩)을 두려워한다는 사실을 알게 되어 영길보살을 찾아간다.

손오공은 왜 하필이면 작은 모기로 변했을까? 모기에게는 몇 가지 특기가 있다. 우선 아프게 물어 잠자는 사람을 깨우는 특기가 있다. 그래서 졸개가 벌떡 일어나 문을 여는 것이다. 그것은 둔감한 무지각의 상태를 깨뜨리는 일에 해당한다. 다음으로 어둠 속에서 목표물을 잘 찾아낸다. 모기로 변한 손오공이 삼장을 찾아낸 일이 그것이다. 모기는 형상은 보이지 않지만 앵앵거리는 날개 소리가 그 존재성을 증명한다. 그것은 분명하게 알아차리는 작용을 상징하기에 충분하다. 또 모기는 몸집이 작아서 염탐하기만 할 뿐 직접 싸우지 않는다. 밝은 알아차림은 참견하지 않음을 전제로 한다. 장애를 상징하는 요괴는 이러한 알아차림에 견딜 수 없게 된다. 결국 손오공은 모기와 같은 알아차림의 힘으로 요괴의 약점을 알아낸다. 요괴가 무서워한다는 영길(靈吉) 보살은 관찰과 집중의 화신으로서 이 장애를 해결할 능력을 갖고 있는 존재이다.

한편 요괴의 특기가 바람인데 삼장을 바람재우는 기둥에 묶어 놓았다는 설정이 흥미롭다. 원래 요괴의 누런 바람(黃風)은 역사적 인물인 현장법사가 실제로 만났던 사막의 모래바람을 차용한 것이다. 사막의 모래바람이 하늘높이 치솟아 시야를 완전히 가려버린다는 현장법사의 기록을 빌려온 것이다. 소설에서는 이 바람이 손오공의 눈을 멀게 하는 바람이므로 관찰이 없는 무지각의 삼매에 해당한다. 이것을 마음관찰의 길에서는 지각없는 멍청함(無記昏沈)이라 표현한다. 그런데 마음관찰을 하는 여행 당사자는 이것이 눈을 멀게 하는 바람임을 모른다. 오히려 스스로 바람 없는 자리에 굳건히 자리 잡고 있다고 자부하기까지 한다. 그래서 삼장이 그러한 것처럼 스스로를 그 기둥에 묶어놓고 집착하는 것이다. 일반적으로 삼매를 마음에 움직임이 없는 상태로 이해한다. 그런데 그 움직임 없음에는 전혀 다른 두 가지의 상황이 있음을 알아야 한다. 첫째는 영민하게 알아차려 추호의 틈도 없이 큰마음과 하나로 만나는 일을 가리킨다. 둘이 아니게 만나 움직임이 없는 이것이 진짜 삼매이다. 그것은 거울이 앞에 드러나는 대상을 추호의 주관작용도 없이 완전히 비추는 일과 같다. 이에 비해 가짜 삼매가 있다. 삼장이 그랬던 것처럼 인위적으로 지각작용을 멈추게 하여 스스로를 기둥에 묶어두는 것이 그것에 해당한다.

영길보살의 도움

손오공이 영길보살을 찾고 있는데 태백금성이 노인으로 나타나 길을 알려준다. 남쪽 삼천리 되는 곳에 작은 수미산이 있고, 영길보살이 그곳에서 설법하고 있다는 것이었다. 손오공은 근두운을 타고 수미산을 찾아가 도움을 청한다. 영길보살은 바람을 재우는 영단(定風丹)과 비룡 지팡이(飛龍杖)을 가지고 황풍요괴를 관리하는 일을 맡고 있었다. 영길보살은 손오공을 시켜 요괴를 불러내게 한 뒤 비룡 지팡이를 용으로 변화시켜 요괴를 잡는다. 알고 보니 요괴는 영산에서 등불의 기름을 훔쳐 달아난 누런 쥐였다. 보살은 요괴를 잡아 원래의 자리로 돌아가고 삼장 일행은 다시 마음관찰의 여행을 계속한다.

『서유기』를 보면 손오공은 주변의 도움을 받아 장애를 극복하는 경우가 대부분이다. 마음관찰의 여행은 전투에 비유된다. 그래서 손오공은 서천행을 마친 뒤 투전승불(鬪戰勝佛), 즉 전투에 이긴 부처라는 호칭을 받게 된다. 그런데 이 싸움은 내가 적군을 물리치는 싸움이 되어서는 안 된다. 강력한 싸움의 주체는 동일한 수준의 요괴를 불러오게 되어 있기 때문이다. 그래서 항상 그 싸움에 임하는 주체를 포함한 이 일을 돌이켜 비추는 관찰을 요구하는 것이다. 이렇게 돌이켜 비추어봄이 곧 마음관찰의 여행이고 진정한 싸움이 되는 것이다. 물론 이 돌이켜 비추어봄은 수시로 새로운 자아의식의 근거가 되기도 한다. 비추어보는 그 일을 자아의 근거로 삼는 일이 있다는 것이다. 마음관찰의 여행자는 그 때마다 새롭게 폭을 넓혀 돌이켜 비춰보기를 반복한다. 이것이 한동안은 무한 순환될 것처럼 보이기도 한다. 손오공이 요괴를 단번에 항복시키는 경우가 전무에 가까운 것도 그 때문이다. 결국에는 자기가 주체가 되어 싸움을 진행한다는 생각을 내려놓을 필요가 있다. 그러면 영길보살과 같은 도움의 손길이 저절로 찾아온다. 이 도움은 마음의 요괴를 비추는 손오공, 다시 그것을 비추는 영길보살이라는 구도 속에서 이루어진다. 그러니까 손오공이 보살의 도움을 받는다는 것은 그 능력이 부족하다는 뜻이 아니라 오히려 그 관찰이 철저해졌음을 말해주는 것이다.

그렇다면 왜 영길보살인가? 손오공이 찾아갔을 때 영길보살은 마침 반야바라밀의 법회를 열고 있었다. 이 법회는 삼장이 관념화한『다심경』과 대비된다. 삼장은 지금 세상의 모든 것을 공으로 환원해 버리는 관념에 빠져 있다. 공을 진리로 고집하므로 그와 상대되는 모든 현상들을 비진리라고 부정하고 있다. 분별에 빠져 한 쪽을 버리고 다른 하나를 지향하는 것이다. 한마음을 말하는『반야심경』을 잘못 이해하여 많은 마음(多心)이 되어 버린 것이다. 결국 모든 것을 날려 버리는 요괴의 삼매바람은 삼장의 이러한 관념적 집착에서 일어난 것이다. 이것을 치유하려면 반야바라밀다의 큰마음을 회복해야 한다. 그것은 우주에 가득 차

있고, 너와 나와 만물에 깃들어 있다. 이 큰마음과 하나로 만날 때 문제는 이미 해결되어 있다. 영길보살이 바로 그 자리인 것이다.

그렇다면 영길보살의 두 보물은 무엇을 상징하는 것일까? 영길보살은 신령한(靈) 관찰과 저절로 성취되는(吉) 집중을 함께 갖고 있는 존재이다. 보살이 여래에게 받은 두 개의 보물 중 비룡장은 변화에 대한 관찰을 상징하고 정풍단은 집중을 뜻한다. 그러니까 영길보살은 이 두 보물 때문에 영길이라는 이름을 갖게 된 것이다. 이 관찰과 집중이야말로 수행을 이끄는 두 가지 보물이 되는 것이다. 이것은 언제나 함께 있어야 한다. 그런데 보살은 바람으로 모든 것을 날려버리는 요괴를 상대하는데 정풍단을 쓰지 않고 비룡장을 쓴다.

왜 그랬을까? 원래 이 요괴의 바람은 삼매풍이다. 그것은 모든 것을 날려버려 아무것도 일어나지 않는 무지각의 상태를 만든다. 돌이나 나무와 같은 상태에 빠져버린 것이다. 이 무지각을 상대하려면 영민한 알아차림을 회복해야 한다. 그것이 하늘을 나는 비룡이다. 용은 변화의 화신이지만 그 변화되는 모습에 속지 않는다. 대상이 아무리 변하더라도 놓치는 일이 없는 것이다. 바로 이러한 특징 때문에 무지각의 상태로 자아를 극복했다고 자부하는 황풍요괴가 자아의 화신임을 알아 꽉 잡아 놓치지 않을 수 있었던 것이다.

황풍대왕 요괴의 결말

영길보살의 도움으로 요괴를 잡고 보니 그것은 영산의 등불에서 기름을 훔친 한 마리 쥐였다. 여래가 애초 이것을 알았을까? 여래는 절대존재 그 자체라서 존재할 뿐 판단하거나 개입하는 자아를 내려놓은 존재이다. 여래가 형상으로 나타나 행위하면 그것이 보살이 된다. 그러니까 영길보살이 여래의 현현으로서 여래의 일을 대신하는 것이다.

이 쥐 요괴가 영산의 등불기름을 훔쳤다는 것은 잘 훔치고 잘 숨는 쥐의 특기를 염두에 둔 것이다. 영산의 등불기름은 세상을 밝히는 빛의 원천이다. 그 기름을 전부 가져왔다면 그대로 완전한 지혜를 갖춘 여래 그 자체가 되었을 것이다. 그래서 옛 마음관찰의 거장들은 밝게 눈뜬 제자들을 도둑놈이라 부르기도 하였다. 그런데 이 쥐는 전부가 아니라 일부를 훔쳤으므로 이미 불완전한 분별적 지혜에 떨어져 요괴가 되고 말았다. 분별적 이원사유로 큰마음을 이해했을 뿐이지 그것과 하나로 만난 것은 아니기 때문이다. 공을 진리로 고집하는 삼장의 관념이 바로 그 훔쳐온 기름에 해당한다. 현장에서 밝게 눈뜨는 대신 관념의 동굴 속에 숨어 있으므로 어두울 수밖에 없다. 그렇다면 이 관념적 이해의 조각들을 다 모으면 완전한 진리가 될까? 전체를 아는 큰마음의 지혜는 작은 지혜의 총합이 아니다. 개별적 형상을 분별하는 이원적 사유로는 그것을 이해하거나 깨달을 수 없는 것이다. 그래서 알고 이해하는 차원의 이원적 사유 자체를 내려놓을 필요가 있다. 모든 것을 큰마음에 맡기는 것이다. 영길보살은 그래서 쥐 요괴를 잡아 여래에게 돌아간다. 이렇게 하여 무지각의 상태를 마음관찰의 여행으로 착각하여 그것에 집착하는 황풍요괴의 고난을 극복하게 된다.

10. 사오정의 귀순

유사하, 흐르는 모래의 강

삼장 일행이 유사하(流沙河)에 이르자 푸른 얼굴을 한 괴물이 나타나 삼장에게 달려든다. 괴물이 싸우다가 불리해질 때마다 물속에 자꾸 숨어드는 바람에 3번을 맞붙어도 승부가 나지 않는다.

삼장 일행이 도달한 유사하는 폭이 800리나 되는 끝이 보이지 않는 강이다. 최고로 가벼운 새의 깃털조차 가라앉는 이 강에서 해골 아홉 개를 목에 건 얼굴 푸른 괴물이 나타난다. 그가 사오정이다.

『서유기』의 마음관찰 여행단의 일원들은 모두 물과 관련되어 있다. 우선 삼장법사의 어린 시절 이름이 강의 흐름〔江流〕였다. 태어날 때 도적을 만나 강에 던져진 인연 때문에 갖게 된 이름이다. 다음으로 손오공은 수렴동(水簾洞)의 폭포를 고향으로 하고 있다. 저팔계는 하늘의 강〔天河〕을 관장하면서 8만의 수병을 지휘하던 사령관이었다. 또 용마는 말할 것도 없이 물을 고향으로 한다. 서해 용왕의 아들로서 나중에는 응수간(鷹愁澗)의 물속에 살다가 여행단에 합류하였다. 마지막으로 여행단에 합류하는 사오정은 흐르는 모래의 강〔流沙河〕에 살고 있다. 이 물들은 모두 마음의 다양한 특징을 상징한다.

사오정이 살고 있는 흐르는 모래의 강 역시 마음을 상징하기는 마찬가지이다. 이 강은 가장 가벼운 거위의 깃털도 가라앉는 강이다. 그것은 여행자를 늪에 빠뜨리는 어두운 무명의 심층의식에 대한 비유가 된다.

마음관찰의 여행자는 이 어두운 무명의 심층의식을 바르게 돌이켜 비추는 관찰의 눈을 갖춰야 한다. 특히 이 깊은 심층의식에서 문득 어두움이 일어나 나와 대상을 가르는 분별작용이 일어나고 있음을 거듭 확인할 필요가 있다. 그러나 그러한 분별작용이 극히 미세하기 때문에 마음관찰의 여행자는 그것을 감지하지 못하고 그것에 지배된다. 많은 여행자들이 여기에서 거꾸러지고 마는 것이다. 사오정의 목에 걸린 아홉 개의 해골이 그것을 상징한다.

사오정은 누구인가?

천상의 권렴(捲簾) 대장이던 사오정은 천상의 반도복숭아 잔치에서 실수로 유리를 깨뜨린다. 이 벌로 지상 떨어져 괴물이 된 것이다. 팔계가 나서서 이 괴물을 상대하지만 손오공이 도울 때마다 번번이 물속으로 숨어드는 바람에 싸움이 좀체 결판이 나지 않는다.

자아의식에 근거하여 판단하거나 개입하지 않고 지금 있는 이것을 있는 그대로 보면 완전하다. 이렇게 둘로 구별되지 않는 자리를 본래성품이라 한다. 자아가 개입하지 않고 보는 이 본래성품은 안과 밖의 구분이 없이 밝다. 그것은 마치 유리에 담긴 밝은 달과 같아서 안과 밖을 모두 환히 비춘다.

그런데 사오정은 실수로 이 유리를 깨뜨려 안과 밖을 구분 없이 비추는 기능을 상실하게 해버린 것이다. 실수라 하지만 그것은 자신의 권렴대장이라는 직분을 방기한 일이기도 하다. 권렴, 즉 주렴을 걷어서 여는 일은 안과 밖을 하나로 통하게 하는 일이다. 그가 실수로 유리를 깨뜨렸다는 것은 주렴을 걷어 안과 밖을 하나로 통하게 하는 본분의 일을 제대로 수행하지 못했다는 뜻이기도 하다. 안과 밖을 투명하게 비추는 투명성, 무장애성이 사라졌다는 뜻인 것이다.

안과 밖이 둘로 나뉘는 이러한 내외 분리의 시작점은 어두운 무명의 심층의식이다. 이 무명은 시작을 알 수 없는 자리에서 일어난다. 분명한 것은 우리의 제반 장애가 모두 이 시작시기를 확정할 수 없는 무명에서 출발한다는 점이다. 이것은 유위적 계율이나 의지로 다스릴 수도 없다. 그래서 팔계가 아무리 나서도 잡지 못하는 것이다. 이것을 대상으로 하여 비추어볼 수도 없다. 잘 드러나지 않는 미세함을 주된 특징으로 하기 때문이다. 그래서 손오공도 잡지 못한다.

결국 나중에 손오공이 그랬던 것처럼 내가 싸워 저것을 이긴다는 생각을 내려놓아야 한다. 내가 싸운다는 생각을 내려놓으면 거기에 관세음보살이 있다. 그래서 손오공은 관세음보살을 찾아가 그 섭리에 맡기는 일로 이 싸움을 끝내게 되는 것이다.

사오정을 상대하는 팔계의 싸움

물속에서 나온 푸른 괴물을 상대하여 팔계가 적극적으로 나서지만 쉽게 승부가 나지 않는다. 이에 손오공이 싸움에 뛰어들자 견딜 수 없게 된 괴물이 물속으로 숨어버린다. 물속에서의 싸움을 못하는 손오공 대신 팔계가 들어가 유인해 나오면 손오공이 공중에서 공격을 하기를 반복하는 일이 벌어진다. 그렇지만 요괴는 그 때마다 물속에 숨어 버린다.

대부분의 요괴를 상대하는데 손오공이 그 역할을 하지만 여기에서는 팔계가 싸움의 앞에 나선다. 왜 팔계여야 하는가? 팔계는 여덟 가지 계율이라는 뜻이다. 계율은 마음관찰 여행의 호신부임에 틀림없다. 그것은 물을 출렁이게 하는 일을 멈춰 밝게 비추도록 하는 일에 해당한다. 살아 있는 생명을 죽이지 않는다는 불살생의 계율만 해도 그렇다. 살아있는 생명을 해치면 물이 출렁인다. 죄책감이 들고 후회하는 마음이 일어난다. 혹은 전투에서는 대상을 이겼다는 자부심이 일어날 수도 있다. 이것이 출렁이는 파도를 일으켜 실상을 바로 보지 못하게 한다. 자아의 판단이 개입하였기 때문이다. 계율을 지키면 이러한 파도가 일어나지 않을 수 있다. 파도가 일어나지 않으므로 밝게 비추는 지혜가 일어날 수 있는 것이다.

그런데 팔계에 의한 파도 잠재우기는 거친 욕망과 분노 등을 상대할 수는 있지만 물 밑에서 숨어서 움직이는 무명의 심층의식을 상대하기에는 역부족이다. 팔계의 의지와 계율 자체가 거칠고 규범화되어 있어 미세한 움직임을 상대할 수 없는 것이다. 끝없이 빠져나가는 이것을 상대하기에 형식화된 계율은 역부족인 것이다. 그래서 팔계는 사오정에게 거칠다고 욕을 먹는 것이다.

팔계의 역할과 한계

그럼에도 불구하고 팔계는 사오정과의 전투에 주역으로 나선다. 팔계는 싸움의 과정에서 사오정을 3번 물 위로 끌어올려 밖으로 노출시킨다. 어두운 무명의 어리석음이 욕망을 따라 수면 위로 드러나는 일이 있다는 말이 된다. 물 위로 끌어 올린다는 것은 말할 것도 없이 감지할 수 있는 표층의 영역으로 드러나게 한다는 뜻이다. 그러고 나면 손오공이 관찰의 눈으로 사오정을 포착하게 되는 것이다.

이 싸움에서 팔계는 상반된 두 가지 정체성을 갖는다. 하나는 대상에 대한 집착과 욕망을 상징한다. 팔계는 아름다운 여인을 집착의 대상으로 삼아온 이력이 있다. 항아, 묘이저, 취란은 모두 아름다운 여인들이었다. 이 인물들은 팔계라는 자아의식에 비해 미세한 잠재의식 차원의 작용을 상징한다. 그 미세한 의식의 작용을 자아의 근거로 집착하여 거기에 데릴사위처럼 깃들이고자 했던 것이다. 사오정 역시 감지되지 않는 미세한 의식작용이다. 그래서 팔계는 숨어서 드러나지 않는 사오정을 끝없이 찾아가 달려드는 것이다. 그러니까 팔계의 욕망을 통해 어두운 무명의 작용을 발견하고 알 수 있는 것이다. 어두운 강바닥에 숨어 정체를 드러내지 않는 사오정은 어리석음의 다른 말이다. 이 어리석음은 욕망을 따라 일어나 표층으로 드러난다. 팔계가 사오정을 물 위로 끌어올리는 상황이 이것을 상징하고 있는 것이다.

다음으로 팔계는 계율에 대한 의지를 뜻한다. 모든 집착과 장애를 다스리는 최초의 방법은 장애를 불러일으키는 일들을 금기시하는 계율이다. 그래서 계율은 마음관찰 여행의 호신부가 되는 것이다. 계율은 본질적 계율과 형식적 계율로 나눌 수 있다. 형식적 계율은 본질적 계율로 들어가는 실습과제에 해당한다. 당연히 팔계는 형식적 계율을 실습하고 있는 중이다. 이것은 깊이 숨은 심층의식에서 일어나는 어두움을 상대하기에 역량이 부족하다. 그래서 팔계는 사오정과의 싸움에서 승리하지 못한다. 그가 아직 유위적 차원, 이원적 차원에 머물러 지켜야 할 것과 물리쳐야 할 것은 나누고 있기 때문이다.

손오공의 실패

손오공은 이 싸움에서 관찰의 주체가 된다. 대상이 밖으로 드러나면 알아차리는 역할을 하는 것이다. 그러나 그 관찰이 불완전하여 3번의 싸움에서 모두 실패하고 만다.

첫 번째 싸움에서는 사오정이 언덕 위로 올라와 삼장을 위협하자 손오공이 여의봉을 그를 공격한다. 이 때 거의 잡힐 뻔 했던 사오정이 물속으로 숨어버린다.

두 번째 싸움에서는 사오정이 언덕 가까이 접근하자 손오공이 그를 공격한다. 그러나 사오정은 미리 대비하고 있다가 공격을 피해 다시 물속으로 숨어버린다.

세 번째 싸움에서 사오정은 물 표면까지만 나온다. 언덕으로 가까이 다가가지 않는다. 물가에서 싸울 뿐이다. 손오공의 공격을 사전에 대비하고 있는 것이다.

마음관찰의 여행에 작위적 기획이 개입되면 싸움은 제대로 발전할 수 없다. 요컨대 작위적 기획은 지금 이 자리에 드러난 큰마음을 보는 일에 도움이 되지 않는다. 소 등에 타서 소를 찾는 일을 하는 것이기 때문이다. 마찬가지로 마음의 장애를 다스리기 위한 작전은 도움이 되지 않는다. 마음으로 마음과 싸우는 일이 되기 때문이다. 작전이 치밀할수록 생각의 힘이 강화되어 자아에 에너지를 공급하게 되기 때문이다. 그래서 손오공의 작전이 치밀할수록 사오정도 더 잽싸게 빠져나가는 것이다.

손오공의 발전

손오공은 이렇게 실패를 거듭하지만 관찰의 시야가 넓어지는 발전을 이루기도 한다. 손오공은 처음에 삼장을 지키고 있다가 언덕 위에 올라온 사오정을 공격한다. 두 번째는 동쪽 언덕 가까이에서 공격한다. 세 번째는 언덕으로 가까이 다가오려 하지 않는 사오정을 잡기 위해 허공에 솟아올라 그를 잡으려 한다.

그러니까 손오공의 시야가 점점 넓어지고 있는 것이다. 처음에는 사오정이 언덕 위로 올라오고 나서야 그를 본다. 두 번째는 언덕 가에 다가오는 것을 본다. 세 번째는 물위에 올라오자마자 그것을 본다. 그 시야가 넓어지고 관찰이 깊어지고 있음을 뜻하는 것이다. 그렇다면 어떻게 하면 가장 넓은 전체적인 관찰이 될까? 관찰하는 자신과 대상을 둘로 나눈다면 아무리 넓은 관찰도 반쪽일 수밖에 없다.

손오공은 아직 관찰하는 나를 세우고 있으므로 진정한 관찰의 눈을 갖지 못하고 있다. 다만 주체와 대상이 대립하는 현장에서 점점 뒤로 물러나는 발전을 이루고 있다는 점은 분명하다. 그것은 특히 싸움중에 공양을 얻어다가, 함께 공양을 들며, 휴식을 취하는 일을 통해 암시되어 있다. 주체와 대상을 나누는 싸움을 멈추고 잠시 쉬는 자리로 물러서는 것이다. 그것은 큰마음을 확인하는 계기가 된다. 손오공은 사오정과의 싸움에 허탕을 칠 때마다 팔계를 데리고 삼장이 있는 곳으로 돌아간다. 지금 여기의 이 현장으로 돌아가는 일이야말로 큰마음과 하나로 만나는 일의 시작이기 때문이다. 그리고 손오공은 마지막으로 관세음보살에게 응원을 청한다. 내가 주체가 되어 이 일을 한다는 의식을 내려놓고 섭리에 맡기기로 한 것이다. 그것이야말로 지금의 이 현장으로 완전히 돌아가는 일이고, 가장 넓고 깊은 관찰로 들어가는 일이기도 하다.

삼장을 구름에 태우지 않는 이유

그렇다면 이 유사하를 건너기 위해 손오공은 삼장을 구름에 태워 건너갈 수 있지 않았을까? 아예 서천까지 근두운으로 바로 갈 수 있지 않았을까? 이렇게 물어볼 수 있다. 실제로 싸움을 하는 중에 손오공은 구름을 타고 6~7천 리를 구름을 타고 날아가 공양을 얻어온다. 삼장이 신기해하자 10만 8천 리 길도 고개만 두 번 끄덕이고 허리를 한번 굽히면 된다고 자랑한다. 그러자 팔계가 말한다. 그렇게 쉽다면 사부를 등에 업고 날아가면 되지 뭐 하러 이 고생을 하느냐는 것이었다. 그러자 손오공이 대답한다. 삼장이 직접 현장의 땅을 발로 밟아야지 단번에 날아갈 방법은 없다는 것이다. 삼장이 큰마음에 하나로 만날 수 있도록 도울 수는 있어도 그를 대신할 수는 없다는 것이었다.

왜 그럴까? 큰마음의 차원에서 보면 공간과 시간은 하나의 개념일 뿐이다. 마찬가지로 큰마음의 차원에서 보면 눈앞의 이 자리가 우주와 다르지 않다. 그러나 이러한 큰마음의 이치를 알고 있는 것과 지금 당장 그것과 하나로 만나는 일은 다르다. 무수히 분별하는 습관으로 이루어진 이 몸과 마음을 가지고 있는 우리는 이러한 큰마음의 이치와 쉽게 하나로 만나지 못하기 때문이다.

결국은 지금 당장 실천하느냐의 여부가 문제가 된다. 지금의 이 현장에 직접 발을 딛고 직접 만나는 일이 일어나야 하는 것이다. 또한 끝없는 실천을 통해 그 만남이 전면화되어야 하는 것이다. 그렇지 않고 이치적으로만 알 뿐이라면 그것은 이렇게 자아를 고집하는 무거운 몸과 마음을 가지고 손오공의 구름을 타고자 하는 헛된 소망에 불과할 뿐이다.

다만 손오공의 구름이 수시로 도움이 되기는 한다. 공양을 얻어오고, 앞길을 조감하며, 큰마음의 존재들에게 도움을 청하러 가는데 구름은 유용하게 쓰인다. 요컨대 마음관찰의 여행길에서 큰마음의 도리에 대해 알고 이해하는 차원에서 거듭 확인하는 일이 구름타기처럼 도움이 된다는 것이다. 큰마음의 차원을 이해하고자 하는 일이 깨달음을 돕는 힘이 된다는 것이다. 그래서 손오공은 수시로 구름을 탄다. 이해의 차원이기는 하지만 수시로 이 원리를 확인하고, 항상 큰마음의 도리에 맞게 살고자 하는 것이다. 이것은 마음관찰 여행자의 구체적 실천을 이끄는 지침이 되는 것이다.

싸워서 이기는 길과 도움을 청하는 길

손오공이 관세음보살을 찾아가 도움을 청하자 보살이 먼저 그를 꾸짖는다. 자아를 강화하고 주체를 세우기에만 바빴다는 것이다. 만약 삼장법사와 함께 마음관찰의 여행을 하고 있는 중이라는 말을 했다면 괴물이 쉽게 항복했을 것이라는 말이었다.

마음관찰이란 무엇인가? 장애가 되는 대상과 내가 싸워서 이기는 것인가? 마음이라는 특별한 대상을 나라는 주체가 보는 일인가? 옛 마음관찰의 기록들을 보면 장애와 직접 싸워서 그것을 꺾는 방법으로는 눈뜸이 일어나지 않는다. 오히려 싸우는 나와 대상에 대한 집중을 내려놓을 때 문득 큰마음이 확인되는 일이 일어난다. 요컨대 그것은 내가 대상을 쓰러뜨리는 일도 아니고, 내가 승리자가 되는 일도 아니다. 애초 내가 문제인데 내가 무엇을 이긴다면 그로 인해 나는 의기양양하여 더 커질 뿐이다. 그래서 대상과 나에 대한 집착을 내려놓고 큰 마음에 귀순하는 일이 필요한 것이다.

손오공은 다짜고짜 사오정을 잡으려 하였다. 어두운 무명의 장애를 꺾고 내가 승리자가 되고자 하였던 것이다. 내가 주인이 되고자 하였다. 이렇게 나를 주체로 세운 이상 사오정을 이기지도 못하고 잡지도 못하게 된다. 내가 나를 잡거나 이길 수 없기 때문이다.

그렇다면 사오정이 상징하는 어두운 무명을 넘어 안과 밖이 함께 밝은 자리로 되돌아가는 길은 무엇인가? 우선 이 싸움이 사오정을 대상으로 하는 일이 아니라는 것을 알아야 한다. 이 싸움은 나와 대상을 둘로 나누어 보는 차원을 벗어나 그 비춤의 범주를 확장할 때 제대로 된 효과를 볼 수 있다. 그 비춤의 범위가 사오정→저팔계→손오공으로 넓어져서 결국 나와 대상을 구별 없이 비추는 관세음보살의 자리로 나아가야 한다.

그렇다면 구체적으로 어떠한 비춤이라야 하는가? 관세음보살은 사오정에게 경을 가지러 간다는 얘기를 하라고 조언한다. 그러면 요괴가 저절로 귀순하리라는 것이었다. 경을 구하러 간다는 말은 마음관찰의 여행을 하고 있다는 말의 다른 표현이다.

어떻게 말해도 마음관찰의 길에서는 주체로서 대상과 싸워서 이기는 일은 일어날 수 없다. 원래 주체와 대상이 따로 없기 때문이다. 돌이켜 비추어보기의 진정한 관찰이 계속되다 보면 주체와 대상의 구분이 사라지고 오직 관찰만이 남게 된다. 다만 알 수 없는 지금의 이것을 앞에 두고 진정으로 알고자 하는 간절함만이 남게 된다. 이제 자아의 욕망 대신 간절함이 이 여행을 이끄는 힘이 된다.

어떻게 하면 마음관찰의 여로를 가로막는 장애를 넘어설 수 있을까? 관세음보살이 가르치고 있는 것처럼 그 핵심은 큰마음의 도리와 하나로 만나고자 한다는 사실, 그것이 유일무이한 과정이자 목적이라는 사실을 간절히 확인하는데 있다.

하나의 호로병과 아홉 개의 해골

이렇게 관세음보살이 답을 주었지만 손오공에게는 문제가 남아 있다. 사오정이 아예 물 밖으로 나오지 않는데 그 말을 어떻게 하느냐는 것이다. 손오공에게는 아직 그 간절함이 '무엇에 대한 간절함'이다. 그래서 무엇〔사오정〕을 찾는 것이다.

그러자 관세음보살은 실습생 혜안(惠岸)을 불러 붉은 호로를 하나 내어준다. 이 호로를 가지고 손오공과 함께 유사하에 가서 사오정을 부르라는 것이었다. 사오정이 귀순하면 이 호로를 가운데에 두고 사오정이 목에 걸고 있는 아홉 개의 해골을 주위에 배치하라고 한다. 그러면 진리의 배〔法船〕가 완성되어 유사하를 넘을 수 있다는 것이었다.

여기에 호로와 아홉 개의 해골을 함께 묶는 일이 해결책으로 제시되어 있는데 이것이 가리키는 바는 무엇인가? 장애라는 것이 따로 있다면 극복하면 된다. 큰마음이라는 것이 따로 있다면 열심히 노력해서 성취하면 된다. 그런데 그것이 그렇게 간단하지 않다. 장애가 일어나는 바로 이 자리를 보는 것이 마음관찰의 여행이기 때문이다. 요괴조차 큰마음의 드러남임을 보는 것이 이 일이기 때문이다. 따라서 어떤 특정한 대상을 설정하고 그것에 도달하는 방식으로는 이 여행은 이루어질 수 없다. 이 마음관찰의 여행에서 중요한 것은 집중이 아니라 간절함이라 하는 이유가 여기에 있다. 집중은 어떤 대상이나 주제에 몰입하는 것이다. 그러나 마음관찰의 여행에서 요구하는 간절함은 알 수 없는 이것을 오직 알고자 하는 자세에서 일어난다.

그 핵심에 하나의 호로와 아홉 개의 해골을 묶는 일이 있다는 것이다. 여기에서 호로는 속이 비어 있으니까 하나의 공(空)을 가리킨다. 혹은 본질을 가리킨다. 모든 것은 공이라는 점에서 하나이다. 아홉 개의 해골은 다양한 현상〔色〕이다. 아홉은 절대수로서 무수한 만물을 가리키기 때문이다. 이 하나의 호로와 아홉 개의 해골을 함께 묶었으므로 하나와 많음이 만나고, 본질과 현상이 만나게 된다.

원래 나와 대상을 분별하는 이원적 사유에 지배될 때 본질과 현상은 둘로 나뉜다. 그러나 하나의 본질은 다양한 현상과 둘이 아니다. 지금 이 현장의 모든 현상이 있는 이대로 본질이다. 이것을 이해적 차원이 아니라 지금 당장의 이 현장에서 직접 확인하는 것이 마음관찰의 여행이다. 그것이 잘 되지 않으므로 오직 알고자 하는 마음이 일어나는데 이것이 앞에서 거듭 언급한 간절함인 것이다.

이 하나의 호로와 아홉 해골로 이루어진 배를 진리의 배(法船)라 한다. 이 배는 어떻게 승선하는가? 오직 이것일 뿐인 진리에 대해 알고자 하는 간절함이 승선을 허락하는 배표가 된다. 마침내 일행은 삼장을 가운데 두고 손오공과 저팔계, 사오정, 그리고 용마가 한 몸이 되어 배에 오른다. 나와 대상, 하나와 다수가 둘이 아닌 불이중도가 되면 모든 장애는 더 이상 장애가 아니다.

사오정의 귀순

손오공을 따라 온 혜안이 관세음보살의 분부대로 강 속을 향해 외친다. "오정아! 진리를 구하는 사람이 여기에 있다." 이 한 마디에 사오정이 귀순한다.

여기에서 우리는 물어봐야 한다. 귀순이란 무엇인가? 훌륭한 진리가 따로 있고, 그것을 추구하는 길이 따로 있으며, 그것을 성취한 존재가 따로 있어서 그에 귀순하는 것일까? 그렇지 않다. 진정한 귀순은 자아의 고집을 내려놓고 지금 이 일을 통째로 수용하는 일이다. 우리는 좋은 것은 받아들이고, 나쁜 것은 거절한다. 그러나 진정한 귀순은 좋고 나쁨, 순조로움과 걸림이 따로 없이 오는 이것을 전체로 수용하는 것이다.

혜안이 외친 대로 진리를 구하는 사람은 바로 여기에 있다. 진정한 진리로서의 큰마음 역시 바로 여기에 있다. 이 큰마음을 시비호오로 판단하지 않고 통째로 수용하는 것이 진정한 귀순이다. 귀순이 일어나면 모든 일은 일사천리가 된다. 좋고 나쁨, 나와 너의 분별의식이 사라져 모든 것이 완전하기 때문이다. 이렇게 분별이 없는 것을 청정이라 한다. 사오정(沙悟淨)의 이름이 되살아나는 순간이기도 하다. 본래 청정함(淨)을 깨달으라(悟)는 것이 그의 이름이었기 때문이다.

사오정의 이름

사오정은 삼장에게 귀의한 후 다시 사화상(沙和尙)이라는 별명을 받는다. 이렇게 하여 삼형제는 모두 본명과 별명을 갖게 된다. 그것은 여행의 목적과 실천의 길을 잘 보여준다. 먼저 본명은 본래의 큰마음을 깨달으라는 궁극적 목적을 제시한다. 이에 비해 나중에 삼장에게 받은 별명은 그 목적을 실현하는 실천의 길을 제시하고 있다.

예컨대 손오공(孫悟空)은 본명이고, 삼장에게 받은 손행자(孫行者)는 별명이다. 여기에서 손오공이라는 본명은 목적이다. 그 중 성에 해당하는 손(孫)은 원래 원숭이(猴猻)를 가리킨다. 현재 우리가 처하고 있는 상황이 이 성에 잘 나타나 있다. 원숭이는 분주하게 움직이면서 화를 잘 낸다. 항상 안정되지 못하고 불안해 하는 우리의 현주소를 드러내고 있는 것이다. 원숭이가 이 가지에서 저 가지로 정신없이 건너다니듯 끝없이 분주하게 집착의 대상을 옮겨가는 것이다. 이렇게 원숭이와 같은 현실을 해결하기 위해 오공(悟空)이라는 이름이 궁극적 숙제로 제시된다. 그것은 나와 대상세계에 본질적 실체가 없음을 깨달으라는 뜻이다. 작용과 본체가 둘이 아님을 깨달으라는 뜻이다. 이에 비해 별명인 실천하는 견습생〔行者〕은 실천 방법이다. 현실 속에서 공의 도리를 깨달아 끝없이 확인하고 실천〔行〕하라는 것이다.

저팔계의 이름도 마찬가지이다. 저팔계의 본명은 저오능(猪悟能)이고, 삼장에게 받은 별명은 저팔계(猪八戒)이다. 저팔계의 성이 되는 저(猪)는 돼지를 가리킨다. 대상에 탐욕하고 집착하는 우리의 현주소를 돼지에 비유한 것이다. 오능이라는 본명은 수행의 궁극적 목적이 된다. 대상을 탐욕하고 집착하는 것이 우리의 현주소이지만, 큰마음은 본래 청정하여 저절로 계율을 지킬 수 있다. 그러니까 저오능이라는 이름은 큰마음을 깨달아 저절로 계율을 지키는 자리로 돌아가라는 뜻이 된다. 이에 비해 저팔계(猪八戒)라는 별명은 현실적 실천방안이다. 대상에 대한 탐욕과 집착을 통제하고 제어하기 위해 구체적으로 계율을 정해 그것을 실천하라는 것이다.

사오정에게도 이 원칙이 통용된다. 사오정(沙悟淨)이라는 본명은 궁극적 목적을 제시한다. 사오정의 사(沙)는 모래처럼 빠져드는 어두운 무명을 가리킨다. 그것은 또한 어리석을 사(傻)와 발음이 같은 쌍성첩운의 관계에 있다. 무명과 어리석음은 서로 통하는 것이다. 그 어리석음의 출발은 안과 밖, 나와 대상을 둘로 나누는 일에서 시작한다.

그런데 큰마음은 본래 청정하여 이것과 저것을 둘로 나눌 일이 없다. 이것이 청정함의 본뜻이다. 오정(悟淨)이라는 본명은 이 본래의 청정함을 깨달으라는 숙제를 제시하고 있다. 한편 삼장법사가 준 사화상(沙和尙)이라는 별명은 수행자로서의 품행과 위의를 단정히 하라는 실천방법을 제시한다. 수행자로서 청정한 행위를 닦으라는 것이다. 이를 통해 청정한 자성을 깨닫는 일로 안내될 수 있다는 것이다.

11. 백골요괴의 고난

마음관찰 여행자의 음식

여기 백골요괴의 고난 이야기가 있다. 서천여행을 계속하던 삼장 일행은 백호령(白虎嶺)에 이르러 백골요괴를 만나게 된다. 백골요괴는 예쁜 여자로 변해 삼장을 잡으려 하는데 손오공이 그 정체를 알아차리고 여의봉으로 때려죽이고 만다. 그러나 삼장은 무고한 생명을 죽였다고 꾸짖으며 손오공을 내쫓는다. 손오공은 화과산 수렴동으로 돌아가 제천대성의 왕국을 재건한다. 이 고난은 삼장으로부터 시작된다. 길을 가던 삼장은 손오공에게 공양할 음식을 구해오라 명한다. 손오공이 깊은 산 중이라 구해올 곳이 없다고 하자 버럭 화를 내며 손오공을 꾸짖는다.

> 이 원숭이 놈아! 네가 양계산에서 부처님의 힘으로 돌 상자에 갇혀 입으로만 말을 할 뿐 발을 움직이지 못하고 있을 때 내가 네 생명을 구해주지 않았더냐? 내가 직접 정수리에 손을 대고 수계를 하여 나의 제자가 된 것 아니냐? 어째서 노력하지 않고 항상 게으른 마음을 품고 있는 거냐?

어째서 삼장은 먹을 것을 구하기 어렵다는 손오공의 얘기에 이렇게 화를 내는 것일까? 삼장은 지금 이 몸이 실체성을 갖는다는 집착을 하고 있다. 자아의 근거가 되는 이 몸은 음식으로 이루어져 있다. 그것은 생성하여 머물다가 소멸하는 운동 속에 있다. 그러나 삼장은 이 몸이 실체성을 갖고 있으며 영속할 수 있다고 생각한다. 그래서 손오공이 음식을 구해올 곳이 없다고 하자 화를 낸다. 원래 마음관찰 여행자의 진짜 음식은 큰마음과 함께 하는 기쁨이다.

그러나 삼장은 형상에 묶여 있다. 그것은 음식으로 된 이 몸에 대한 애착과 궤를 같이 한다. 그는 배가 고프다고 짜증을 낸다. 이 몸이 자기라고 생각하기 때문이다. 이러한 모양의 몸을 가진 삼장이 과거에도 있었고, 지금도 이렇게 있고, 앞으로도 어떤 식으로든 개체적 동일성을 유지하며 존재할 것이라 생각한다. 그것은 지금 당장 이것에서 영산을 체험하는 일과 정반대의 길을 걷는다.

손오공은 삼장의 독촉에 밀려 구름 위에 올라 주변의 먹을 것을 찾아본다. 마침 멀지 않은 남쪽 산 양지바른 곳에 잘 익은 복숭아가 있는 것을 보고 발우를 들고 그것을 따러 간다. 삼장은 기뻐하며 손오공을 보낸다. 원래 잘 익은 복숭아는 신선의 음식이다. 삼장은 음식을 통해 신선과 유사한 어떤 바람직한 단계에 도달할 수 있다고 생각한 것이다.

손오공의 비웃음

삼장이 음식을 구해오라 했을 때 손오공은 그 일을 비웃는다. 그것은 극히 신랄하다.

사부님도 참 어리석으십니다. 이 깊은 산중에는 마을도 없고 여관도 없습니다. 돈이 있어도 살 곳이 없는데 어디에서 공양을 구해오라는 겁니까?

왜 손오공은 공양을 구해오라는 삼장의 말에 토를 단 것일까? 마음관찰의 여행은 이 몸에 대한 집착에서 벗어나는 일로 시작된다. 그러니까 마음관찰 여행은 머물지 않음의 거듭된 실천이다. 이를 통해 지금 당장의 이 현장에 눈뜨는 일이 일어나는 것이다. 마음관찰 여행은 마을과 인가가 전혀 없는 깊은 숲을 걷는 일과 같다. 기댈 곳도 없고 머물 곳도 없다. 몸을 단련하는 것도 아니고 마음에 집중하는 것도 아니다. 오로지 한 걸음을 땅에 딛는 지금 당장의 이 현장을 확인할 뿐이다. 음식만 해도 그렇다. 음식을 구할 수 없다고 화를 내거나 조바심을 낼 것이 아니다. 배고픔을 알고 수용하는 것이 마음관찰의 여행이다. 음식을 먹는 일이나 음식을 굶는 일이나 동일한 지금 이 일일 뿐이기 때문이다. 그래서 음식을 구해오지 않는다고 화를 내는 삼장은 우선 잘못되었다.

그렇다고 전혀 먹지 않아도 된다는 것은 아니다. 삼장에게 몸은 무시할 수 없는 수레이다. 다만 배가 고파서 화를 낸다면 문제는 다르다. 화는 집착에서 일어나는 것이기 때문이다. 삼장은 배고픈 상황에서는 여행을 할 수 없다고 말한다. 그러나 배가 고파도 마음관찰 여행은 계속할 수 있다. 배고픈 이 현장을 바로 아는 것이 바로 마음관찰 여행이기 때문이다. 여기에서 삼장과 손오공은 대립한다.

손오공에게는 공에 대한 깨달음만 중요할 뿐 그 외에 모든 형상은 의미가 없다. 이에 비해 삼장은 음식으로 이루어진 돈에 묶여 있고 집착하고 있다. 그러니까 손오공은 공에 편향되어 있고, 삼장은 색에 묶여있는 것이다. 요괴를 불러온 것은 삼장이지만 손오공 역시 있음과 없음을 갈라 중도를 벗어난 자리를 헤매고 있는 것이다.

모양을 보는 두 눈, 팔계와 손오공

백골 요괴는 아름다운 부인으로 변해 푸른 통에 담긴 쌀밥과 녹색병에 담긴 볶음면을 공양으로 올린다. 팔계는 아름다운 용모에 끌려 앞으로 마중을 나가 부인을 맞이하고는 배고픔을 참지 못해 밥에 덤벼든다.

팔계는 삼장의 욕망을 대변하는 존재이다. 팔계가 먹는 일에 혹하는 것은 음식으로 이루어진 몸에게 주인의 자리를 허락하고 있기 때문이다. 그것은 예쁜 여인에게 주인자리를 허락하는 데릴사위 살림과 같다. 이처럼 팔계는 욕망에게 주인자리를 허락하고 그것에 예속되는 길을 걸어왔다. 원래 팔계의 욕망은 자아의 영속 욕구와 관련이 있다. 팔계는 몸이 되었든, 영혼이 되었든, 혹은 신이 되었든 특별한 무엇을 상정하고 그것에 집착한다. 이것이 항아에 대한 집착, 묘이저에게 얹혀살기, 취란의 집에 데릴사위로 살기로 나타난 바 있다. 팔계는 아름다운 여인에 대한 집착의 방식으로 큰마음을 소유하고자 한다. 여인=큰마음, 소유=깨달음의 방식으로 욕망의 구조가 작동하고 있는 것이다. 이러한 팔계에게 진리는 특별한 무엇이고, 그러므로 별도의 모양과 이름을 갖는다. 팔계는 백골요괴의 아름다운 모습이 바로 그것이라고 이해한다.

그렇지만 손오공이 보기에 모든 형상은 아름다운 여인의 껍데기를 뒤집어쓴 백골과 같다. 나아가 어떤 형상을 껍데기로 쓰고 있든 간에 그것은 궁극적으로 해골무더기로 돌아간다. 원래 육신이 백골로 돌아가는 이미지를 관찰하는 것은 육체의 비실체성을 직접 체득하기 위한 효과적인 관찰법이기는 하다. 실제로 묘지에 버려진 시체를 보면서 가죽과 살이 없어지고, 힘줄만이 뼈에 이어져 있음을 보고 돌아와 자기 몸에서 그것을 보는 관찰법이 있기도 하다. 또 티베트의 마음관찰자들은 조장터에서 흩어진 뼈를 보고 자기 몸을 그것과 견주어 관찰하는 방법을 쓰기도 한다. 이것이 몸의 실체 없음을 보는 효과적인 길의 하나라는 것이다.

그런데 삼장과 팔계는 백골에 씌워진 껍데기를 보고 호오의 마음을 일으킨다. 아름다운 형상에 속은 것이다. 아름다운 여인도 모양이고, 숭고한 진리도 모양이다. 이렇게 무엇인가 특별한 것이 있다고 생각하면 그것에 지배되는 것이다. 그렇다면 손오공은 옳고, 삼장과 팔계는 틀렸는가? 문제는 그렇게 단순하지 않다.

팔계의 음식에 대한 욕심

아름다운 여인이 음식을 공양하겠다고 하는데 삼장이 주저주저한다. 팔계가 생각하니 지금 먹으면 셋이 나눠먹을 수 있고, 손오공이 돌아오면 넷이 나눠먹어야 한다. 그래서 음식그릇에 덤벼들어 이것을 먹고자 한다. 이 때 손오공이 나타나 그를 가로막고는 여인으로 변신한 백골요괴를 때려죽이고 만다. 이후 손오공은 같은 요괴를 세 번 죽이는데 이것이 첫 번째에 해당한다.

팔계의 음식과 성에 대한 탐욕과 집착은 유명하다. 그것은 우리의 욕망을 대변한다. 우리는 정도는 다르지만 음식에 집착한다. 이 몸이 음식으로 이루어져 있고, 우리는 이 몸을 자아의 뿌리로 여기기 때문이다. 우리의 자아는 각자의 몸을 근거지로 삼고자 한다. 그러므로 육체를 무너지지 않게 유지하기 위해 음식에 대한 탐욕과 집착이 일어난다. 성에 대한 탐욕과 집착 역시 몸을 재생산하고자 하는 욕망의 발현이다. 자아는 이를 통해 영속을 기약하는 것이다. 그래서 식욕과 색욕은 몸을 가진 인간의 기본 본능이 된다. 팔계의 경우, 그것이 겹쳐서 나타나는 경우가 많다.

여기에서도 팔계의 음식에 대한 탐욕은 성에 대한 탐욕과 겹쳐서 나타난다. 그 형상적 아름다움 때문에 여인을 믿고 여인이 올리는 음식에 달려든 것이기 때문이다. 이처럼 음식에 대한 탐욕과 아름다운 여인에 대한 탐욕은 팔계의 고질병이다. 그것은 내적으로 구조화되어 마음관찰 여행과 깨달음에 대한 지향을 환치해버린다. 마음관찰 여행과 깨달음을 음식을 섭취하는 원리, 여인을 취하는 원리로 이해한다는 것이다. 그것은 모두 영속을 향한 자아의 전략이다. 나라는 자아가 깨달음이라는 특별한 무엇을 소유하여 초월적이고 영속적인 존재가 되고자 하는 것이다. 음식이 되었든, 이성이 되었든, 진리가 되었든 나의 것으로 소유하는 일이므로 양이 많을수록 좋다. 그래서 팔계는 손오공이 오기 전에 그것을 독차지하기 위해 음식그릇에 달려드는 것이다.

그렇지만 큰마음과 깨달음은 소유할 수 있는 것이 아니다. 오히려 그 소유하고자 하는 자아를 내려놓는 일이 마음관찰 여행의 핵심이 된다. 그러니까 주체와 대상에 대한 잘못된 집착을 내려놓는 일의 무수한 실천을 마음관찰 여행이라 하는 것이고, 저절로 그렇게 되는 일을 깨달음이라 하는 것이다. 음식 먹는 일만 해도 그렇다. 바른 여행자는 음식을 먹되 덤벼들지 않고, 뒤로 물러서서 음식을 먹는 이 일을 돌이켜본다. 음식을 먹는 이 일에 큰마음이 통째로 드러나 있기 때문이다. 이렇게 되면 밥을 먹는 이 일이 바로 큰마음과 하나로 만나는 진짜 여행이 된다.

백골요괴가 나타나는 백호령(白虎嶺)

꽃 같은 여인이 나타난 곳은 흰 호랑이의 고개, 백호령이다. 백호라는 지명은 이 여인의 정체를 암시한다. 꽃 같은 여인은 정체가 바로 백골(白骨)이라는 것이다. 이 백골(白骨)과 백호(白虎)는 발음이 서로 통하는 관계에 있다. 그러니까 백호령은 백골요괴와 짝이 되는 것이다. 다른 한편으로 이 요괴는 삼장일행을 잡아먹으려 하고 있다. 그래서 백호이다. 중국에는 여색에 빠져 갈 길을 놓치는 사람들을 백호에게 잡아먹혔다고 해석하는 문화가 있었다. 요컨대 백호령은 백골 요괴가 사는 곳이다.

무엇보다 백골은 공의 비유이다. 그러니까 사람을 포함하여 모든 형상 가진 것은 본질적으로 백골이다. 인간의 육체는 결국 흰 뼈로 돌아간다. 모든 형상 가진 것은 모두 백골로 돌아간다. 이러한 원리에 따라 이 몸을 관찰하여 육체를 자아로 여기는 집착을 내려놓을 수 있다.

원효대사가 해골에 담긴 물을 먹고 눈을 떴다는 것도 동일한 맥락에서 나온 전설에 해당한다.

그런데 팔계와 삼장은 이 여인의 꽃 같은 용모 속에 숨은 백골요괴의 정체를 모르고 그것에 속고 있다. 백골은 바로 백호가 되어 마음관찰의 길을 걷는 여행자를 잡아먹게 되는 것이다.

그런데 여기에서 공양물에 대해 다양한 태도가 나타나 주목을 요한다. 요괴는 애써 이 공양물을 바치려 하고, 팔계는 여기에 달려들며, 삼장은 머뭇거린다. 그리고 손오공은 단번에 이것을 부숴버린다. 손오공이 요괴를 때려죽이고 보니 그 바치고자 했던 공양물들이 모두 구더기, 두꺼비 등이 변한 것이었다.

삼장 일행이 공양물을 받으면 무슨 일이 일어나는 것일까? 왜 요괴는 애써 바치려 하고, 손오공은 한사코 이를 막는가? 팔계가 여인의 용모에 미혹되는 일이나 공양물을 받는 일은 동일한 차원의 일이다. 이를 통해 자아를 살찌우고 영속할 수 있다고 생각하는 것이다.

음식에 달려드는 팔계는 이에 대한 형상적 비유가 된다. 팔계는 모든 것을 음식 먹는 일로 환치하여 이해한다. 깨달음조차 진리를 나의 것으로 소유하여 자아의 배를 불리는 일로 이해하고 있는 것이다. 만약 삼장과 팔계가 공양물을 받으면 그것은 깨달음을 소유하고자 하는 자아를 살찌워주는 일이 된다. 스스로 요괴가 되는 길인 것이다. 그래서 손오공은 이 공양물을 받지 못하게 백골요괴를 때려 죽여 버리는 것이다.

그렇다면 손오공은 문제가 없는가? 형상에 속지 않는 것과 형상을 무시하는 것은 다른 일이다. 형상을 무조건 부정하는 것 역시 형상에 지배되는 일이다. 공에 집착하고, 공에 지배되어 중도를 잃고 스스로 요괴가 되는 것이다. 나중의 일이지만 손오공은 삼장에게 쫓겨난 뒤 화과산으로 돌아가 요괴대왕이 된다.

마음관찰 여행은 형상과 공성의 불이성을 체험하는 일을 숙제로 한다. 그런데 삼장과 팔계는 형상에 치우쳐 있고, 손오공은 공성(空性)에 치우쳐 있다. 이 여행자는 상대적 두 차원을 오가고 있어 아직 중도를 모르고 있다. 그것은 나뭇가지를 잡고 옮겨가는 원숭이와 같다. 원숭이의 한쪽 팔은 잡았던 나뭇가지를 놓고 있지만, 다른 팔은 새로운 나뭇가지를 잡고 있다. 스스로는 내려놓았다고 생각하지만 다른 하나를 잡고 있는 여행자의 상황이 그러하다.

그러니까 이 고난은 팔계의 형상 집착과 손오공의 공성 집착이 빚어낸 갈등이다. 팔계는 진리를 음식처럼 먹어 자아를 살찌우고자 한다. 손오공은 모든 것을 부정하고 오직 공만을 진리로 인정한다. 이 공에 대한 집착 역시 자아를 강화하는 길이다. 길은 다르지만 집착은 자아를 살찌우고, 자아를 강화한다는 점에서 다를 바 없다.

요괴에게 잡아먹히는 길

손오공은 공양물을 바치겠다는 여인이 요괴인 것을 알아차리고 여의봉으로 치려 한다. 삼장이 말리자 손오공은 자신의 요괴시절을 말해준다. 자신이 요괴시절에 사람들을 잡기 위해 귀한 금과 은, 귀한 보석이나, 누대, 취한 사람, 여인 등으로 변해서 사람을 홀렸다는 것이다. 그것에 마음을 뺏기는 사람들이 있으면 바로 동굴로 잡아가서 먹어버렸다는 것이다.

잡아먹힌다는 것은 그것에 마음을 뺏기고 지배된다는 뜻이다. 삼장은 백골요괴가 바치는 공양물을 받지는 않았지만 그 호의를 받아들였다. 더구나 내면의 욕심을 상징하는 팔계는 벌써 공양물에 달려드는 중이었다. 이미 마음을 뺏긴 것이다.

무엇보다도 사람은 색욕과 식욕에 잡아먹힌다. 그것에 쉽게 마음을 빼앗긴다는 것이다. 그렇다면 마음관찰의 여행자는 무엇에 잡아먹히는가? 깨닫고자 하는 욕망, 신비한 경계 체험에 마음을 잡아먹힌다. 여인이나 음식을 소유하듯이 깨달음을 소유하려 하고, 신비한 체험으로 자아를 특별하게 의미화하고자 하기 때문이다.

손오공은 형상의 본질이 공임을 알아차리는 눈을 가졌다. 그래서 이름이 오공(悟空)이다. 손오공은 미인을 포함하여 모든 형상의 정체가 백골임을 알고 이것을 부정하는 몽둥이질을 한다. 그런데 왜 손오공은 삼장이나 팔계와 갈등하게 되는 것일까? 분명히 형상에 마음을 빼앗기는 일을 막기 위한 과감한 조치였음에도 불구하고 왜 배척당하는 것일까? 손오공의 입장에서 보면 억울할 듯하다. 그러나 중도 실천의 입장에서 보면 그것은 당연하다. 형상에 대한 집착만큼이나 공에 대한 집착 역시 장애가 되기 때문이다. 손오공은 다짜고짜 여의봉을 휘두르며 무조건 부정하는 입장에 있다. 큰마음은 별도의 실체는 없지만 모든 형상을 통해 드러난다. 따라서 형상을 일괄적으로 부정하기만 하는 손오공 역시 중도에서 벗어나 있기는 마찬가지이다.

형상에 묶이지 않는 일과 형상을 무조건 부정하는 일은 엄연히 다르다. 형상에 묶이지 않는다는 것은 다양한 형상의 밖에 따로 큰마음이 드러날 곳이 없음을 아는 일이다. 이에 비해 형상을 부정한다는 것은 형상의 밖에 따로 큰마음이 있다고 집착하는 일이다. 따라서 손오공의 무조건적인 여의봉질은 문제가 된다. 공에 집착하고 있기 때문이다. 공이라는 진리가 따로 있다고 생각하고 있기 때문이다. 손오공은 자신의 관념을 재부정하는 진정한 공에 도달해야 한다. 공이라는 이 생각조차 공임을 알아 진정한 중도를 실천해야 한다. 그런 의미에서 손오공과 팔계, 손오공과 삼장의 갈등은 필연적인 것이다.

삼장과 다투는 손오공

손오공이 여인을 때려죽이려 하자 삼장이 이를 말린다. 공양을 바치는 착한 여자라는 것이다. 그러자 손오공은 삼장에게 독설을 쏟아낸다. 여자의 미모에 마음이 흔들린 모양인데 그렇게 좋으면 보금자리를 지어주겠다. 서천이니 뭐니 고생하니 말고 여자와 함께 가정을 일구고 살라는 것이었다.

손오공은 어째서 삼장에게 이렇게 가차 없는 독설을 쏟아낸 것일까? 마음관찰의 여행을 한다는 것은 어떤 것에도 머물지 않는 길을 걷는다는 뜻이다. 큰마음을 깨닫는 길은 자아에 대한 집착과 대상에 대한 집착을 내려놓고 지금 당장 이것임을 알아차리는 머물지 않는 길이기도 하다. 심지어 깨달음조차 그것에 머물고 집착한다면 여자와 살림을 차리는 일과 다를 바 없다. 깨달음을 포함하여 어떠한 훌륭한 것이라도 그것에 집착한다면 여인과 살림을 차리는 일과 같다. 요컨대 마음관찰 여행은 머물지 않음을 생명으로 한다.

지금 삼장과 팔계는 스스로 체험한 가치 있는 어떤 체험에 의미를 두고 그것을 재현하고자 하는 중이다. 이렇게 가치 있는 무엇을 따로 설정하고 그것에 마음을 두면 요괴에 사로잡히는 일이 된다. 수행이 아니라 여자와 살림을 사는 일이 된다. 바로 그렇기 때문에 손오공은 사부인 삼장에게 독설을 퍼붓고 있는 것이다.

그러나 손오공 역시 하나의 관념에 집착하여 머물고 있기는 마찬가지이다. 먹을 것을 구해 삼장에게 돌아온 손오공은 일행에게 다가온 이 아름다운 여인이 백골요괴임을 바로 알아차린다. 그래서 다짜고짜 여의봉을 들어 여인을 때려죽이고 만다. 요괴라는 것이다. 삼장이 산 생명을 죽였다고 꾸짖는다. 팔계는 손오공이 무고한 생명을 죽였다고 공격하면서 삼장을 부채질한다. 이에 삼장은 손오공의 머리테를 죄는 주문을 왼다. 그리고는 손오공을 쫓아내려 한다. 손오공은 이후 백골요괴가 노파로 변해 찾아오자 노파를 때려죽이고, 영감으로 변신하자 영감을 때려죽인다. 이렇게 거듭하여 남녀노소를 때려죽인 손오공은 삼장에게 쫓겨나고 만다.

손오공은 억울해 보인다. 분명히 여인은 백골요괴이다. 손오공이 아니었다면 삼장과 팔계는 백골요괴에게 잡아먹혀 버렸을 것이다. 그래서 요괴의 정체를 알고 그것을 때려죽였던 것이다.

그런데 그에 대해 팔계는 유별나게 공격을 한다. 그리고 삼장은 팔계의 편을 든다. 왜 그러한 것일까? 원래 손오공과 팔계는 둘 다 잘못이 반반이다. 팔계는 여인의 형상에 마음이 움직이고, 여인의 공양물에 마음이 혹하였다. 여기에는 두 가지의 잘못이 있다. 첫째, 특별한 모양에 의미를 두는 잘못을 범했다. 모양은 무수한 상대적 개념을 생산한다. 큰마음과 하나로 만난다는 것은 특별한 모양과 상대적 개념에 지배되지 않게 된다는 뜻이다. 모양에 따라 둘로 나누는 일을 중단하는 일이다. 그런데 팔계는 공양물을 바치겠다는 여인의 아름다운 모양을 보고 끌리는 마음이 일어났다. 이미 아름다움과 추함, 착함과 악함을 나눈 셈이 된다. 진리가 무엇인가 특별한 모양과 이름으로 존재한다는 입장, 있음에 집착하는 입장에 빠진 것이다.

이에 비해 손오공은 다짜고짜 여인을 때려죽인다. 그에게는 무릇 형상이란 하나같이 백골요괴의 화신이기 때문이다. 공의 입장에서 보면 모든 것이 공이다. 그런데 공은 아무 것도 없다는 뜻이 아니다. 특별한 모양으로 한정되지 않는다는 뜻이다. 별도의 실체가 없다는 뜻이다. 그러므로 모든 현상이 다 공하다는 말은 모든 현상이 다 큰마음의 드러남이라는 말과 동의어가 된다. 여기에서는 백골이 공의 동의어로 쓰였다. 손오공은 모든 모양이 백골일 뿐이라고 보고 있다. 그것은 지혜로운 눈인 것 같지만 모든 것을 허무로 보는 또 하나의 분별에 빠져 있다. 모든 것은 그저 껍데기일 뿐이며 실제로는 백골만 있다는 것이다. 이것은 없음을 진리로 생각하는 집착이다. 오직 백골일 뿐이라서 별도의 실체가 없기는 하지만, 큰마음은 오로지 이런저런 모양의 껍데기로 나타날 수밖에 없다. 이 다양한 모양의 껍데기를 부정하고 큰마음이 별도로 있는 것이 아니다. 그러므로 미녀와 그 가족을 백골로 보는 것은 지혜의 눈이지만 그것을 일괄 부정해서 때려죽이는 것은 부당한 일인 것이다. 이래서는 마음관찰 여행의 숙제를 완수할 수 없다. 형상에 속는 일도 없어야 하지만 형상에 눈감는 일도 없어야 진정한 실상체험이 가능하기 때문이다.

손오공과 삼장의 갈등

손오공의 머리테는 관세음보살이 삼장을 시켜 씌운 것이다. 주문을 외면 이 머리테가 손오공의 머리를 파고들어 그 마성을 통제할 수 있게 된다. 삼장은 백호령에서 머리테 주문을 3번이나 왼다. 첫 번째는 젊은 여자를 죽였을 때이고, 두 번째는 노파를 죽였을 때이고, 세 번째는 영감을 죽였을 때이다. 이들은 모두 백골요괴가 변한 것이었다. 삼장은 이렇게 3번 주문을 왼 후 마지막에는 손오공을 마음관찰 여행단에서 축출해버린다.

원래 삼장의 주문은 생각을 멈추어 전체성으로 돌아오도록 하는 것이었다. 그러나 여기에서 손오공에 대한 삼장의 단죄는 부당하다. 더구나 마음관찰의 여행단에서 빠지라는 축출령은 더 부당하다. 분명 삼장과 팔계는 요괴에게 사로잡히는 길을 걷고 있었다. 손오공이 요괴를 그대로 두었다면 삼장과 팔계는 그 먹이가 되는 상황이었다.

그렇다면 삼장이 잘못하기만 한 것일까? 앞에서 손오공과 팔계의 잘못이 반반이라 했듯이 삼장과 손오공 역시 잘못이 반반이다. 삼장은 팔계와 함께 형상에 속고 있고, 손오공은 공에 집착하고 있기 때문이다. 그런 의미에서 손오공과 저팔계는 아직 진정한 의미에서 일행이 아니다. 형상은 형상이고, 공은 공이라서 둘로 나뉜 자리에 있다. 삼장은 손오공과 저팔계 사이를 오가고 있다. 형상에 휩쓸렸다가 공에 집착하기를 반복하고 있는 것이다. 이 과정에서 공과 형상에 대한 두 집착이 갈등의 새끼줄을 꼰다. 그것이 3번에 걸친 손오공의 여의봉질과 삼장의 머리테 주문의 충돌로 나타난 것이다.

손오공은 삼장이 자기를 쫓아내려 하자 과거의 은혜에 대한 감격을 이야기한다. 관세음보살이 계를 주고 삼장이 몸을 풀어준 일을 추억한다. 이에 삼장 또한 길을 떠나면서 자신과 함께 해온 손오공과의 정을 생각해서 그와 화해한다.

과거 천상을 어지럽힐 때 손오공은 요괴였다. 영생과 쾌락, 자아숭배의 길을 걸었다. 오행의 구속을 벗어난 초월을 지향하였다. 그 결과 오행산에 갇히게 된 것이다. 그러한 손오공이 삼장에게 도움을 받아 풀려나 마음관찰의 여행을 하고 있다는 것은 스스로 그 과거를 반성하고 있다는 뜻이다. 그런데 그 반성이 지나쳐 이번에는 공에 과도하게 집착함으로써 삼장과 갈등을 빚고 있다. 중도불이는 이 공하다는 견해조차 초극한다. 이것이 마음관찰 여행의 숙제이다. 그러니까 무조건 죽이는 것이 아니라 죽인 것을 되살리는 것이 이 길이다. 그러나 손오공은 이 큰마음의 원리를 반만 알았다. 그래서 오로지 죽이는 일에만 집중하고 있다. 불이중도를 실천하는 입장에서는 이러한 집착을 내려놓는 또 한 번의 더 큰 죽음이 필요하다. 이것이 손오공의 축출되어야 하는 이유이다. 그런데 축출되려는 순간 손오공은 자신이 마음관찰 여행을 시작한 그날의 감격을 이야기한다. 그것은 삼장과 손오공이 만난 날이기도 하다.

젊은 여인의 어머니, 8순 노파

손오공이 여자 요괴를 때려죽인 뒤 8순 노파가 나타난다. 팔계는 이 8순 노파가 방금 전 손오공이 때려죽인 여인의 모친이라 생각한다. 그러나 손오공은 논리상 그럴 수 없음을 간파한다. 8순 노파가 18세 젊은 여인의 어머니가 되려면 60살이 넘어 아이를 낳아야 하기 때문이다. 그렇다면 이 노파는 가짜이다. 그래서 노파를 때려죽인다.

젊은 노파는 백골요괴인 젊은 여인이 변신한 것이다. 젊은 여인과 노파는 다르면서 같다. 외적 모양에 있어서 젊음과 늙음이 다르지만, 내적 본질에 있어서 백골이라는 점이 같다. 마음관찰 여행단의 숙제는 지금 당장의 이 현장에서 큰마음과 하나로 만나는데 있다. 그러기 위해서는 지금의 이 모양에 지배되어서도 안 되고, 그것을 배제하고 다른 특별한 모양을 설정해서도 안 된다. 모양에 속지 않는 이것이 중도의 실천이다. 그러나 손오공은 백골의 측면만을 본다. 이에 반해 저팔계는 형상의 측면만을 본다. 불이중도의 여행길에서는 모든 형상의 차별성과 평등성을 동시에 보는 일이 필요하지만 이들은 아직 하나로 만나지 못하고 있는 것이다.

다만 공성에 대한 눈뜸 없이 형상을 긍정하는 일은 더 많은 장애를 불러온다. 삼장일행은 이제까지 만물이 공함을 보는 손오공이 있었기 때문에 크고 작은 장애를 극복해왔다. 그러나 이러한 손오공 역시 극복되어야 할 지점이 나타났다. 무상, 고, 무아의 이념은 이미 익숙해졌다. 그러나 이것이 현장을 부정하고, 초월만을 긍정하는 길이 된다면 이원론에 빠지고 만다. 이제 지금 당장의 현장에서 불이중도의 불성을 확인해야 할 시점이 되었다. 모든 형상을 무조건 공으로 보는 공리공론을 벗어날 때가 되었다. 그런 의미에서 손오공의 축출은 의미가 있는 것이다. 원래 손오공은 문제를 해결하기 위해 수시로 여행단을 떠나 보살을 만나러 가곤 하였다. 이번에는 보다 근본적으로 내적 모순의 해결을 통해 이 문제가 해결되어야 할 시점이 되었다. 이 과정에서 팔계는 거의 적대감을 가지고 손오공을 배척한다. 있음의 원리와 없음의 원리는 자칫 적대적 모순관계가 될 수 있다. 그래서 손오공이 노파를 죽이자 팔계는 삼장 법사에게 손오공을 내쫓자고 말하는 것이다. 그러면서 이제까지의 공로를 생각해 모자와 조끼를 나눠주자고 말한다. 역시 소유의 방식으로 여행을 이해한다는 점에서 팔계답다. 팔계의 입장에서 손오공을 내쫓는다는 것은 공에 대한 집착을 비판하고 있다는 뜻이다. 그런데 과거의 공로를 인정하여 모자와 조끼를 내어주자는 것은 과거에 머물고 있다는 뜻이 된다. 마음관찰의 여행에서 과거의 공로는 잊혀져야 한다. 그래야 항상 지금 이 자리에서 새로 되살아나는 일이 있을 수 있기 때문이다. 요컨대 공의 실천이 잘못된 것이 아니라 그것에 집착하여 머무는 일이 잘못된 것이다. 공의 도리 그 자체가 잘못된 것은 아니다. 그것의 철저한 실천을 통해 불이중도에 이르러 진정한 활력을 갖고 되살아나야 한다. 무조건 죽이는 것이 아니라 죽인 것을 재부정하여 되살린다. 이렇게 팔계와 손오공의 집착을 부정하여 지금 이 현장에서 되살아나는 여행을 안내하는 것이『서유기』가 지향하는 바다.

삼장과의 2차 화해

손오공이 노파를 죽이자 삼장은 머리테 주문을 외어 그를 벌한 뒤 내쫓고자 한다. 그러자 손오공이 한 가지 부탁을 한다. 머리테를 풀어주면 군말 없이 마음관찰 여행단에서 나가겠다는 것이다. 그러나 삼장은 머리테를 죄는 주문만 알지 푸는 주문은 모른다고 말한다. 그래서 두 번째로 용서하고 화해한다.

왜 머리테를 푸는 이 일이 화해의 조건이 되는가? 삼장이나 손오공 모두 푸는 법을 모르는 것이 마음관찰 여행의 문제이다. 손오공은 지금 오직 죽임 일변도의 극단을 걷고 있다. 삼장은 지금 오직 살림 일변도의 극단을 걷고 있다. 손오공의 입장에서 푸는 법을 안다면 철저한 죽임은 진정한 살림으로 귀결될 것이다. 삼장의 입장에서 푸는 법을 안다면 진짜 살림은 죽임을 통해 가능하게 될 것이다. 그러니까 삼장이나 손오공 모두 죄는 주문만 알고 푸는 주문은 모르고 있다. 손오공의 죽임에 대한 집착을 풀기 위해서는 삼장의 살림이 필요하다. 삼장의 살림에 대한 집착을 풀기 위해서는 손오공의 죽임이 필요하다. 그래서 만약 삼장이 풀어주는 주문을 알았다면 이 마음관찰 여행은 끝나게 되었을 것이다. 이미 도달했기 때문이다. 결국 마음관찰 여행은 손오공의 부정과 팔계의 형상 집착 사이에서 일어나는 갈등과 화해의 이중주이다. 삼장은 손오공과 팔계 사이를 오간다. 손오공은 형상을 부정하는 공의 눈이다. 팔계는 형상에 집착하는 집착의 입이다. 삼장은 이 둘을 품에 안고 있다. 손오공과 팔계가 둘 아닌 관계로 완전한 만남을 이룬다면 삼장의 마음관찰 여행은 끝이 난다. 그러나 삼장의 내면에서 이 둘은 갈등관계를 형성한다. 물론 아무래도 손오공의 공이 주도적 위치를 점한다. 중도는 공을 전제로 하는 것이기 때문이다. 그러므로 손오공이 쫓겨나는 것은 팔계나 삼장이 옳기 때문이 아니다. 공의 주장이 아직 치우쳐 있어서 중도에 이르지 못했기 때문에 쫓겨난 것이다. 그래서 손오공에게나 팔계에게 손오공의 축출은 모두 의미가 있다. 손오공은 이 과정에서 공에 대한 집착으로 인해 자아가 되살아나게 된다는 것을 확인하게 된다. 팔계는 이를 통해 사물의 본질이 공임을 보는 확고한 시선의 중요성을 알게 된다. 마음관찰 여행은 공성에 대한 확고한 시선이 없이는 원칙 없는 동정에 빠질 수 있다. 아녀자의 동정과 다를 바 없게 되는 것이다. 생명에 대한 중시는 공성에 대한 이해를 바탕으로 해야 한다. 그렇지 않다면 우유부단한 소인배가 되어 모양에 지배되는 일이 있을 뿐이다.

팔계가 보는 여인과 노파와 영감

팔계는 여자가 죽은 뒤 노파가 나타나자 그 어머니로 생각한다. 그리고 영감이 나타나자 젊은 여자의 아버지이며 노파의 남편이라고 생각한다. 이에 비해 손오공은 다른 모습으로 나타난 그들이 모두 본질적으로 백골요괴라고 본다.

팔계는 있음에 지배되고 있고, 손오공은 없음의 차원에서 보고 있다. 팔계는 현재의 이것을 과거 원인의 결과로 본다. 팔계는 진리나 만법에 어떤 궁극적 실체가 있다고 생각하는 사유구조를 갖고 있다. 그 궁극의 실체에 기대어 자아를 수립하고 있는 것이다. 그러므로 눈앞에 어떤 존재가 나타나면 그 배경에 어떤 실체가 있다고 생각한다. 영감과 노파가 나타난 가장 큰 이유가 젊은 여인에 있다고 생각하는 것이다. 이렇게 생각하면 모든 것의 근원으로서 무엇이 있어야 한다. 그런데 그 근원이라 하는 것은 자아의 투사이다. 그렇게 자아가 투사된 대상에 집착하는 것이 팔계의 특기이다. 그것은 자아의 생존전략이기도 하다. 절대적 실체를 세워놓고 작은 나를 버리고 큰 나를 추구한다는 것이 명분이 된다. 그러나 『서유기』의 마음관찰 여행에서는 이 절대적 실체조차 내려놓는 완전한 중도의 실천을 요구한다.

다시 팔계의 눈으로 돌아가 보자. 팔계에게 예쁜 여자는 큰마음의 다른 이름이다. 노파와 영감은 이 예쁜 여자와 연관된 끈들이다. 이들을 통해 예쁜 여자라는 절대적 실체에 이를 수 있다고 보는 것이다. 이것을 손오공이 죽여 버린 것이다. 그래서 팔계는 손오공을 미워한다.

그러나 공의 입장에서는 궁극적 실체를 설정하지 않는다. 그래서 손오공은 만나는 모든 것을 곧 부정하기를 계속한다. 여자를 만나면 여자를 죽이고, 노파를 만나면 노파를 죽이며, 영감을 만나면 영감을 죽인다. 그런데 손오공은 이러한 부정을 하나의 원칙으로 고집한다. 이것이 손오공의 문제이다. 달아날 곳 없도록 부정일변도로 가두는 것이다. 실제로 마지막에 손오공은 영감을 죽이기 전에 토지신과 산신을 불러 그 원신이 달아나지 못하도록 공중에서 막고 있으라고 명령한다. 달아날 곳이 없게 한 것이다. 영감이 죽고 나자 백골의 본질(白骨精)이 남는다. 공의 입장에서 보면 모든 형상은 실체가 없다. 그래서 홍안미녀는 곧 백발노파가 된다. 그리고 궁극적으로 모든 존재는 백골로 돌아간다. 그러므로 백골이 본질이라고 볼 수 있다. 이것이 손오공의 관점이다. 그런데 과연 우리의 삶은 백골이 본질인가? 그렇다면 지금 이 생생한 삶의 현장은 무엇인가? 옛 마음관찰의 거장들은 이 다양한 삶의 현장이 바로 큰마음이 드러나는 자리라고 거듭 말한다. 그런 의미에서 손오공의 공에 대한 이해는 한 단계 업그레이드될 필요가 있다. 백골로 돌아간다는 의미에서의 공이 아닌 것이다. 그것은 지금 이것에 대한 생생한 눈뜸을 전제로 한 공이다.

이 밝은 앎에 대한 맡겨둠을 전제로 한 공이다. 이것을 제외한 다른 특별한 것에 의미를 두고 추구하는 모든 일은 진정한 공의 도리에 위배된다. 요컨대 공 자체도 부정되어야 진정한 공의 실천이 되는 것이다. 그런 의미에서 논리적 분석을 통한 공으로의 귀결은 분석공, 허무공 등으로 불리며 실천적으로 부정된다. 팔계는 절대적 실체가 있다는 집착에 빠졌고, 손오공은 모든 것이 궁극적으로 백골로 돌아가는 허무공, 분석공에 집착했다. 따라서 이 둘은 서로 대립하여 화합하지 못하는 것이다. 이로 인해 손오공이 마음관찰의 여행단에서 이탈하게 된다. 팔계의 추구(月)와 손오공의 눈(日)이 분리되어 밝음(明)이 사라지는 일이 일어난 것이다. 마음관찰 여행단의 눈이 멀어버린 것이다.

손오공의 축출

손오공이 영감을 죽이자 백골무더기만 남는다. 수호신들이 달아나지 못하도록 막고 있었으므로 되살아날 방법이 없었던 것이다. 백골무더기의 등뼈에는 백골부인이라고 새겨져 있었다. 팔계는 이것조차 손오공이 삼장의 눈을 속이려는 수작이라고 말한다. 이에 삼장은 손오공이 악행만을 일삼는다고 꾸짖으며 손오공을 벌주고 축출해 버린다.

손오공은 공에 집착하여 젊은 여자와 늙은 노파, 염불하는 영감을 모두 백골로만 보았다. 궁극적으로 이 세 존재는 백골로 돌아가겠지만 예쁜 젊은 여자, 늙은 노파, 염불하는 영감이라는 형상적 차별성을 갖고 있다. 모두 백골이라고만 본다면 이 차별성에 억지로 눈감는 일이 된다. 그것은 편향되고 경직된 부정의 방식을 취한다. 큰마음이 지금의 이 다양한 모양들을 통해서 드러나는 것임을 무시하는 것이다. 지금 이 곳에 있는 기물들이 모두 황금이라 할 때 기물들을 버리고 따로 황금을 찾는 일이다. 그것은 궁극적으로 관념에 대한 집착이 되어 자아를 강화한다. 반면 팔계는 이 차별성을 수렴하는 어떤 궁극적 실체를 상정한다. 젊은 미녀의 사건으로 형상화된 이 실체에 대한 집착은 자아에 대한 집착의 변형된 모습이다.

삼장은 마지막 징벌로 손오공을 파문하고 증명서까지 써준다. 그런데 손오공이 작별 인사를 하려 하자 몸을 돌려 절을 받지 않는다. 그러자 손오공은 3명의 변화신을 만든 뒤 본래의 자기까지 더해 사방에서 인사를 한다. 삼장은 별 수 없이 손오공의 인사를 받게 된다.

삼장의 파문 증명서는 무슨 의미일까? 거듭 확인되는 바이지만 삼장은 저팔계와 손오공의 양극단을 오가고 있다. 지금은 저팔계의 한 쪽에 서서 손오공의 다른 한 쪽을 부정하고 있는 중이다. 이것이 파문 증명서이다. 양극단을 오가는 입장에서는 다른 한 쪽에 쏠리면 다른 한쪽을 부정할 수밖에 없다. 이렇게 있음의 상대가 되는 없음, 없음의 상대가 되는 있음을 설정하고 양자 사이에서 모순갈등하는 것이 우리의 살림이다. 그런데 있음과 없음을 설정하고 나면 그것이 한 자리에서 만나는 일은 거의 불가능하다. 어떠한 정밀한 논의를 동원해도 둘을 만나게 할 수는 없다. 오직 둘을 한꺼번에 내려놓는 것이 유일한 길이다.

그러나 삼장은 지금 팔계가 말하는 실체성에 설득되어 공성을 주장하는 손오공을 버렸다. 마음관찰의 여행에서 어느 한 쪽을 선택하는 것으로는 문제가 해결되지 않는다. 설사 팔계를 버리고 손오공을 취했다 해도 그것은 법에 대한 집착일 뿐 진정한 중도의 실천이 아니다. 이렇게 둘을 설정하였으므로 양쪽을 오가는 널뛰기가 일어나게 된다.

그런데 손오공의 멋진 작별의 절은 무엇인가? 그것은 손오공의 옳음을 증명하는 것 아닌가? 객관적으로 볼 때 손오공의 사방에서 하는 절은 지극히 전면적이다. 그런데 이것이 문제가 될 수 있다. 만법유식의 입장에서 보면 어느 곳에서 해도 바른 절이다. 일체개공의 입장에서 보면 절을 하는 이 일조차 공하다. 그런데 이렇게 몸을 나누어 삼장을 둘러싼다는 것은 손오공이 어떤 중심을 두고 있다는 말이 된다. 손오공은 지금 공을 최고의 진리로 믿고 있는 중이다. 모든 형상을 백골로 보아 남김없이 부정하는 방식으로 공에 집착하고 있다. 삼장이라는 중심 이외의 자리는 인정하지 않고 있는 것이다. 손오공에게는 스승이 어느 특정한 지점에 있다. 그것은 궁극적 실체에 집착하는 저팔계의 생각만큼이나 집착적이다.

지금 이 현장의 모든 형상이 다 큰마음이라는 입장에서 보면 어느 곳이나 절을 하는 그곳이 모두 스승의 자리이다. 모든 것이 절하는 일이고, 모든 것이 절 받는 삼장이다. 그러나 손오공에게는 아직 삼장이라는 중심, 공이라는 중심이 있다. 이것만을 진리로 집착하고 있는 것이다. 이 집착을 내려놓을 때 마음관찰의 여행이 끝날 수 있는 것이다.

12. 손오공의 화과산 재건과 황포(黃布) 요괴의 고난

손오공의 화과산 귀환

손오공이 여행단에서 쫓겨나 화과산으로 돌아오니 그곳은 온통 폐허가 되어 있다. 손오공이 잡혀간 뒤 이랑신이 나타나 근거지를 모두 불태우고 수시로 사냥꾼이 나타나 원숭이 종족을 잡아갔기 때문이다. 그동안 자아를 가두고〔머리테〕, 자아를 부정하며〔공〕 살아온 결과이다. 이처럼 손오공의 공에 대한 집착으로 인해 꽃과 열매로 가득 찼던 화과산은 허무의 폐허로 변해버렸다. 그렇다면 어떻게 되살려야 하는가? 손오공의 입장에서는 지금 이 현장에 대한 살아 움직이는 관찰을 얻는 것 외에 다른 길이 없다. 그것은 만나는 모든 것을 부정하는 일인 동시에 만나는 모든 것을 긍정하는 일이기도 하다. 조금이라도 머무는 것이 있다면 그것은 부정해야 한다. 그와 동시에 지금 여기 인연으로 다가온 모든 것이 바로 큰마음의 드러남임을 알아차리는 일이 있어야 한다. 마음관찰의 여행에서 죽은 것을 되살린다고 할 때 그것은 과거에 죽인 그것을 되살리는 것이 아니다. 오직 지금 이 현장을 100% 수용하는 일이 진정으로 되살리는 일이다.

그런데 손오공에게 지금 그러한 되살림은 가능하지 않다. 팔계의 있음과 상대되는 없음을 주장하는 입장이기 때문이다. 화과산의 폐허는 스스로 허무공(虛無空)의 집착에 묶여있었기 때문에 일어난 일이다. 이것을 되살리려면 단순히 있음에 대한 긍정으로 되돌아가는 것으로는 불가능하다. 있음과 없음을 함께 내려놓아야 한다. 있음을 부정하는 것이 아니라 그 부정까지 내려놓아야 한다. 손오공과 팔계의 분리를 넘어서 둘을 세우지 않는 중도의 자리를 확보해야 한다. 이 때 화과산의 진정한 부활이 가능해진다.

그런데 손오공은 이곳에 다시 자아의 왕국을 세워버렸다. 입장은 정반대이지만 자아의 영원성에 대한 고집이나, 공성에 대한 고집이나 집착이라는 점에서 다를 바 없다. 상대적 차원의 한쪽에 집착한다는 점에서 차이가 없다. 요컨대 모든 것을 공으로 부정하면서 스스로 그것이 마음관찰의 길을 걷고 있다고 생각하는 일은 집착이다. 나는 공의 도리를 실천하는 사람이라는 자아규정은 모양만 바꾼 것이지 자아왕국을 건립하는 일이라는 점에서는 다름이 없다. 그래서 자아를 지키는 4명의 장군들〔我癡, 我見, 我愛, 我慢〕이 여전히 남아 있다가 왕국의 재건을 돕는 것이다.

자아왕국의 재건

손오공은 화과산의 원숭이들을 잡으러 수시로 사냥꾼들이 찾아온다는 말을 듣고 화를 벌컥 낸다. 그리고 사냥꾼을 물리칠 준비를 한다. 부하들을 시켜 불에 탄 돌들을 찾아오게 하여 돌무더기를 쌓아놓게 한다. 그리고는 사냥꾼들이 다가오자 주문을 외워 돌멩이들을 날려 보낸다. 사냥꾼들을 돌멩이에 맞아 모두 죽고 만다. 삼장과 함께 할 때에는 하지 못하던 일을 시원하게 처리해 버린 것이다. 그리고는 사냥꾼들이 타고 다니던 말로 식량을 삼고, 그 창과 칼로 재무장한다. 모든 것을 날려 버리고 공의 자아왕국을 건립한 것이다. 이 사냥꾼들은 관찰의 명수, 이랑신의 화신들이었다. 그것은 자아가 일어나는 곳을 놓치지 않는 민첩한 관찰을 가리킨다. 이들을 물리치고 손오공은 공의 자아왕국에서 제왕으로 등극하여 다시 제천대성이 된다.

그것은 불에 탄 돌조각들을 모으는 일로 시작된다. 불에 탄 돌조각들은 자아에 대한 부정의 흔적들이다. 그동안 손오공은 공성을 보는 눈으로 자아의 다양한 욕구들을 분쇄해왔다. 길을 가로막는 요마들을 물리친 여정이 그 일이었다. 거기에 흔적이 남는데 그것은 비유하자면 불에 탄 돌조각과 같다. 이러저러한 장애들을 분쇄해왔지만 내가 그것을 분쇄했다는 생각이 남아 있는 것이다. 모든 것은 공일 뿐이라는 관념과 나는 그것을 실천하는 사람이라는 자아의식이 남아 있는 것이다. 이것이 타고 남은 돌조각이다. 타고 남은 돌조각들은 과거의 제천대성이 보기에는 패배의 역사이다. 자아가 분쇄됐기 때문이다. 그러나 현재의 제천대성이 보자면 전쟁의 승리를 기념하는 기념물들이다. 공을 실천한 결과를 자부심의 근거로 삼을만한 것이다. 이렇게 승리의 기념물들을 모은 승전탑이 세워짐으로써 자아왕국의 재건이 시작된 것이다.

손오공은 이렇게 모아진 불에 탄 돌조각의 승전탑을 날려 사냥꾼들을 몰살시킨다. 스스로 마음관찰의 명수를 자처하면서 돌이켜 비추는 일을 내려놓은 것이다. 나아가 손오공은 부하들을 시켜 사냥꾼들의 창과 칼을 빼앗아 재무장한다. 손오공이 새로 세운 자아왕국은 없애고, 쓸어버리고, 죽이는 방식으로만 존재한다. 선을 행하고 악을 금기시하는 일조차 귀찮다. 오직 일관되게 부정만을 행하는 이 일을 손오공은 통쾌해한다. 자아성찰이 아니라 대상소멸의 방식으로 전쟁을 벌이는 것이 손오공이 취하고 있는 마음관찰이다.

이렇게 하여 손오공은 화과산 수렴동을 재건하고 제천대성에 복위한다. 스스로를 하늘과 나란히 견주는 자아왕국이 다시 건립된 것이다. 과거에는 자아의 영원성과 유일성을 근거로 한 제천대성이었다. 지금은 공을 유일한 진리로 집착하고 이것을 자아의 근거로 여기는 제천대성이다. 근거는 다르지만 자아를 최고로 여긴다는 점에서 결과는 동일하다. 공에 대해 집착하는 손오공은 그 반대편에 서 있는 팔계와 만나기 전까지 철두철미한 요괴일 수밖에 없다. 그는 사방의 마왕들과 친분을 맺으며 자아의 우월성을 마음껏 확인하게 된다.

팔계의 고생

손오공이 떠난 후 삼장을 지키고 음식을 구해오는 것은 팔계의 몫이 되었다. 음식을 구해오라는 삼장의 명령을 받은 팔계는 호언장담을 한다. 얼음을 비벼 불꽃을 만들고, 눈을 짜서 기름을 얻는 결심으로 밥과 공양물을 구해오겠다는 것이다. 그러나 팔계는 공양을 쉽게 얻지 못한다. 그래서 중간에 잠을 한 숨 자고 돌아가 변명을 하기로 하고 풀숲에 들어가 코를 골며 깊은 잠에 빠져 버린다.

왜 팔계는 음식을 얻지 못한 것일까?『서유기』에서 밥과 공양물은 큰마음과 만나는 여행을 이끄는 양식이다. 이전에 손오공은 밥 대신 익은 복숭아 정도를 구할 수 있다고 했다. 인연에 따라 받는 것이 음식을 얻는 정신이다. 인연을 따른다는 이 정신은 바로 큰마음과 하나로 만나 그것에 맡기는 마음관찰 여행의 길과 통한다. 큰마음은 밖에 따로 있는 것이 아니다. 인연으로 만난 지금 이것이 큰마음이 드러난 현장이다. 그러므로 큰마음은 지금 이것을 돌이켜 비춰보는 일을 통해서만 확인할 수 있는 것이다. 이에 비해 팔계는 구체적으로 밖에서 구해 얻을 수 있는 어떤 실체를 상정하고 양식을 구하고자 한다. 그래서 얼음으로 불을 피우고, 눈으로 기름을 짜는 결의로 반드시 구해 오겠다는 것이다. 유위적인 추구를 통해 무엇인가를 반드시 구해오겠다는 것이다. 그러나 큰마음은 밖에서 추구하여 얻을 수 있는 것이 아니다. 무엇보다 그것은 특별한 어떤 모양으로 존재하는 것이 아니다. 자아를 내려놓고 지금 이것에 맡겨둘 때, 오는 인연대로 완전히 수용할 때, 전체가 큰마음임을 확인하게 되는 것이 이 일이다. 이것이 음식을 얻는 정신인 것이다. 그런데 팔계는 강한 유위적 추구를 통해 그것을 얻고자 한다. 이렇게 추구하는 마음과 유위적 실천은 갈수록 큰마음에서 더 멀어지게 한다. 무엇보다 팔계는 여자를 소유하듯이, 그리고 밥을 먹듯이, 큰마음을 소유할 수 있다고 생각한다. 진리는 소유하는 것이 아니라 내가 그것과 하나가 되는 방식으로 확인된다. 팔계는 이와 반대되는 길을 가고 있으므로 억지로 하는 일이 되고, 금방 피곤하게 된다. 밖으로 찾아다니니 산란하고, 산란하다보니 혼침의 잠이 찾아오게 된다.

팔계를 찾는 삼장

아무리 기다려도 공양을 얻으러 간 팔계가 돌아오지 않는데 삼장은 갑자기 귀가 뜨거워지고 눈이 튀어나올 듯 불안해진다. 그래서 이번에는 사오정을 보내 팔계도 찾아보고 묵을 만한 집도 찾아보게 한다. 지금의 이 솔숲은 묵을 곳이 아니라는 것이었다. 사오정은 숙소를 찾다가 풀숲에서 코를 골며 자고 있던 저팔계를 찾아낸다.

삼장이 귀가 뜨거워지고 눈이 튀어나올 듯 불안해진 것은 팔계에게 밖에서 공양을 얻어오게 한 일과 관련이 있다. 팔계나 삼장은 지금 어디엔가 특별한 곳에 큰마음의 진리가 따로 있다고 생각한다. 그것을 찾지 못한 것은 시간과 노력이 부족했기 때문이라고 생각한다. 그래서 조금만 더! 조금만 더!를 외치며 앞으로 나아가는 것이다. 그것이 밖으로 달려 나가는 산란한 마음이다. 이 산란한 마음으로 인해 지금 당장의 이 현장에 나타난 큰마음을 보지 못하게 된다. 이미 드러난 큰마음을 던져두고 이곳에 없는 것을 찾으므로 피곤하여 혼침의 잠이 일어나는 것이다. 이처럼 혼침과 산란은 밖에서 진리를 찾는 이에게 찾아오는 쌍둥이 자매이다. 무엇보다 저팔계의 길 걷기는 지금 이 현장에서 큰마음을 확인하는 길이 아니다. 저팔계에게 지금의 이 현장은 가능하면 생략되어도 좋을 무엇이다. 그러다 보니 과도한 피곤이 찾아와 우선 한 숨 자야하는 일이 생긴다. 과정과 결과를 둘로 나누었기 때문에 일어난 일이다. 팔계에게 과정은 무시되거나 생략되어도 좋은 일이다. 이처럼 진리를 밖으로 찾아다니는 여행은 서쪽으로 간다면서 동쪽으로 가는 격으로 시간만 낭비하는 일이 된다. 더구나 이렇게 시간을 낭비하면서 스스로는 남다른 노력을 기울이고 있다고 생각한다. 그리고 그 결과가 도무지 나타나지 않으므로 더 갈망하게 된다. 조금 더! 조금 더! 하면서 목말라한다. 이렇게 혼침과 산란이 계속되어 지금 이 현장의 모든 것으로 드러나 있는 큰마음을 보지 못하면서 허둥지둥 밖으로 내달리는 것이 팔계의 상황인 것이다.

그렇다면 팔계가 공양을 구하러 나갔다가 돌아오지 않자 불안해서 귀가 뜨거워지고 눈이 튀어나올 것 같게 된 삼장의 상황은 어떠한가? 마음관찰의 여행이 제대로 되고 있다면 잠잘 곳도 여기이고, 먹을 것도 여기에 있다. 여기에서 한 걸음도 유리되지 않는 것이 진정한 마음관찰의 여행이다. 요컨대 이 한 걸음이 큰마음과 하나임을 확인하고 있어야, 궁극적으로 진정한 큰마음에 눈 뜰 수 있다. 그것은 하나의 벽돌집을 짓는 이치와 같다. 지금 당장의 큰마음이라는 벽돌 한 장이 있어야 궁극적으로 전체가 큰마음인 벽돌집이 이루어진다. 마음관찰의 여행은 인위적 설계와 기획을 통해서가 아니라 지금 당장 큰마음을 실천하는 일을 통해 저절로 이루어지는 것이다.

그런데 삼장은 자신들이 머물고 있는 그 소나무 숲을 떠나 따로 잠잘 곳을 찾는다. 그리고는 조바심이 나 사오정에게 팔계를 찾아오라 시킨다. 삼장의 명을 받은 사오정은 팔계가 그랬던 것처럼 서쪽으로 더 나아가 본다. 역시 조금만 더! 의 연속이다. 팔계가 찾는 음식, 사오정이 찾는 머물 만한 곳은 모두 큰마음의 다른 이름이다. 서쪽으로 조금 더 간다고 별도의 큰마음이 찾아질 리가 없다. 그래서 제자들은 소식이 없는 것이다.

길을 찾는 삼장

팔계와 사오정이 돌아오지 않자 답답해진 삼장이 직접 길을 찾아 나선다. 짐과 말, 삿갓과 석장은 원래 자리에 두고 숲으로 들어서니 작은 길이 여러 갈래로 나 있다. 삼장은 남쪽으로 난 길로 들어서 한참을 헤매다가 황금보탑을 발견한다. 삼장은 길을 제대로 찾았다고 기뻐하며 사원으로 들어선다.

삼장이 들어간 사원은 요괴의 소굴이었다. 그것은 짐을 두고 길을 떠난 삼장의 잘못에서 시작되는 장애이다. 짐과 말, 삿갓과 석장은 여행의 필수품이다. 한 걸음도 뗄 것 없이 지금 이 자리가 큰마음이라는 목적지이다. 이것을 바로 알면 길을 걸을 필요도 없다. 모든 장소, 모든 시간이 큰마음이 드러난 목적지이기 때문이다. 이것이 잘 안 되므로 마음관찰의 길을 걷는다. 그럼에도 불구하고 그 길 걷기는 순간순간 바로 이 자리가 큰마음의 드러남임을 확인하는 과정이 되어야 한다. 그래야 궁극적으로 큰마음에 도착할 수 있다.

이것이 안 되므로 일정한 방식의 실천과제와 방법을 필요로 한다. 옛 마음관찰의 거장들은 정교하게 고안된 실천과제를 내놓았다. 그것들은 지금 당장 큰마음을 체험하는 자리로 우리를 이끈다. 기도와 명상 등의 방편이 그것이다. 이것은 수 천 년을 내려온 보증수표와 같다. 당장 현금이 아니라서 아쉽지만 그것은 지금 당장 큰마음을 확인하는 길을 걸어 궁극적인 진리와 함께 하는 자리에 이르도록 우리를 안내한다. 실천과제를 바르게 이수하는 요체는 그것에 대해 믿음을 갖고 단절없이 실천하는데 있다.

삼장일행의 마음관찰 여행에 있어서 짐을 지키는 일은 그래서 중요하다. 때로는 무겁고, 때로는 아무런 역할도 하지 않는 듯 보여도 이것을 잘 지키다 보면 자신도 모르는 사이에 큰마음과 함께 만나는 자리에 도달할 수 있는 것이다. 그런데 삼장은 이것을 방치하고 길을 나섰다. 별도의 음식, 별도의 숙소, 별도의 진리를 상정하고 있으므로 지금 여기 이것으로 돌아오도록 하는 실천과제를 방치하게 된 것이다.

큰마음이 특별한 모양을 가지고 있다고 생각하는 한 그것은 이미 요마의 입으로 자진하여 찾아가는 일이다. 더구나 삼장은 남쪽으로 길을 들어섰다. 큰마음을 확인하는 길을 걸어 큰마음이라는 목적지에 도달하는 것이 이 마음관찰 여행의 요체이다. 그것을 중도실천이라 한다. 그런데 삼장은 지금 중도를 중간으로 잘못 생각하고 있다. 이쪽도 아니고 저쪽도 아닌 다른 한 쪽의 길이 있다고 생각하는 것이다. 앞에서 살펴본 것처럼 손오공은 공을 집착하고 있고, 팔계는 모양에 집착하고 있다. 그리고 삼장은 손오공을 쫓아내고 팔계와 손을 잡고 진리를 밖에서 찾는 잘못을 범하고 있다. 그래서 조금만 더 앞으로 가면 밥을 빌 곳이 있고, 쉴 곳이 있다고 생각하고 서쪽으로 더 나아가는 길을 택했다. 그러나 그렇게 밖에서 찾는 것은 서쪽이 되었든 동쪽이 되었든 이미 잘못된 길을 걷는 것이다. 그러자 삼장은 아예 그 중간인 남쪽길로 접어든다. 팔계〔서쪽〕의 있음도 아니고, 손오공이 간 동쪽 화과산〔동쪽〕의 없음도 아닌 남쪽이라는 중간을 택한 것이다.

황금보탑 아래의 요괴

삼장이 반가워하며 황금보탑의 사원에 들어가 보니 한 흉악한 요괴가 잠을 자고 있다. 요괴는 푸른 얼굴, 흰 송곳니, 여지의 새싹과 같은 구렛나루, 연지색 두발, 앵무새 코, 새벽별 같은 눈을 하고 있었다. 깜짝 놀라 삼장은 후들거리는 다리를 움직여 문밖으로 달아난다. 그러나 감각이 뛰어난 요괴는 그것을 알아채고 부하들을 시켜 삼장을 잡아들이게 한다.

삼장이 본 황금보탑은 무엇이며 왜 그 탑 아래에 요괴가 있는 것인가? 마음관찰의 여행자를 사로잡는 장애는 그 당사자가 바라는 모습으로 나타난다. 사막을 걷는 목마른 여행자에게 넘실거리는 물이 신기루로 나타나는 것과 같은 이치이다. 황금보탑이 그렇다. 삼장은 장안을 떠나면서 탑을 만나면 탑을 청소하고, 사원을 만나면 향을 피우겠다는 발원을 한 바 있다. 황금보탑과 사원은 삼장에게 진리의 다른 이름이다. 그 발원은 진리를 특별한 모습에서 찾고자 한 삼장의 미혹함을 드러내는 것이기도 하다. 진정한 탑은 지금 이 자리에 있다. 이것을 돌이켜 비춰보는 일이 진정한 마음관찰의 여행이다. 그러나 삼장은 형상으로 드러난 황금보탑을 보고 반가워하며 그곳으로 나아간다. 진리를 형상으로 이해하는 일은 항상 잘못된 길로 들어서게 되어 있다. 그래서 특별한 모양이나 특별한 소리로 진리를 찾고자 하는 사람이 있다면 그는 진리를 볼 수 없다는 가르침이 나온 것이다. 삼장은 지금의 인연으로 다가온 이것을 내던지고 다른 곳에서 특별한 음식을 찾고, 잘 곳을 찾고, 진리를 찾고 있는 것이다. 그것은 스스로 요괴를 불러오는 일이고, 스스로 자기 몸을 요괴의 입속에 넣어주는 일이 되는 것이다.

황금보탑 아래 요괴는 푸른 얼굴, 흰 송곳니, 풀의 새싹과 같은 구렛나루, 연지색 두발, 앵무새 코, 새벽별 같은 눈을 가진 존재로 묘사된다. 어울리지 않는 색깔과 모양의 조합이다. 그런데 그것은 앞에서 젊은 부인으로 변신하여 나타난 백골요괴와 같은 차원의 색깔과 모양이다. 젊은 부인은 짙게 푸른 눈썹, 별 같은 눈, 달 같은 자태, 제비 같은 몸매, 앵무새 같은 목소리를 하고 푸른 색 통, 초록색 병을 들고 나타났다. 다양한 모양과 색의 향연이다. 그렇지만 한쪽은 아름답고 한쪽은 추악하다. 인연에 따라 그 조합이 달라졌기 때문이다. 그런데 이 조합만 달라진 것에 의미를 부여하여 아름다운 것은 좋아하고 추악한 것은 싫어한다면 그것 자체가 장애이다.

그럼에도 삼장은 한사코 시비호오에 집착하는 길을 걷는다. 사실 처음부터 삼장일행의 문제는 모양과 색에 대한 경도, 혹은 그것에 대한 무조건적인 부정에 있었다. 만약 아름다운 부인의 모양과 색채가 백골이기도 하다는 점을 동시에 볼 수 있었다면 손오공은 쫓겨날 일이 없었다. 마찬가지로 특별한 어디에 큰마음이 있다는 생각, 쉴 곳이 따로 있다는 생각, 식사가 따로 정해져 있다는 생각이 없었다면 요괴가 나타날 일이 없었다. 그러나 삼장일행은 모양을 따라가거나 모양을 일괄 부정하는 길을 걸었다. 어느 경우나 모양에 지배되고 있었으므로 모양에 사로잡히게 된 것이다.

이처럼 이 요괴는 진리에 특별한 모습이 있다는 여행자의 관념에 호응하여 나타난 것이다. 실제로 요괴의 차림은 뛰어나기 짝이 없다. 우선 요괴가 걸친 노란 황포는 삼장의 금란가사에 못지않다. 요괴의 칼은 휘황찬란하며, 침대로 쓰는 돌은 곱고 부드러워 흠이 없다. 더구나 그는 달밤에 그림자를 짝하여 술을 마시는 풍류를 지니고 있고, 신선의 풍모로 찻잔을 기울인다. 신통력을 갖추고 있으며 장애를 극복하고 마음관찰의 여행을 성취한 경력도 있다. 그런데도 그 문은 지옥문에 비유되고, 요괴는 지옥의 야차로 묘사된다.

문제는 어떤 특별한 모양에 의미를 두는 데 있다. 아무리 차원 높고 고상한 차원의 성취도 그 특별한 자리에 의미를 부여하여 집착하면 중도의 길을 벗어나게 된다. 결국 모양에 움직이면 요괴인 것이다.

요괴가 사는 곳, 완자산(碗子山), 파월동(波月洞)

요괴의 황금보탑에 자진하여 들어간 삼장은 요괴에게 잡히고 만다. 요괴는 삼장을 잡아먹기로 하고 그를 묶어둔다. 이 요괴가 사는 곳은 접시의 산〔碗子山〕, 파도에 비친 달의 동굴〔波月洞〕이라 불리는 곳이었다. 그것은 불완전한 비춤을 상징하는 지명이다. 원래 달은 잔잔한 큰 바다에 비칠 때 전체 모습을 드러낸다. 이것이 큰마음을 확인하는 자리이다. 그것은 전체성과 고요함을 전제로 한다. 그러나 접시에 담긴 물로는 규모가 작아 전체성을 드러낼 수 없다. 더구나 파도가 치고 있으므로 고요하지 못하다. 이로 인해 달은 온전한 모습으로 드러날 수 없다. 그러니까 이 요괴는 진리에 대한 부분적 파악, 불완전한 눈뜸의 상태를 상징한다.

어떤 것이 불완전한 눈뜸인가? 다시 말해 어째서 이 요괴가 나타났는가? 원래 손오공은 공만을 고집하다가 축출되었다. 팔계는 형상에 지배되어 큰마음이 따로 있다는 집착에 빠져 있다. 손오공과 팔계, 어느 쪽이든 상대적 차원의 한 쪽에 머물러 있다. 한쪽은 공만을 주장하고, 한쪽은 모양에 집착하고 있는 것이다. 그래서 전체를 비추는 바다가 되지 못하고 접시물이 된다. 파도치는 물에 비치는 일그러진 형상의 달이 되었다. 오직 하나인 이 큰마음을 온전히 비추지 못하고 있는 것이다. 이 재난의 원인은 음식으로 이루어진 몸에 대한 집착, 형상에 대한 집착, 있음에 대한 집착으로 일어났다. 이것이 지명에 나타나 있는 것이다.

이것은 결국 자아를 지키려는 욕망과 관련이 있다. 큰마음과 하나로 만나는 체험을 한 여행단은 개별적 존재의 영속성을 믿게 된다. 그것은 여색과 음식에 대한 팔계의 탐욕으로 나타난다. 영속에 대한 욕망을 갖는 순간 그 마음이 이미 요괴이다. 요괴가 삼장을 잡아먹으려 한다는 것은 마음관찰의 여행자가 영속을 바라는 순간 스스로 요괴가 되었다는 뜻이기도 하다. 그래서 삼장은 스스로 영원에 집착하다가 그것에 사로잡힌다. 결국 이 육신을 가진 나가 큰마음을 소유하고자 하는 것이 바로 이 고난의 핵심인 것이다.

요괴에게 잡혀가는 삼장

황포요괴는 제 발로 찾아온 삼장을 잡아 심문을 한 뒤 정혼장(定魂椿)으로 불리는 말뚝에 묶어둔다. 그런데 요괴는 삼장을 통해 팔계와 사오정이라는 제자가 동행하고 있다는 말을 듣고도 그들을 잡으러 가지 않는다. 스스로 문 앞에 찾아올 것이라는 생각에서였다. 사오정이 풀숲에서 자고 있던 팔계를 깨워서 원래의 자리로 돌아와 보니 짐만 남아 있고 삼장은 간 곳이 없다. 둘은 그 행방을 두고 옥신각신한다. 사오정은 삼장이 요괴에게 잡혀갔다고 말하고, 팔계는 이렇게 맑고 조용한 숲에 요괴가 있을 리 없다고 말한다. 둘은 짐을 챙겨 삼장을 찾아다니다가 황금보탑을 발견하고 요괴의 소굴로 들어간다. 요괴와 팔계 형제 사이에 삼장을 두고 치열한 싸움이 벌어진다.

요괴가 삼장을 묶어둔 정혼장(定魂樁)은 혼을 잡아두는 말뚝이다. 어떤 하나의 대상에 집중하여 혼이 팔려있다는 뜻이다. 삼장의 이 고난은 지금 이것의 밖에 별도로 존재하는 큰마음을 상정하고 그것에 집착한 결과로 나타난 것이다. 도깨비에 혼이 팔린 것처럼 진리를 모양으로 찾으며 그것에 혼이 팔려 있는 것이다. 이것이 정혼장, 혼을 잡아두는 말뚝이다. 요괴가 팔계와 사오정을 잡으러 가지 않는 이유도 마찬가지이다. 이미 혼이 여기에 팔려 있으므로 스스로 알아서 찾아오게 되어 있기 때문이다.

이 고난은 전체적으로 보자면 삼장일행으로 형상화된 마음관찰 여행자의 마음에서 일어난 것이지만, 직접적으로는 팔계의 모양에 대한 집착에서 비롯된 것이다. 팔계는 여전히 모양에 집착한다. 맑고 우아한 숲에 요괴가 있을 리 없다는 것도 모양에 대한 집착이다. 사실 이들은 자신들이 체험한 맑고 우아한 신선의 경지를 실체화하고 집착하였기 때문에 요괴를 만나게 된 것이다. 이 여행단은 부분적 성취에 만족하고 거기에 머물고자 하였다. 그것은 백골요괴의 공양물에 마음을 뺏기는 일로도 표현된다. 지금 이것 외에 다른 것에 마음이 쏠리는 순간 요괴를 부르는 일이 된다. 팔계는 공양을 구하러 갔다가 삼장이 있는 원래의 자리로 돌아오지 않았다. 마음을 뺏겼기 때문이다. 그럼에도 불구하고 아직 팔계는 자신이 무엇에 홀리고 있는지조차 모른다. 맑고 우아한 숲이기 때문에 요괴가 없다는 말 자체가 이미 모양에 홀린 이의 발언이다. 맑고 우아함은 좋고, 그 반대는 흉하다는 말 자체가 큰 마음과 하나로 만나는 길을 걷는 입장에서는 나올 수 없는 삿된 견해인 것이다.

팔계는 또한 황금보탑의 모양에 홀려 삼장이 그곳에서 좋은 대접을 받고 있을 것이라고 단언한다. 맑고 우아함, 황금보탑과 같은 경계는 이처럼 여행자를 유혹하는 미끼가 된다. 밖의 장애만 위험한 것이 아니라 내적 체험과 그에 대한 애착 역시 미끼가 되어 여행자를 낚시질하는 것이다. 그러니까 이 맑고 우아한, 황금보탑이 혼을 잡아두는 말뚝이 되는 것이다.

요괴의 정체

요괴의 이름은 황포(黃布) 요괴, 그 들고 있는 칼은 추혼취명도(追魂取命刀)이다. 그는 이미 삼장을 혼을 잡아두는 기둥〔定魂樁〕에 묶어 두었다. 그리고 팔계와 사오정을 잡기 위해 혼을 좇아가 목숨을 빼앗는 칼〔追魂取命刀〕을 쓴다. 요컨대 이 요괴는 마음관찰의 여행자가 겉으로 드러난 모습에 혼이 팔린 순간 나타난 것이다. 그렇다면 무엇에 혼이 팔린 것일까? 팔계는 서쪽으로 가고, 손오공은 동쪽으로 갔는데, 삼장은 남쪽으로 갔다가 요괴에게 잡혔다. 이 여행자는 중도에 대해 관념적으로 이해하고 있다. 동쪽도 아니고 서쪽도 아닌 남쪽이라는 중도가 따로 있다는 것이다. 이 중도라는 관념에 집착한 일을 두고 혼이 팔렸다고 말하는 것이다.

황포요괴의 누런색은 중국의 문화에서 중간을 상징하는 색이다. 그 색깔과 복장 또한 지금 이 여행자가 이것과 저것의 중간에 따로 중도가 있다는 관념에 잡혀있음을 말해주고 있다.

백화수(百花羞) 공주의 도움

팔계형제와 황포요괴가 싸움을 계속하는 중인데, 동굴 안에 갇혀서 신세한탄을 하고 있는 삼장에게 백화수(百花羞)라는 여인이 나타난다. 백화수는 요괴에게 잡혀와 그 부인으로 살고 있는 중인데, 원래는 서쪽으로 300리 되는 곳에 위치한 보상국(寶象國)의 공주였다.

백화수(百花羞)라는 이름은 꽃조차 부끄럽게 만드는 아름다운 용모를 가졌다는 뜻이다. 이 아름다운 공주가 추악한 요괴와 함께 살고 있는 것이다. 아름다움은 원래 추함과 동전의 양면을 이룬다. 아름다움을 취하고 추악함을 버리고자 하는 것이 우리의 살림이고 윤회의 원인이 된다. 마음관찰 여행에서 좋은 경험은 갖고 싶고, 지리한 답보상태는 피하고자 하는 것이 모든 여행단의 문제이다. 여행을 한다면서 정착의 살림을 꾸리는 것이다.

이 백화수 공주의 고향은 보상국(寶象國), 즉 보배 코끼리의 나라이다. 그것은 이 요괴의 동굴에서 300리, 그리 멀지 않은 곳에 있는 나라이다. 백화수나 보상국이나 모두 마음관찰 여행 중의 좋은 체험을 상징한다. 마음관찰 여행자는 여행 중의 좋은 체험을 봄의 꽃이나 가을의 낙엽처럼 자연스러운 것으로 보아야 한다. 그러나 이 여행단은 좋은 체험에 집착하여 그것에 잡히고 만다.

꽃보다 아름다운 공주는 밝은 달을 감상하다가 요괴에게 잡혀 아들과 딸을 낳고 살고 있다. 공주의 아름다움과 요괴의 추악함이 만나 그 사이에 소생이 생긴 것이다. 아름다움을 추구하면 추악함이 따르게 되어 있다. 이 둘이 만나 시비분별의 세상만물을 생산한다. 요괴와 공주 사이에 태어난 아이들이 그 기형적 소생에 해당한다. 공주는 아이들에 대한 집착 때문에 동굴을 벗어나지 못하고 있다.

그런데 공주는 요괴와 살면서도 고향을 그리워한다. 부부의 상대적 측면이 생기기 전의 천진했던 그 날을 그리워하는 것이다. 그래서 삼장을 풀어주고, 국왕의 군대가 자기를 구원해주기를 바라는 것이다.

공주는 자기의 신세를 밝히면서 삼장을 풀어주고 뒷문으로 달아나게 한다. 그러나 모든 요괴는 삼장 스스로 불러낸 것이므로 그 스스로 요괴를 불러오게 된 원인을 해결하지 않는 한 요괴로부터 달아날 수 없다. 『서유기』의 어떤 고난도 요괴로부터 달아나는 방식으로 해결되지 않는다. 자신에게서 요괴가 일어나고 있으므로 아무리 해도 달아날 수 없는 것이다. 요괴와 직면하여 스스로 해결하지 않는 한 이 고난은 끝날 수 없는 것이다.

무엇보다 뒷문으로 나아가는 것은 곤란하다. 왜 뒷문인가? 앞에는 요괴가 버티고 있다. 그것은 마음관찰의 여행에 나서지 못하도록 막는 요괴이다. 마음관찰의 원리로 보자면 요괴가 없는 자리가 큰마음이다. 큰마음의 자리가 따로 있지 않은 것이다. 장애가 없는 자리가 여행의 도착이지, 장애를 피해 도달할 수 있는 여행의 도착지가 따로 있는 것이 아니다. 그런데 삼장은 엄연히 이곳에 드러난 요괴를 놓아두고 뒷문으로 달아나고자 한다. 그래서는 마음관찰의 여행이 되지 못한다. 마음관찰의 여행에 있어서 도착지가 따로 있는 것이 아니기 때문이다. 따라서 지금 당장의 이 장애, 이 요괴를 대면하는 것만이 마음관찰의 여행자가 해야 할 유일한 일이다. 달아날 일이 아닌 것이다.

요괴에게서 달아나는 것으로는 고난을 해결하지 못한다. 그래서 뒷문으로 달아난 삼장은 한 걸음도 떼지 못하고 가시 숲에 갇혀버린다. 분별적 이원사유의 가시 숲에 갇힌 것이다. 이것을 팔계와 사오정이 구해낸다.

삼장은 사실 백골부인→황포요괴→백화수의 차례로 모양에 끌리는 길을 걷는 중이다. 이것은 갈등의 숲→요괴의 굴→가시 숲에 갇히는 길이기도 하다. 왜 그런가? 아름다운 여인을 구성하는 색과 요괴를 구성하는 색이 기본적으로 동일하다. 그러니까 색으로 이루어진 특별한 모양에 의미를 두는 한 미인이든 요괴이든 걸리는 것은 마찬가지인 것이다.

그리고 이번에는 백화수의 모양에 걸린 것이다. 백화수 공주는 삼장을 풀어주는 착한 존재인 것 같지만 결과적으로 삼장을 다시 고난에 빠지도록 하는 원인제공자이다. 요컨대 삼장은 백화수의 아름다운 모습으로 상징되는 모양의 함정에 다시 빠진 것이다. 고운 형상이든 흉악한 형상이든 모양을 따라가는 것은 요괴를 스스로 불러내는 일에 해당한다는 것을 상징하는 장면이다.

보상국(寶象國)과 팔계의 신통력

요괴의 소굴에서 도망쳐 보상국의 화려한 도성에 도착한 삼장은 당나라의 장안을 그리워하고, 팔계는 역관에서 정신을 못 차린다. 삼장이 궁전을 찾아가 임금에게 공주의 편지를 전한다. 임금과 백관들은 공주를 구할 책임을 삼장 일행에게 미룬다. 그러자 팔계는 대신들 앞에서 신통력을 뽐내며 그 임무를 떠맡는다. 그러나 팔계는 제대로 싸워보지도 못하고 금방 패배하여 달아나고 결국 사오정만 사로잡히게 된다.

겨우 요괴의 소굴에서 도망친 팔계는 왜 다시 공주를 구할 임무를 떠맡은 것일까? 팔계의 모든 관심은 자아를 살찌우는 일에 쏠려 있다. 조정에서 자기의 능력을 보여주기 위해 신통력을 뽐내는 것도 그 일환이다. 그런데 팔계의 신통력은 신통찮다. 비록 몸을 하늘높이 키울 수는 있지만 조건에 따라 달라지는 상대적인 신통력이기 때문이다. 몸을 키우는 신통력만 해도 동풍이 불면 괜찮은 크기로, 서풍이 불면 그럭저럭 볼만한 크기로, 남풍이 불면 하늘에 구멍을 낼 정도로 길어진다고 말한다. 상대적 조건의 지배를 받는 것이다.

마음관찰의 여행에서 진정한 신통력은 지금 이것이 큰마음의 드러남임을 바로 보는 일의 범주를 벗어나지 않는다. 지금 이 현장의 작은 먼지 알갱이가 우주전체와 둘 아님을 보는 중도의 실천이 진정한 신통력이다. 그것은 조건에 상관없이 모든 곳에서 큰마음을 드러내는 활용의 현장이기도 하다. 그런데 팔계의 신통력은 상대적 조건에 맞는 변화로서 분별적이고 상대적인 차원에 묶여 있다. 그것으로는 요마를 물리칠 수 없다. 그것은 계곡 속에서 메아리를 없애기 위해 크고 작은 소리로 메아리를 위협하는 일과 같다. 소리가 크면 메아리가 커지고, 소리가 작으면 메아리가 작아지는 것이지 그것이 사라지지는 않는다. 팔계의 신통력 역시 마찬가지이다. 그것은 작음과 큼을 둘 아니게 보는 관점이 아니다. 상대적 조건에 대처하여 반응하는 것일 뿐이다. 그러니까 이러한 신통력으로는 문제를 해결할 수 없다. 옳고 그름, 나와 너가 나뉘어져 있는 그 자체가 요괴이기 때문이다. 그러니까 모양을 바꾸는 것으로는 장애를 이길 수 없는 것이다. 특히 팔계는 황포요괴를 상대하기 위해 나를 강화시켜 그것을 물리치고자 한다. 그것은 목소리를 키워 메아리를 없애려는 일과 같아서 불가능하다.

팔계는 사오정에게 괴물을 잡아 이 나라에서 이름을 날려보고자 한다. 그래서 요괴를 잡는데 자기가 제일이라고 자처하며 임금 앞에서 그 우월함을 뽐낸다. 그리고 왕의 부탁이 담긴 격려의 술잔을 받고는 의젓하게 자신을 드러내며 신통력을 부려 몸을 키워 보인다. 이 모든 것은 팔계가 자아를 뽐내는 일이다.

자아를 높이기 위한 이 싸움은 처음부터 지고 들어가는 싸움이다. 그것은 삼장을 되찾으려는 싸움과 질적으로 다르다. 삼장을 되찾으려는 것은 본질로 돌아가고자 하는 싸움이다. 그래서 삼장을 되찾으려는 싸움은 본래의 큰마음이 강력한 후원을 한다. 팔계와 황포요괴의 싸움이 백중세를 이룰 수 있었던 것은 그 때문이다.

그런데 이번에는 자아를 뽐내기 위한 싸움이다. 그것은 자기는 뛰어난 존재라는 자의식을 수반한다. 이길 수 없는 싸움일뿐더러 그 재앙의 크기를 키우는 일이기도 하다.

팔계는 요괴와의 싸움에 힘이 부치자 사오정에게 싸움을 맡기고 자기는 똥을 누러 간다면서 가시밭에 뛰어들어 잠이 든다. 그러면서도 귀를 열어 싸움의 상황을 듣는다.

이 싸움은 팔계가 자원한 것이다. 그것은 자아를 뽐내고 인정받기 위한 싸움이다. 이래서는 모양에 끌리는 장애를 이길 수 없다. 뛰어난 자아라는 것이 이미 분별과 모양에 끌리는 일이기 때문이다. 다만 팔계가 똥을 누러가는 일, 잠을 자는 일은 오히려 도움이 된다. 팔계의 잠은 억지노력을 내려놓는 일이고, 팔계의 똥은 자아를 배출하는 일에 해당하기 때문이다. 자아에 대한 집착을 내려놓다 보면 해결책이 생기는 것이다. 이후 팔계가 손오공을 찾아가 그를 복귀시킴으로써 관찰의 눈을 되찾게 되는 것도 잠을 자는 이 일에서 시작된 것이다.

자아의식의 차원에서 모양에 집착하는 한 이 요괴를 이길 수는 없다. 그것은 오른 손과 왼 손이 싸우는 일과 같다. 그것은 승산이 없는 싸움일뿐더러, 내가 싸워 이기겠다는 그 시도 자체가 요괴의 일에 해당한다. 그러니까 이 자의식의 팔계는 차라리 잠드는 게 낫다. 사실 팔계는 손오공과 같이 할 때, 특히 손오공에게 감시당하고 있을 때가 가장 도움이 된다. 자아의식을 돌이켜보는 일, 나라는 의식이 일어나는 자리를 돌이켜보는 일이 바로 마음관찰의 여행이기 때문이다.

황포요괴와 백화수 공주의 갈등

요괴는 삼장을 놓아준 공주에게 불만이다. 비단 옷에 금과 패물 등, 부족한 것 없이 내어주고, 항상 보살피며, 정도 깊었는데 어째서 부모만 생각하고 부부의 정은 생각하지 않느냐는 것이다.

백화수 공주는 황포요괴와 정이 들었음에도 불구하고 부모만을 생각하는가? 부모는 뿌리, 고향을 상징한다. 이에 비해 부부는 주체와 대상의 두 측면을 세우는 일이다. 마음관찰의 여행은 상대적 두 측면을 세우지 않고 고향으로 돌아가는 길을 걷는다. 물론 지금의 이 현장 외에 돌아갈 고향이라는 것이 따로 있지는 않다. 그러니까 지금 인연이 일어나는 자리를 바로 보면 그것이 고향이다. 그러나 대부분은 상대적 차원에 떨어져 나와 대상을 세우고 그 둘 사이에 얽히는 인연놀이에 휘둘리게 된다. 그 인연놀이는 필연적으로 제2, 제3의 집착대상들을 낳게 된다. 그것이 공주와 요마 간에 태어난 아이들이다. 이러한 백화수 공주의 삶은 모양에 이끌리다 결국 요마에 빠진 삼장의 고난과 정확하게 일치한다. 그러니까 백화수 공주가 부모에게 돌아가는 일과 삼장이 요괴에게서 벗어나는 일은 동시에 일어날 수밖에 없다.

요괴는 공주의 마음을 달래기 위해 국왕을 만나러 가겠다면서 준수한 모습으로 변한다. 이에 공주가 기쁘게 그를 보내면서 술자리에서 조심하여 원래의 모습을 드러내기 말라고 당부한다. 요괴는 준수하건 추악하건 본질적으로 요괴이지만 공주는 그 준수한 모습에 기뻐한다. 백화수 공주 역시 삼장과 마찬가지로 모양에 지배되고 있다는 점을 말해주는 장면이다.

국왕을 만난 요괴는 자신이 사냥꾼이었는데 공주가 사냥꾼에게 잡혀가는 것을 보고 구해주었다고 얘기를 꾸민다. 그 때의 호랑이가 삼장으로 변해 국왕을 속이고 있다는 것이었다. 그리고는 삼장에게 물을 뿌리며 술법(黑眼定身法)을 써서 호랑이로 변신시킨다.

흑안정신법은 눈을 멀게 하는 술법이다. 모양에 집착하게 하는 술법이다. 삼장은 모양에 지배되고 있으므로 이미 눈이 멀어 있다. 더구나 손오공을 쫓아낸 뒤이기 때문에 모양의 공성을 비춰보지 못한다. 이 지경이므로 눈이 머는 일이 일어나게 될 수도 있고, 스스로 요괴가 될 수도 있다. 그러니까 삼장이 호랑이로 변신하는 것은 이상한 일이 아니다.

진리와 깨달음에 특별한 모양이 있다고 생각하여 황금보탑을 찾아간 것도 삼장 자신이었고, 보상국의 화려한 궁전을 찾아간 것도 삼장 자신이었다. 또 아름다운 백화수 공주에게 끌리고, 황포요괴를 싫어하는 선택을 한 것도 삼장 자신이었다. 결국 모양에 따라 선악과 호오를 가른 것이 삼장 자신이었으므로 스스로 그토록 피하고자 했던 호랑이 요괴가 되어 버리는 것이다.

손오공을 찾아가는 팔계

삼장이 호랑이가 되어 갇히자 팔계는 자신들 힘으로는 어찌해볼 수가 없으니 여행단을 해체하고 각자의 자리로 돌아가자고 말한다. 팔계는 고난에 처할 때마다 수시로 여행단을 해체하고 각자의 고향으로 돌아가자고 말한다. 자아의식은 나와 대상을 둘로 나누어 '나'에게 집착하는 장애의 주범이지만 한편으로 돌이켜보기의 대상이 된다. 그러나 손오공의 돌이켜보기가 없으면 그것은 소용이 없다. 여행의 성과에 근거하여 자아를 살찌우는 길을 걷기 때문이다. 그러니까 팔계는 손오공의 눈이 없으면 데릴사위하던 자리로 돌아갈 수밖에 없다. 그래서 지금 당장의 현장이 바로 그 일임을 밝게 비추어 아는 손오공의 눈이 필요한 것이다. 어차피 마음여행이란 저팔계를 손오공이 감시하고 있는 일을 가리키는 말이었다. 그러니까 이 여행이 다시 시작되려면 손오공이 돌아와야 한다. 그래서 팔계는 손오공을 데리러 간다.

손오공은 팔계를 통해 상황을 이해하고는 화과산에서의 삶을 접고 마음관찰의 길로 돌아온다. 원래 팔계는 자아의식의 화신으로서 이 고난을 불러온 제1의 원인제공자이다. 손오공을 쫓아낸 것도 팔계였다. 모양에 지배되어 공을 주장하는 손오공과 반목한 것이다. 그래서 팔계는 손오공의 눈치를 볼 수밖에 없다. 손오공은 부하들 속에 숨어 있는 팔계를 알아보지만 처음에는 동행을 거절한다. 팔계가 하는 수 없이 돌아가는데 손오공이 부하들을 시켜 그를 감시하다가 그가 자기를 욕한다는 얘기를 듣고 잡아들인다.

이처럼 손오공에게 있어서 팔계는 감시하여 알아차리는 현장이다. 손오공의 특기는 겉모양에 속지 않는데 있으므로 팔계가 여러 원숭이들 속에 숨어서 그들을 흉내 내고 있어도 손오공은 그를 금방 찾아낸다. 팔계가 찾아온 원인을 거짓으로 둘러대지만 손오공은 그 말에도 속지 않는다. 팔계가 어떤 수작을 부려도 그것을 알아채는 것이다.

그런데 이번에 손오공을 데리러 온 팔계는 자아에 집착하던 이전과는 다른 의미가 있다. 손오공의 돌이켜보는 눈을 잃은 여행단의 여행은 지지부진한 국면에 들어가 심지어 퇴보하는 일까지 일어난다. 아무리 노력해도 진전이 없다. 기껏 풀려났다고 생각하는 순간 다시 갇히기를 반복하는 삼장의 상황이 이것을 말해주고 있다. 이러한 상황에서 팔계는 기진맥진하여 자포자기적 심정이 된다. 바로 이 때 돌이켜 비춰보는 손오공의 역할이 시작되는 것이다. 팔계의 자아의식은 분명 마음관찰 여행에서 풀어야 할 숙제이다. 최소한 그것이 손오공의 눈에 감시관찰당하고 있어야 여행이 성립한다. 그렇다면 왜 손오공은 팔계에게 복수를 하지 않았던 것일까? 원래 감시관찰하는 일과 때려죽이는 일은 다르다. 마음관찰 여행은 지금 이 현장의 이것을 밝은 관찰의 마당에 내놓는 것이지 그것을 없애는 것이 아니기 때문이다. 다만 아무리 밝은 관찰이 있다 해도 자아를 때려죽일 일은 없다. 자아를 포함한 모든 현상이 큰마음의 드러남임을 바르게 비춰보면 그것은 저절로 사라지게 마련이다.

사실 손오공도 팔계를 만나 자기 자리를 되찾게 된다. 겉으로 보면 팔계가 도움을 청하고, 손오공이 그것을 들어주는 것처럼 스토리가 전개된다. 그러나 손오공 역시 팔계나 사오정, 그리고 백마로 상징되는 마음작용을 떠나 본질적인 무엇을 따로 설정하고 그것에 집중하고 있다는 점에서 제대로 된 자리를 벗어나 있다. 그는 최초의 출발지, 즉 태초의 화과산에 집착하고 있다는 점에서 분명히 요괴이다. 이러한 집착을 내려놓고 팔계의 거친 자아가 활동하는 현장을 돌이켜보는 일로 돌아올 때가 되었다.

여행단으로 복귀하는 손오공

손오공에게 잡힌 팔계는 여러 가지로 간청을 한다. 나중에는 관세음보살을 봐서 용서해달라는 말까지 하게 된다. 손오공은 이 말에 움직인다. 관세음보살은 어떤 인격적 실체가 아니라 지금의 이 소리, 지금의 이 모습을 돌이켜보는 일 자체를 가리킨다. 어떤 장애를 만나든 지금 이 소리를 돌이켜 보아 그 장애의 모습으로 나타난 그것이 바로 진리의 영상임을 아는 것이 관세음보살의 일이다. 이제까지 손오공은 바른 길을 벗어나 대상에 집착하여 왔다. 태초를 상징하는 화과산 수렴동을 모든 것의 출발지로 자부하고 있었다. 그것은 진리가 지금 이것의 밖에 따로 있다고 보는 일이다. 그러다가 관세음보살을 봐서 용서해달라는 말에 지금 당장의 이것을 아는 자리로 돌아온 것이다. 이제 팔계라는 자아가 어디로 달아나도 놓치지 않고 알아차리는 입장으로 돌아오게 되었다.

이처럼 손오공을 여행단으로 복귀시키는 결정적인 계기는 팔계의 자극이었다. 팔계는 여기에서 한 걸음 더 나아가 황포요괴가 손오공을 무시하더라는 말로 그를 격분시킨다. 거듭 살펴본 것처럼 모양에 속았던 팔계, 그리고 모양에 속지 않는다면서 별도의 본질에 집착하였던 손오공이 만들어낸 장애가 요괴이다. 이 갈등으로 인해 형제들이 헤어지고 말았다. 특히 팔계와 손오공이 헤어지면서 이 여행단은 엉뚱한 길을 헤매게 되었다. 본래의 자리로 돌아오려면 정신을 차리는 일이 필요하고, 스스로 추스르는 일이 필요하다. 정신을 차리는 일은 관세음보살의 입장, 즉 지금 당장 이것을 돌이켜보는 자리로 돌아와야 한다. 손오공에게 지금 당장 이것은 저팔계가 상징하는 자아의식이다. 이 팔계라는 자아의식을 밝게 비추어보는 일이 손오공의 임무인 것이다. 그런데 팔계가 상징하는 자아의식은 두 가지 기능을 한다. 첫째는 자아를 집착하는 일이다. 그것은 장애이다. 다른 하나는 여행을 이끄는 의지작용을 일으키는 일이다. 팔계가 손오공을 자극하여 버럭 힘을 내게 하는 일은 마음관찰의 여행자에게 꼭 필요한 일이다. 크게 분발하는 마음을 일으키는 일이기 때문이다.

이제 손오공이 복귀하면서 요괴와의 싸움에 해결의 실마리가 보인다. 손오공은 삼장에게 돌아가기 전 요괴의 옷을 벗어 버리고 도포와 호랑이가죽 치마로 바꿔 입는다. 그리고는 동해의 바닷물에 목욕하여 요괴의 기운을 씻어버리고 삼장에게 돌아간다. 마음관찰의 여행단에서 벗어난 뒤 손오공은 요괴로 살아왔다. 그것은 지금 이것 외에 별도의 진리가 따로 있다고 집착하는 일을 가리킨다. 손오공은 태초, 혹은 본질이라 할 무엇에 집착하고 있는 중이었다. 이제 팔계를 만나 그 자아를 감시관찰하는 불이중도의 실천으로 돌아오게 되었다. 화과산 수렴동을 모든 것의 출발점으로 보는 집착을 내려놓게 되었다. 둘로 분별하는 관념을 내려놓고 보면 지금 이 현장이 출발인 동시에 도착점이다. 본질인 동시에 현상이다. 이것이 요괴의 옷을 벗는 행위이다. 그렇다고 그 습관이 단번에 버려지는 것은 아니다. 마음관찰의 여행에서 옛 것을 완전히 버리고 새 것을 취한다는 생각만큼 큰 장애가 없다. 마음관찰이란 지금 당장의 이것에서 큰마음을 확인하는 일일 뿐이지 새로운 무엇을 추구하는 일이 아니다. 오로지 지금 이 현장을 밝은 비춤의 광장으로 내어놓는 것이 진정한 여행의 길이다. 그래야 손오공은 밥 먹고, 물 마실 뿐인 자리로 돌아올 수 있다. 어떠한 인위적 조작도 없이 그저 오는 이대로 수용하는 천진한 즐거움을 누리게 되는 것이다. 손오공이 부하들과 기약하는 천진의 즐거움이 가리키는 바가 이것이다.

손오공이 바다에 목욕하여 요괴의 기운을 씻어낸다는 사실 역시 주목할 부분이다. 손오공은 태초의 본질에 대한 집착을 내려놓았다. 그러나 집착은 습관으로 남아 그를 지배한다. 따라서 이것을 거듭하여 내려놓는 일이 필요하다. 집착이 일어나는 순간, 그것을 내려놓고 둘 아닌 자리로 돌아오는 것이다. 이것이 손오공의 목욕이고, 마음관찰의 여행자가 거듭 돌아가야 할 청정한 자리이다.

백화수 공주와의 거래

손오공은 황포요괴의 동굴 앞에서 두 아이를 잡는다. 두 아이는 황포요괴와 백화수 공주의 소생이다. 손오공은 공주에게 사오정과 두 아이를 맞바꾸자고 제안한다.

요괴가 왕궁에 있는데 왜 손오공은 직접 왕궁으로 쳐들어가지 않았던 것일까? 이것이 어떤 대상을 이기고 물리치는 싸움이 아니기 때문이다. 아이는 집착의 다른 이름이다. 요괴와 백화수 공주의 만남은 모양에 대한 집착의 전형에 해당한다. 이렇게 모양에 집착한 결과 꼬리를 무는 제2, 제3의 집착이 일어나게 된다. 두 명의 아이가 태어난 것이다. 두 명의 아이는 상대적 두 측면을 세우는 순간 따라오게 되는 집착을 최소한으로 드러낸 숫자이다. 이러한 애착을 끊는데 돌이켜보는 일만큼 중요한 것은 없다. 밝은 눈의 손오공이 없는 여행단에게는 관찰이 없는 집중만 있게 되고, 그로 인해 경계에 대한 집착이 있게 된다. 그런데 이제 손오공이 돌아와 밝은 관찰을 회복했으므로 경계에 대한 집착이 설 자리가 잃게 된 것이다. 그 자체가 손오공의 관찰의 눈빛을 벗어나지 못하기 때문이다. 손오공이 돌아오면서 보다 깊은 잠재의식에 해당하는 사오정에 대한 돌이켜 비추어 보는 일이 가능하게 되었다. 이것이 사오정을 되찾는 일이다.

그런데 손오공은 사오정을 돌려받은 뒤에도 아이들을 공주에게 돌려주지 않는다. 오히려 팔계에게 아이를 집어던져 황포요괴를 유인해오도록 시킨다. 거듭 살펴본 것처럼 아이는 애착 그 자체이거나 애착의 산물이다. 이것을 집어던진다는 것은 애착을 내려놓는다는 뜻이다. 이 때 마음관찰의 여행자는 요괴의 반응에 나타나는 것과 같은 심리적 체험을 할 수 있다. 여행의 체험에 대한 애착을 내려놓을 때 자기를 베어내는 듯한 아쉬움을 느끼게 된다. 바로 그 아쉬움 자체를 내려놓는 일이 요괴의 장애를 넘는 길이다. 실제로 이후 요괴는 자기의 단전에서 자아애착의 결정물이라 할 내단의 보배구슬을 뱉어내어 손오공이 변신한 백화수 공주에게 빌려준다. 아이를 10년 가까이 애지중지 기른 일이나 단전에 보배구슬을 키운 일이나 모두 자기를 강화하는 길이었다. 이것을 내려놓는 것이 진정한 마음관찰 여행의 과제가 되는 것이다. 진정한 마음관찰의 여행은 오랜 세월 정성껏 경험을 축적하고 키우는 일이 아니다. 그것은 손가락을 튕기는 지금 당장의 이 자리로 돌아오는 일이다.

공주는 아이를 돌려주지 않는 손오공을 원망한다. 그러자 손오공은 부모를 망각하고 아이에 애착하여 살아온 공주의 잘못을 지적한다. 어째서 아이와 부모가 이처럼 반대의 것으로 비유된 것일까? 전통적 가치관에 의하면 부모에 대한 효도가 자식에 대한 사랑보다 중요하다. 부모는 뿌리에 비유되고, 자식은 열매에 비유되기도 한다. 여기에서도 뿌리로서의 부모, 열매로서의 아들이라는 비유가 차용되었다.

뿌리는 내가 온 본래의 자리로서 백화수 공주는 이제까지 뿌리로서의 부모를 잊고 자식을 애착하며 살아왔다. 이제 뿌리에 돌아갈 시간이 되었다. 무엇이 뿌리로 돌아가는 일인가? 손오공은 그 길을 자식을 잊고 배우자를 두지 않는 일로 얘기한다. 자식을 잊는 것은 애착의 대상을 두지 않는다는 뜻이다. 배우자를 두지 말라는 것은 나와 대상, 선과 악, 성인과 범부를 둘로 나누는 상대적 이원론에 빠지지 않는다는 뜻이다. 결국 둘로 나누어 어느 한 쪽을 애착하지 않는 일이 뿌리에 돌아가는 일이며 부모를 모시고 사는 일이 상징하는 바이다.

황포요괴와의 싸움

백화수 공주를 설득시킨 뒤 손오공은 그녀와 함께 황포대왕을 잡을 계책을 세운다. 이를 위해 우선 백화수 공주에게 조용한 곳에 숨어 있도록 한다. 13년간 함께 지내온 정이 방해가 될 수 있다는 것이다. 이것을 잘 해결하면 부모에게 돌아갈 수 있다는 것이다.

황포요괴와 백화수 공주는 천상에서의 인연 때문에 지상에서 함께 13년을 살았다. 이 인연을 어떻게 정리할 것인가? 손오공은 조용한 자리로 잠시 피하는 길을 제시한다. 손오공이 말하는 조용한 자리는 나와 대상경계를 둘로 나누지 않는 자리를 가리킨다. 나는 백화수이고, 대상경계는 남편으로서의 황포대왕이다. 대상을 세우고 집착하였으므로 원래 천상에 살던 이들이 땅으로 떨어지게 된 것이다. 이를 해결하기 위해 둘로 나누기 전의 조용한 자리로 돌아가라는 것이 손오공의 첫째 해결책이었다. 이 조용한 자리에서는 이것이 있으므로 저것이 있게 된다는 인연 자체가 성립하지 않는다. 그것은 두 손바닥을 마주 치기를 그만두는 일에 해당한다. 한 손바닥은 소리를 내지 못한다. 오직 이 현장일 뿐이라서 둘 아닌 자리에서는 인연의 손뼉 소리가 나지 않는 것이다. 상대를 전제로 하는 부부관계를 아예 세우지 않는 자리가 되는 것이다.

그런 뒤 손오공은 백화수 공주로 변신하여 황포요괴를 기다린다. 여기 손오공이 있고, 백화수 공주가 있다. 백화수 공주가 자아라면 손오공은 돌이켜보는 눈이다. 돌이켜보는 눈을 유식에서는 자증분이라 한다. 그런데 정말 보는 일이 있고, 보이는 대상이 있는 것일까? 내가 나를 쪼개 또 다른 나를 보는 것일까? 그렇다면 그것은 아직 진정한 돌이켜보기가 아니다. 진정한 돌이켜보기는 관찰의 주체와 관찰의 대상이 둘 아닌 자리에서 하나로 만나는 일 자체를 가리킨다. 그것은 나라는 주체가 횃불을 켜는 일이 아니라 태양의 밝음 속에 스스로 나아가는 일에 해당한다. 그러기 위해서는 우선 관찰의 대상 그 자체가 될 필요가 있다. 그 때 진정으로 전면적인 관찰이 일어날 수 있기 때문이다. 그래서 손오공은 백화수가 된다. 이를 통해 자아와 대상이 관찰의 빛 속에 드러나게 된다. 대상경계를 의인화한 황포요괴를 물리치기 위해서도 같은 일이 필요하다. 그것과 하나 되어 속을 환히 들여다보는 일이 있어야 하는 것이다. 그래서 손오공은 황포요괴의 내단을 삼켜 요괴와 하나가 된다.

그 이야기의 전개는 이렇다. 요괴가 동굴로 돌아와 보니 손오공이 변한 백화수 공주가 울고 있다. 두 아이를 빼앗겼는데 생사조차 알 수 없다는 것이었다. 요괴는 저팔계 형제가 하늘에서 던진 것이 정말 자기의 아이들이었다는 것을 알게 된다. 그런데 앞에서는 아이들 생각에 가슴이 아프다며 가짜 백화수 공주가 울고 있다. 황포요괴는 내단을 토해 백화수 공주의 아픈 곳을 치료하라고 내어준다. 손오공은 내단을 받아 만져보다가 손가락을 튕기며 그것을 삼켜버린다. 요괴가 품고 있던 내단은 체험의 축적물이다. 실제로 중국의 도교수행자들은 내단을 키우는 수련을 하기도 한다. 오랜 시간과 공력을 들여 내면에 진주와 같은 무엇을 키운다는 것이다. 그런데 그것이 아무리 신기한 것이라 해도 지금 당장 손가락을 튕기는 이 일에 견줄 수 없다. 손가락 튕기는 소리에 문득 눈을 떠보면 이 모든 것이 그대로 큰마음의 드러남이다. 마음관찰의 여행에 나아갈 곳이 따로 없고, 성취할 것이 따로 없음을 알게 되는 것이다. 마찬가지로 내단이라는 특별한 실체가 있는 것이 아니다. 내단은 마음관찰 여행의 결과 얻게 된 어떤 특별한 체험의 축적이다. 그 체험의 축적에 집착하면 지금의 이 여행을 제대로 수행하지 못하게 된다. 지리산을 오르면서 한라산을 기억하는 일이 되기 때문이다.

그렇다면 손오공이 요괴의 내단을 삼켜버리는 일은 무엇인가? 손오공은 백화수로 변해 내단을 받았다가 그것을 삼켜버린다. 백화수와 같은 몸이 되어 백화수를 환히 비추었고, 이제 요괴의 내단을 삼켜 요괴와 한 몸이 된 것이다. 그리하여 손오공은 요괴와 한 몸이 되어 나와 대상을 통째로 관찰의 빛 속으로 내어놓는다. 요괴는 이 싸움을 견딜 수 없다.

요괴의 정체

손오공과 요괴의 마지막 싸움이 시작된다. 요괴는 백 명이 넘는 졸개요괴들을 모아 손오공을 포위하게 한다. 손오공은 머리 셋, 팔 여섯의 천신으로 변해 요괴의 졸개들을 쓸어버린다. 손오공의 공격을 견디지 못한 요괴가 숨어버리고 만다.

황포요괴는 모양에 집착하는 요괴이므로 이런 저런 상관물들이 수백, 수천으로 불어나 있다. 이 몸에서 시작하여 사회적 관계, 개인적 정체성 등이 모두 졸개요괴들이다. 손오공은 이 졸개들을 여의봉으로 깨끗이 없애버린다. 그것은 뿌리를 끊고 잎과 가지의 흔적을 없애는 일에 해당한다. 그렇다면 어떻게 하는 것이 뿌리를 끊고 흔적을 없애는 일일까? 요괴로 표현되는 자아는 마음관찰의 여행에서 얻게 되는 다양한 체험들에 집착하며 스스로를 강화하는 길을 걸어왔다. 그것은 다양하고 신기한 체험들을 애착하여 기억하는 수집광적인 병에 해당한다. 말하자면 신비한 현상과 체험들을 최대한 끌어안고, 이것에 집착하여 자아를 강화하고 있는 것이다. 손오공은 이것을 모두 없애버린다. 삼두육비에 3개의 여의봉을 휘두르는 것으로 부하들은 간단히 처리된다. 이에 요괴는 분노한다. 손오공이 자기 집에 쳐들어와 행패를 부린다는 것이었다. 사실 요괴를 물리치려면 본거지로 쳐들어가야 한다. 호랑이를 잡으려면 굴을 찾아가야 하는 것과 같은 이치이다. 손오공이 왕궁으로 요괴를 직접 찾아가지 않고, 바로 동굴로 찾아간 이유가 그것이다.

굴 속 깊이 쳐들어가면 자아는 더 이상 숨지 못한다. 표층적인 것에

서부터 조금씩 자아의 축적물들이 벗겨져 나가는 것이다. 이제 핵심만 남았다. 요괴만 물리치면 되는 것이다. 그런데 요괴가 견디지 못하고 숨어버린 것이다. 아무리 찾아도 요괴가 발견되지 않자 손오공은 천상에 올라가 탐문을 한다. 천상에서 조사를 해보니 13일 전에 28개의 별자리 중 규성을 지키는 규목랑이 사라지고 없는 것이었다. 이에 천상의 장군들이 지상에 내려와 주문을 외며 찾아보니 산의 계곡물 속에 숨어있던 요괴가 나타났다. 알고 보니 이 별자리의 신이 천궁에서 향을 피우던 선녀와 눈이 맞아 지상으로 내려간 것이었다. 선녀는 지금의 보상국 공주인 백화수였다. 천상의 하루는 지상의 1년에 해당하므로 백화수 공주와 13년을 살아온 것이다.

하늘의 신들은 분명히 인간세상의 위에 있는 존재이다. 그런데 옛 마음관찰의 거장들은 하늘의 삶 역시 윤회의 바퀴를 벗어나지 못하고 있다고 본다. 어떻게 하면 윤회하게 되는가? 규목랑이 그랬던 것처럼 대상에 집착하는 것이 윤회이다. 규목랑은 천상의 장군으로서 천상의 선녀와 눈이 맞는 바람에 지상에서 13년간 부부노릇을 하며 인연의 바퀴에 굴림을 당한 것이다. 윤회의 삶을 산 것이다. 그것은 또한 모양에 끌린 삼장의 현실이기도 하다. 애초 여인으로 변한 백골요괴의 아름다운 용모에 속아 손오공을 내쫓는 순간, 천상의 장군이 지상으로 떨어져 집착의 삶을 사는 일이 일어났기 때문이다.

이제 손오공은 호랑이로 변한 삼장을 찾아낸다. 그리고 팔계를 시켜 물을 떠오게 한다. 그런데 물을 구하러 간 팔계는 역관으로 달려가 짐과 말을 챙긴 뒤에야 발우에 물을 담아다 손오공에게 넘긴다. 왜 물을 구해오라 했는데 팔계는 먼저 짐을 찾고 말을 끌고 왔는가? 마음관찰 여행의 제자리를 찾는다는 것은 그 여행의 과제(짐)를 챙기는 자리로 돌아온다는 뜻이고, 자아를 밝은 관찰의 자리에 내어놓는다는 뜻이다. 이것이 모양에 속아 빠지게 된 장애에서 벗어나는 길이다. 이렇게 하여 삼장은 호랑이 모습을 벗고 본래 모습을 회복하고, 임금은 궁전으로 돌아가 강산을 다스리게 된다. 임금이 궁전에 돌아가는 것은 뿌리와 가지가 둘 아닌 자리를 찾았다는 뜻이며 그것은 마음관찰의 여행자가 큰마음과 하나로 만나고 있다는 뜻이기도 하다.

13. 저팔계의 혼인사건

쉴 곳을 찾는 삼장

마음관찰의 여행을 하던 중 어느 날, 삼장이 쉴 곳을 찾고, 팔계는 짐이 무겁다고 불평을 하고, 말이 느리다고 시비를 걸기까지 한다. 손오공은 이 말이 용마라서 나는 듯이 달릴 수도 있다는 것을 보여준다. 그렇게 달리는 말을 따라 일행이 도착한 곳은 숲속의 화려한 저택이었다. 바로 이 저택에서 문제가 일어난다.

『서유기』의 모든 고난은 삼장으로 상징되는 마음관찰 여행자의 문제점에서 시작된다. 밖에서 쉴 곳을 찾는 삼장은 지금 바로 이 현장이 큰마음이 드러난 자리라는 것을 모른다. 지금 당장 발을 내딛는 이 일을 바로 아는 것이 큰마음을 보는 일임을 모른다. 그래서 밖에서 진리를 찾고 있는 것이다. 진리가 저 먼 곳, 서천 땅 어디에 있다고 생각하여 부지런히 앞으로 나아가고자 한다. 사실 진리가 어떤 특정한 무엇이라면 길을 열심히 가야 한다.

그런데 모든 것이 진리이고 큰마음의 드러남이라면 어떨까? 모든 것이 큰마음임을 알아 이 현장의 모든 것에서 그것을 확인하는 것이 마음 여행의 요체가 된다. 이렇게 만물이 바로 큰마음의 드러남임을 알면 발 딛는 곳이 모두 여행의 도착지가 된다. 만약 어떤 특별한 장소를 도착지로 설정한다면 그것은 물속에서 물을 찾는 일이 된다. 소의 등을 타고 소를 찾는 일이 되고, 자기의 머리를 밖으로 찾아다니는 일이 된다. 그렇게 엉뚱하게 헤매다 보니 걷는 길 따로 있고, 쉴 곳 따로 있다는 착각을 하게 되는 것이다. 제대로 된 여행자라면 바람 불고 이슬 내리는 곳을 만나면 그곳에서 잠을 잘 것이고, 고루거각의 따뜻한 이불을 만나면 그곳에서 쉴 것이다. 휴식과 여행이 둘이 아니기 때문이다.

손오공은 마음관찰 여행의 이러한 핵심을 바로 말한다. 바람을 밥으로 삼고, 물을 잠자리로 삼는 것이 마음관찰 여행자의 바른 자세라는 것이다. 달 빛 아래 누워 서리를 이불 삼아 잠을 자는 것이 여행자의 휴식이라는 것이다. 그러나 지금 삼장은 여행과 휴식을 둘로 나눠 이해한다. 그것은 진리가 따로 있다는 관념적 집착을 불러일으킨다. 자아의식의 화신인 팔계가 하는 하소연과 불만의 토로가 그것을 상징하고 있다.

팔계의 하소연

팔계는 짐이 무겁고, 배가 고프고, 몸이 피곤하다고 하소연한다. 손오공은 팔계가 취란과 살 때의 편안함을 그리워하고 있다고 꾸짖는다. 그러면서 자기에게 맡겨진 힘든 일을 그대로 수용하는 것이 진정한 여행자의 자세라고 타이른다.

왜 팔계는 이렇게 투정을 하는 것일까? 마음관찰 여행단에서 각자가 맡고 있는 역할을 살펴보면 그 답이 보인다. 우선 손오공은 삼장을 보호하면서 밝은 눈으로 길 안내를 한다. 사오정은 삼장의 곁을 떠나지 않으면서 말을 끄는 역할을 하고, 팔계는 짐을 지는 임무를 맡고 있다. 그 중 팔계의 임무는 좀 과중하다. 혼자 짐을 도맡아 지고 있는데다 삼장의 대나무 삿갓과 지팡이까지 들어야 하기 때문이다. 이 팔계의 짐은 의식적 노력을 상징한다. 그런데 이것이 의식적 노력이므로 힘을 들여야 한다. 원래 팔계는 먹고 싶은 대로 먹고, 소유하고 싶은 대로 소유하며, 쉬고 싶은 대로 쉬려는 자아의식의 화신이다. 그래서 나와 대상에 집착한다. 그런데 의식적 노력은 이러한 자아의식과 충돌하는 길을 걷는다. 그러니까 힘든 것이다. 실천과제로 받은 여덟 가지 계율이 모두 짐이 된다. 팔계의 짐은 네 개의 누런 등나무 바구니를 여덟 개의 밧줄로 묶은 것이라 얘기된다. 여기에서 네 개의 등나무 바구니는 우리 몸을 구성하는 지 · 수 · 화 · 풍의 네 가지 요소를 뜻한다. 이 몸에 대한 집착에서 비롯되는 장애를 여덟 가지 계율로 통제하고 있는 것이 팔계의 상황이다. 여덟 개의 밧줄은 팔계가 과제로 받은 여덟 가지 계율을 비유한 것이다. 요컨대 몸에 대한 집착도 짐이 되고, 그것을 통제하는 계율도 짐이 되는 상황에 있는 것이다. 먹고 싶은 것을 먹지 못하게 하는 팔계의 계율은 나의 몸에 대한 집착을 통제하기 위한 것이다. 그러니 그것이 부담스럽고 힘든 것이다. 강제된 것이기 때문이다. 그것은 팔계가 아직 형식으로서의 계율에 묶여 있음을 뜻한다. 평등한 본래의 큰마음이 가려진 상태에 있다는 것이다. 아직 저절로 실천되는 계율에 눈뜨지 못한 것이다. 본질로서의 계율(悟能)이 굳건하지 못하므로 형식적 계율(戒相)을 실천하는 것이 부담스러운 것이다. 그러니 가능하면 벗어버리고 싶다. 팔계가 처음 삼장에게 귀의하였을 때 자신을 구속하는 여덟 계율을 풀어달라고 요구한 것도 이 때문이다. 계율의 자가동력이 아직 발동하기 전이므로 팔계는 지금 욕망을 억지로 통제하고 있는 중이다. 그러니 무겁고 피곤한 것이다. 그것은 여행의 목적지를 일정한 공간적 장소로 이해하는 삼장의 상태이기도 하다.

그런데 팔계처럼 억지로 애써 지키는 것이 무의미한 것만은 아니다. 지금 당장의 현장에서 큰마음과 하나로 만나 모든 인위적 노력을 내려놓는 것이 최선의 길이지만 현실은 그렇게 이상적이기만 한 것이 아니기 때문이다. 따라서 있는 이대로의 큰마음과 하나로 만나는 일이 근본이라는 것을 잊지 않되, 실천을 위한 인위적 노력은 계속해야 하는 것이다. 그러니까 길을 힘들어하고, 짐을 무거워하는 팔계에게서 부정적인 측면과 불가피한 측면이 함께 읽혀지는 것이다.

팔계의 머리에 든 것

팔계는 길을 걷는 것을 힘들게 생각하다 보니 말을 탓하게 된다. 무거운 짐을 말에게 좀 싣고 싶고, 그게 안 되면 말이 좀 빨리 가기를 바란다. 팔계에게는 스스로 편안하다고 생각하는 상태가 정해져 있다. 그것은 손오공이 지적한 것처럼 취란에게 데릴사위로 더부살이 할 때이다. 요컨대 저팔계라는 여행자는 마음관찰의 여행을 세속적 향락의 틀로 이해하고 있는 것이다. 여행의 도착점을 집과 같이 편안하게 머물 곳으로 상상하는 것이다. 그러면 마음관찰의 여행은 괴로운 인고의 과정이 된다.

그래서 팔계는 괴로운 과정을 생략하고 목적에 빨리 도착하기를 바란다. 백마의 걸음이 느리다고 탓하는 것도 이 때문이다. 재미있는 것은 여행을 하면서 목적지에 대한 상상을 하면 그것이 환상으로 나타나 여행자를 홀리게 된다는 점이다. 팔계 일행에게도 젊은 과부와 예쁜 딸들이 사는 고루거각의 집이 나타나 그들을 홀리고자 한다. 일행의 앞에 화려한 저택과 아름다운 여인이 나타난 것이다. 이 저택을『서유기』에서는 '화려하면서도 청정하고 편안한 대저택, 소와 양도 없고 닭과 개도 없는 한가한 집'으로 묘사이다.

그것은 많은 여행자들이 여행의 도착지에 대해서 그려보는 그림이기도 하다. 물론 그것은 하나의 상상으로 그려보는 그림일 뿐이다. 진정한 깨달음은 그러한 완전한 모습을 띄지 않는다. 오히려 미와 추의 개념으로 나눌 수 없는 평등한 모습으로 나타날 수밖에 없다. 마음관찰 여행의 완성은 지금 이 현장이 있는 그대로 큰마음의 드러남임을 아는 일이지 추함에서 아름다움으로 건너가는 것이 아니기 때문이다. 이것이 진정한 한가함이지, 화려한 저택에서 소와 양, 닭과 개를 없앤 추상적 한가함이 아닌 것이다.

그래서 이들이 도착한 대저택은 존재할 수 없는 가상의 집이다. 그에 대한 묘사에 성립하기 어려운 모순적 상황이 충돌하고 있는 것도 그 때문이다. 화려하면서 청정할 수는 없다. 또 소와 양, 닭과 개가 없는 대저택이 있을 수도 없다.

대저택의 정체

그러므로 숲속에서 나타난 대저택은 상상이고 환상이다. 삼장 일행이 도착한 대저택의 상황이 이렇다. 대청에 탁자가 하나 있고 그 위에 향로가 하나 놓여 있다. 대청에는 여섯 개의 의자가 배치되어 있다. 일행의 앞에 우아한 부인이 나타나 자신은 과부라면서 자기의 원래 성은 가(賈=假)씨이고, 죽은 남편의 성은 막(莫=無)씨라 하는 것이었다. 남편이 일찍 죽었지만 많은 재산과 예쁜 세 딸을 남겼는데 마침 삼장 일행이 넷으로 짝이 딱 맞으니까 함께 결혼해서 이 집에서 부귀영화를 누려보자는 제안을 하는 것이었다.

여기에서 여섯 개의 의자는 여섯 개의 지각기관을 가리킨다. 눈, 귀, 코, 혀, 몸, 의식기관이 그것이다. 우리의 지각기관은 여섯 개의 의자에 앉아서 여섯 손님〔모양, 소리, 냄새, 맛, 감촉, 의식〕을 맞이한다. 그런데 그 모든 것은 전부 헛된 임시적 존재로서 실체가 없다. 부인의 원래 성이 가(賈)씨인데 그것은 거짓 가(假)와 발음이 같아 가짜라는 뜻이 된다. 남편의 성이 막(莫)씨인데 그것은 없을 무(無)와 발음도 같고 뜻도 같다. 실체가 없다는 것이다. 과부가 얘기하는 많은 재산, 예쁜 딸들이 모두 실체가 없는 이름일 뿐이라는 것이다. 딸들의 이름이 진실〔眞眞〕, 사랑〔愛愛〕, 예쁨〔憐憐〕이니까 여기에 가짜, 혹은 없음이라는 성을 붙이면 가짜여서 존재하지 않는 진실, 가짜여서 존재하지 않는 사랑, 가짜여서 존재하지 않는 예쁨이 된다.

우리의 지각기관과 지각대상이 다 가짜여서 존재하지 않는 이름일 뿐이라는 것이다. 우리는 이러한 실상을 모르고 대상에 대해서 진실하다, 사랑스럽다, 아름답다 등으로 인식하고 그것에 집착한다. 그것은 임시적 이름에 근거한 망상의 놀이일 뿐이다.

마음관찰의 여행 중에 나타나는 다양한 경계 역시 이와 다를 바 없다. 그것들은 모두 이름일 뿐이고 모양일 뿐이어서 불변의 실체가 아니다. 지금 이 현장의 만물이 큰마음을 드러내고 있는 것이지 특별한 무엇이 따로 있는 것이 아닌 것이다. 그러므로 몸과 마음을 수고롭게 몰아부쳐 앞으로 나아간 결과, 얻게 된 체험이라 해서 특별할 것이 없다. 이처럼 여행의 도달처가 따로 있다고 생각하고 그것을 별세계로 상상하는 한, 그것은 팔계의 식욕, 색욕과 다를 것이 없는 것이다.

과부의 단체혼인 제안

대저택의 젊은 과부는 자기와 세 딸이 삼장 일행과 짝을 지어 함께 살기를 바란다는 청혼을 한다. 자기도 아직 젊고, 딸들도 얼굴이 예쁜데다 집안일을 잘하며 교양까지 겸비하고 있다는 것이었다. 그러니 힘든 여행을 멈추고 부귀영화를 함께 누려보자는 것이었다.

이에 삼장은 귀가 먹은 척, 말을 하지 못하는 척 하며 눈을 감고 조용히 앉아 대답하지 않는다. 얼핏 보면 삼장의 귀머거리, 벙어리 흉내는 훌륭해 보인다. 그러나 그것은 팔계의 탐욕과 반대이기는 하지만 구조적으로 동일한 점이 있다. 『서유기』의 모든 고난은 삼장의 문제에서 시작된다는 것은 하나의 공식이다. 여행자에게 문제가 없는데 장애가 나타날 리는 없기 때문이다. 이 숲 속의 저택도 따로 쉴 곳을 찾던 삼장 때문에 나타난 것이기도 하다.

그렇다면 삼장의 이 태도에 무슨 문제가 있는가? 경계에 집착하지 않는 일과 귀머거리, 벙어리가 되는 일은 다르다. 한사코 눈을 감는 단절의 태도로는 지금 이 현장의 만물에 드러나 있는 큰마음을 보지 못한다. 그것은 무에 대한 집착이자 무지각에 대한 지향일 뿐이다. 그것은 분별에 기초한 팔계의 집착과 구조적으로 다르지 않다. 마음관찰 여행은 지금 이것의 실상에 눈뜬다는 뜻이지 지각기관을 닫아 목석처럼 되는 일이 아닌 것이다. 대상경계와 아예 단절하는 일이 아닌 것이다. 따라서 삼장의 장애는 팔계의 장애와 연결되어 있는 것이다.

팔계의 욕망

팔계는 부인이 말하는 부유한 살림과 아름다운 딸들에게 마음이 동해 삼장에게 말한다. 그렇게 귀머거리인 것처럼 아예 무시해서는 안 되고 진지하게 상대해야 한다는 것이었다. 삼장은 이에 팔계에게 부귀에 마음이 동하거나 미색에 집착하는 일이 있어서는 안 된다고 꾸짖는다. 우선 삼장의 말은 원칙적으로 옳다. 부귀에 마음이 동하거나 미색에 집착하는 것은 마음관찰 여행을 망치는 일이기 때문이다. 그러나 삼장은 이 여행을 일정한 모양으로 규정한다. 그러면서 눈앞에 일어나는 일들에 아예 눈을 감아 버린다. 왜 이렇게 눈앞의 부귀영화에 놀라 아예 지각작용을 닫아버리는가? 추구하고 성취해야 할 여행의 목적지를 관념적으로 그려놓고 그것에 집착하고 있기 때문이다. 그러니까 삼장 역시 진리라는 모양과 이름, 즉 관념에 집착하고 있다는 점에서 팔계와 다르지 않다고 말하는 것이다.

한편 아예 무시할 것이 아니라 눈 앞의 이것을 잘 상대하자는 팔계의 말 역시 원칙적으로는 옳다. 다만 팔계는 부인의 미색과 풍요로운 살림, 그리고 예쁜 딸들의 미모에 집착하고 있다. 대상의 아름다운 모양에 대한 집착이 일어난 것이다. 이것은 팔계의 특기이기도 하다. 그는 달 속의 선녀인 항아라는 대상, 묘이저라는 대상, 취란이라는 대상에 집착하는 데릴사위의 삶을 살아왔다. 대상만 바뀌었을 뿐 그 집착은 기본적으로 동일하다. 지금 팔계가 여행 중의 어떤 특별한 체험에 머물고자 하는 일은 이혼을 한 사람이 재혼을 하는 일과 다를 바 없다. 이처럼 삼장은 공에 집착하고 있고, 팔계는 모양에 집착하고 있는 것이다.

그래서 팔계는 말을 놓아먹이러 간다고 끌고 가서는 뒷문으로 가서 과부를 만나 데릴사위 살림을 자청한다. 그것을 고추잠자리로 변한 손오공이 따라가서 지켜본다. 우리는 말을 놓아먹이러 가겠다는 팔계의 말에 주목할 필요가 있다. 마음관찰 여행은 말을 억지로 잡아끄는 단계에서 말을 놓아먹이는 단계로 발전한다. 이것을 팔계에게 적용하자면 형식으로서의 계율을 애써 지키는 단계에서 무형식의 계율이 저절로 지켜지는 단계로 나아가게 된다. 그러니까 지금 삼장 일행의 숙제는 말을 인위적으로 끌고 가거나 채찍질하기를 멈추어야 하는 단계에 있다. 말이 스스로 알아서 풀을 뜯어먹도록 하는 단계로 들어가야 하는 것이다. 그러나 정해진 목적지가 따로 있는 입장이 되면 말을 놓아둘 수 없다. 팔계가 그러는 것처럼 끌고 다니고 재촉하고 말에 짐을 실어 올려야 하는 것이다. 손오공이 몰래 따라가보니 팔계는 말을 놓아먹인다 하면서 이리저리 끌고 다니기만 하고 있는 것이었다. 이래서는 말을 잘 먹일 수 없다. 형식적 단계에서 실질적 내용을 갖춘 단계로 높여야 할 시기에 형식에만 묶인다면 이미 그 일 자체가 계율의 정신에 위배되는 일이기 때문이다.

이렇게 좋은 경계에 집착하는 팔계를 손오공이 고추잠자리가 되어 따라가면서 감시한다. 고추잠자리는 손오공이 변했던 모기나 모기눈썹 위의 벌레보다 훨씬 크다. 팔계의 대상에 대한 집착이 이 정도의 눈으로도 관찰될 수 있을 정도로 거친 차원에 있다는 말이 되겠다. 사실 팔계는 자신이 거친 단계에 있다는 것을 자각한다. 그래서 저택의 여주인에게 자기의 입이 길고 귀가 큰 것을 그 딸들이 싫어하지 않을까 물어보는 것이다. 팔계가 말하는 긴 입과 큰 귀는 6개의 지각기관에 지배되는 상황을 말한다. 사람들은 지각기관, 지각대상, 그리고 인지작용에 갇혀 지낸다. 이것에 실체가 있다고 집착하고 있기 때문이다. 이에 비해 마음관찰의 여행자들은 불이중도의 실천을 통해 그것에 실체가 없음을 확인하게 된다. 이 때 모든 것이 큰마음의 다양한 모습일 뿐이며, 큰마음의 다양한 이름일 뿐임을 알게 된다. 이것이 마음관찰 여행의 기본내용이 되는 것이다.

그런데 팔계는 아직 긴 입과 큰 귀에 지배되고 있다. 다만 그것이 문제라는 것을 스스로 알고 있다는 점에서 마음관찰 여행단으로서 보낸 세월이 헛된 것은 아니라는 점을 보여준다. 그럼에도 팔계는 여행을 능동적으로 밀고 나가서 그 결과물을 자기의 것으로 소유하고자 한다. 원래 팔계의 정식이름인 오능(悟能)은 능동적으로 움직이는 주체를 바로 깨달으라는 뜻이다. 그런데 팔계는 주체와 대상, 즉 능(能)과 소(所)를 나누고 주체를 강화하거나 대상에 집착하는 길을 걷고 있다. 그래서 미래의 장모 앞에서 자기의 능력을 자랑하는 것이다. 소 대신 밭을 가는 능력, 비를 내리게 하고 바람을 부르게 하는 능력, 집을 짓는 능력, 도랑을 치는 능력 등을 자신이 모두 다 가지고 있다는 것이다. 그런데 부잣집 데릴사위가 소 대신 밭을 갈고, 집을 짓고, 도랑을 친다는 것이 말이 되는 것일까? 결국 세속의 삶이든, 마음관찰의 여행이든 대상에 집착하면 그것에 종처럼, 머슴처럼 구속되는 일이 일어나는 것은 마찬가지인 것이다.

마음관찰의 여행은 지금 이것으로 드러난 큰마음에 맡기는 일이지 주체를 강화하는 일이 아니다. 이 여행은 스스로 주체가 되어 여기에 없는 무엇을 새로 만들어 내거나 이곳 아닌 다른 곳으로 자리를 옮겨 가는 일이 아닌 것이다. 그러나 팔계는 숲속의 저택으로 상징화된 여행의 성과를 스스로 소유하여 그 주인이 되고자 한다.

숲속의 저택은 분명히 여행의 결과로 나타난 어떤 경계이다. 그런데 그 화려한 경계는 지금 이 자리의 범상한 형상들과 다른 것일까? 그래서 이것을 버리고 저것을 취해야 할 것인가? 그것은 아내를 버리고 출가한 사람이 새로 재혼하려는 팔계의 상황과 같은 일일 뿐이다. 그렇다면 여행 중의 이 아름다운 경계는 어떻게 대할 것인가? 옛날 한 마음관찰자가 팥죽을 쑤고 있는데 팥죽의 김 속에서 문수보살이 나타나 안부를 물었다. 그러자 이 무착이라는 이름의 마음관찰자는 들고 있던 주걱으로 문수보살의 뺨을 후려치며 말한다. 문수는 문수이고, 무착은 무착이다. 지금 삼장이나 팔계에게 요구되는 것이 이것이다. 여행 중에 나타나는 어떤 신비한 경계에 대해 주걱으로 뺨을 때리는 안목이 필요한 것이다. 그렇지 않다면 미녀에게 혹하는 일이 계속 일어나게 될 것이다.

배필을 찾는 팔계

혼인을 하기로 한 팔계는 장모를 따라 내실로 들어가는데, 서둘러 걷는 바람에 문지방마다 걸리고 넘어지는 고생을 한다. 겨우 도착한 내실에서 팔계는 세 딸과 배필을 정하는 숨바꼭질을 하게 된다. 팔계의 서두르는 걸음은 목적에 조급한 팔계의 욕심을 드러내고 있다. 여행의 완성에 정해진 모양이 있다고 생각하는 팔계에게 복잡한 길은 의미가 없다. 그래서 서둘러 그 과정을 통과하려고 한다. 마음관찰 여행에서는 지금의 이 한 걸음을 돌아보는 일(照顧脚下)이 중요하다. 그러나 팔계는 지금 그럴 여유가 없다. 목적지만 있기 때문이다. 그렇게 목적에만 집중하여 다른 것에 눈이 멀도록 하는 것이 욕망의 본질이기도 하다. 같은 차원에서 팔계에게는 인륜도 의미가 없다. 세 딸을 한꺼번에 달라거나 장모를 부인으로 맞이하겠다고 말하기도 한다. 오로지 여인이 약속하는 부귀와 향락에만 집중하고 있기 때문이다. 이러한 집중은 실상에 눈멀게 한다. 진리라는 관념을 따로 세워 지금 이 자리에 드러나 있는 큰마음을 저버리게 한다. 그것은 자기 마음을 속이는 일이기도 하다. 많은 마음관찰의 여행자들은 팔계와 같이 지금 이것에 눈감고 없는 저것을 찾고자 하는 경우가 있다. 그것은 물 속에서 물을 찾는 일이고, 소를 타고 소를 찾는 일에 해당한다.

여기에서 신랑감은 팔계 혼자이고 신부감은 셋인 상황이 벌어졌다. 그래서 장모는 배필을 하늘의 운명에 따라 정하자(天婚)고 한다. 수건으로 눈을 가리고 손에 잡히는 딸을 배우자로 하자는 것이다. 그리하여 진실, 사랑, 예쁨으로 불리는 세 딸과 팔계 간에 숨바꼭질이 벌어진다. 딸들이 오갈 때마다 패옥소리가 울리고 사향 향기도 풍겨온다. 그렇게 자취는 분명한데 잡았다 싶으면 손에서 빠져나가고 없다. 아무리 잡으려 해도 잡을 수가 없는 것이다. 팔계는 이리 저리 부딪치며 헤매다가 어지러워서 계속 넘어지기만 한다. 그 통에 주둥이와 머리에 온통 멍이 들어 버린다. 팔계는 딸들이 너무 미끄러워서 하나도 잡을 수 없다고 헉헉대며 말한다.

큰마음은 지금의 이 현장에서 만물의 모습으로 존재하지만 별도로 잡을 수 있는 실체가 없다. 패옥소리, 사향 냄새로 작용하지만 그 작용을 빼고 따로 별도의 실체가 있는 것이 아닌 것이다. 그래서 이것을 특별한 모양의 차원에서 잡으려 한다면 모두 팔계처럼 되고 만다. 패옥소리, 사향 냄새로 작용하는 이것의 밖에서 그 근원이 되는 것을 보려 하면 눈이 멀 것이고, 잡으려 하면 손이 부러질 것이다. 그렇다면 방법은 무엇인가?

그 근원이 되는 모친을 잡는 것일까? 그래서 팔계는 장모라도 혼인하자고 말한다. 모친은 딸들을 낳은 근원이지만 인륜적으로 팔계에게는 장모가 된다. 만날 수 없는 관계인 것이다. 근원이 되는 모친은 오직 딸들을 통해 만날 수 있는 것이다. 그러나 진리의 화신인 딸들 역시 물건이 아니므로 잡을 수 없다. 팔계는 지금 지각기관의 차원에서 진리를 잡아 자기의 것으로 삼고자 하는 중이지만 그것은 불가능하다. 모든 형상가진 것은 꿈 같고, 환영 같고, 물거품 같고, 그림자 같으며, 이슬과 같고 번개와 같기 때문이다.

팔계가 아무리 해도 세 딸을 잡을 수 없다고 하소연하자 과부가 이번에는 세 벌의 비단 속옷을 내어준다. 그 중 몸에 맞는 옷을 지은 딸과 혼인시켜 주겠다는 것이었다. 팔계가 옷을 입자마자 그 옷이 밧줄이 되어 팔계를 묶어 버린다. 손으로 잡을 수 없는 큰마음을 잡아서 나의 것으로 삼으려 하는 팔계의 행위는 스스로를 구속하는 행위이기도 하다. 그것은 딸들이 지은 진주속옷과 같다. 진주속옷은 볼 수 없는 어디에 고귀한 것이 따로 있다는 생각을 비유한다. 속옷에 진주가 박혀 있을 일이 없는 것처럼 지금 여기 이것의 밖에 따로 큰마음이 있을 리가 없다. 그것을 모르고 진주속옷과 같은 귀한 무엇이 따로 있다는 생각으로 그것에 집중하면 결국 그것에 구속되어 버린다. 속박을 벗기 위해 출발한 마음관찰의 여행길이 도리어 속박으로 나아가는 길이 되는 것이다.

큰마음에 대해 미리 개념적 그림을 그려놓고 그것을 소유하기 위해 노력한다면 그것이 우리는 구속하는 밧줄이 된다는 것이다. 진주를 박은 비단속옷처럼 그 그림이 완전할수록 구속의 위험성 또한 커지게 된다. 이렇게 팔계가 배필 정하기의 허망한 놀이를 하다가 진주 속옷에 묶여버린 사실을 모르는 일행은 저택에서 잠자리에 든다. 그런데 일행이 자고 일어나 보니 저택은 간 곳이 없고 자신들은 숲 속 노지에서 자고 있는 것이었다. 그곳 측백나무에 시가 적힌 종이가 달려 있는데, 여산노모라는 여신과 관음, 문수, 보현보살이 여주인과 세 딸로 변해 일행의 마음을 시험해 보았다는 내용이었다. 팔계를 찾아보니 낭패한 모습으로 나무에 매달려 구해달라고 고함을 치고 있었다. 일행은 팔계를 구해 여신과 보살들에게 사죄와 감사의 인사를 드리고 다시 길을 떠나게 된다.

알고 보면 우리가 만나는 모든 존재가 다 여산노모, 불보살의 현신이다. 만물이 큰마음의 드러남인 이치와 다를 바 없다. 그것을 분명히 알면 내외의 경계에 흔들릴 일이 없다. 모두가 큰마음의 드러남이기 때문이다. 그러니까 모든 모양은 신과 보살의 모양이고, 모든 이름은 신과 보살의 별명이 되는 것이다.

그러나 범속함과 성스러움을 분별하는 이원사유의 차원에서는 큰마음이 지금 이것과 다른 특별한 것이라고 생각하게 된다. 이 때 스승들은 이 꿈에서 깨어나도록 다양한 방법으로 여행자를 안내한다. 그것은 지금 이것의 밖에서 큰마음을 찾는 일의 허망함을 자각하도록 하는데 집중된다. 지금 여행단을 대표하여 팔계가 체험한 일이 그것이다. 팔계는 이에 대해 깊이 참회하고 앞으로는 짐을 무겁다고 투덜대지 않겠다고 다짐한다. 지금 이것의 밖에 따로 목적지를 세웠기 때문에 일어났던 이 고난을 통해 여행의 결과에 대한 갈망이 여색에 대한 탐욕과 다름없음을 깨닫게 된 것이다.